HENRY MICHEL

Notes

sur

l'Enseignement secondaire

PARIS

LIBRAIRIE HACHETTE ET Cⁱᵉ

79, BOULEVARD SAINT-GERMAIN, 79

1902

Notes

sur

l'Enseignement secondaire

OUVRAGES DU MÊME AUTEUR

PUBLIÉS PAR LA LIBRAIRIE HACHETTE ET Cⁱᵉ

L'idée de l'État, essai critique sur l'histoire des théories sociales et politiques en France depuis la Révolution. 3ᵉ édition. Un vol. grand in-8°, broché. . . . . 10 fr. »

Le quarantième fauteuil. Un vol. in-16, broché. . . . 3 fr. 50

Coulommiers. — Imp. PAUL BRODARD. — 827-1901.

HENRY MICHEL

Notes

sur

l'Enseignement secondaire

PARIS

LIBRAIRIE HACHETTE ET Cie

79, BOULEVARD SAINT-GERMAIN, 79

1902

Droits de traduction et de reproduction réservés.

INTRODUCTION

De 1881 à 1891, durant la période où ont été tentés quelques-uns des essais les plus intéressants, et agitées quelques-unes des controverses les plus retentissantes en matière d'enseignement secondaire, j'ai suivi de très près ces questions, essayant de faire prévaloir certaines idées qui me paraissaient justes, et qui m'étaient chères.

Le plan d'études de 1880, et les retouches qu'il appelait; la situation des maîtres répétiteurs, et la conception même du répétitorat; l'enseignement secondaire des jeunes filles, et les examens ou concours qui y préparent; les réformes de 1886 et de 1890 dans les études classiques, les hésitations et atermoiements qui ont précédé la transformation laborieuse de l'ancien enseignement spécial, non pas en un véritable enseignement classique français — très désirable, très désiré, qui eût pu et dû se faire — mais en un enseignement pseudo-classique, décoré du nom de moderne; la question, l'éternelle question du baccalauréat; le sort de la classe de philosophie, menacée un moment de perdre la plupart de ses élèves, pour le plus grand préjudice des idées libérales, ce sont là non pas tous les points, mais les plus importants d'entre les points auxquels j'ai été conduit à toucher.

L'attention générale se porte de nouveau du côté des questions d'enseignement secondaire. La Chambre des Députés y a consacré, comme on sait, une vaste enquête, qui fournit une mine de documents précieux[1]. Le président de la commission, chargée de mener cette enquête, et l'un des rapporteurs ont donné au public d'intéressants travaux[2]. L'enquête elle-même a suscité nombre de volumes ou de brochures[3]. D'autre part, le ministère de l'Instruction publique a soumis au conseil supérieur des projets qui modifient très sensiblement et l'ordre intérieur des lycées ou collèges, et les plans d'études et programmes arrêtés, en 1890, pour l'enseignement classique, en 1891, pour l'enseignement moderne. Il est entendu qu'un grand débat doit s'engager, très prochainement, à la tribune du Parlement. Dans ces circons-

1. *Enquête sur l'enseignement secondaire*, 7 vol. in-4°.
2. A. Ribot, *la Réforme de l'enseignement secondaire*. Couyba, *Classiques et modernes*.
3. Notamment : A. Fouillée, *la Réforme de l'enseignement par la philosophie*; E. Bourgeois, *l'Enseignement secondaire selon le vœu de la France*; Ch.-V. Langlois, *la Question de l'enseignement secondaire en France et à l'étranger*; Marcel Bernès, *la Réforme de l'enseignement secondaire*.

tances, quelques personnes, dont l'avis fait autorité pour moi, ont pensé qu'il y avait un double intérêt à ce que les notes réunies dans ce volume fussent extraites de la collection du journal[1] où elles ont paru, et à ce qu'elles fussent juxtaposées.

Intérêt historique : à les prendre dans leur suite, elles retracent avec fidélité le mouvement même de notre enseignement secondaire, durant les années où s'est peu à peu créé l'état de choses que l'on discute aujourd'hui, et que l'on voudrait changer. Intérêt doctrinal : ces notes au jour le jour s'inspirent d'une idée directrice, qui n'a jamais varié, et qui, bien comprise, pourra expliquer pourquoi, après tant d'efforts et tant de bon vouloir dépensés, après tant de résultats obtenus (on oublie trop, dans la vivacité des polémiques, ces résultats qui, pour n'être ni complets, ni parfaits, ne sont cependant pas négligeables) nous en sommes encore à attendre la rénovation rationnelle et organique des études secondaires dans notre pays.

I

Si on laisse de côté certaines questions spéciales, dont il est parlé dans ce volume, telles que la question du répétitorat, celle des lycées de jeunes filles, si l'on s'attache à la question du plan d'études et des programmes, la plus aiguë, la plus difficile, l'histoire

____

1. *Le Temps.*

de l'enseignement secondaire, dans ces dix années, tient en peu de lignes. Résumons-la.

La réforme de 1880 vient d'être accomplie. Elle a été subie, plutôt qu'acceptée, par une partie du personnel enseignant. Il est sage de laisser la mauvaise humeur se calmer, la défiance s'éteindre. Il est sage aussi d'attendre, pour voir ce que donnera l'application de la réforme. Deux années s'écoulent, au bout desquelles il devient possible de parler des choses de l'enseignement secondaire, dans une atmosphère relativement apaisée, et en interprétant les données d'une expérience qui, bien que courte, est déjà probante.

Deux vices principaux corrompent la réforme de 1880. Les programmes sont beaucoup trop chargés, et le plan d'études a sacrifié, avec une réelle imprudence, presque tous les exercices vraiment difficiles, ceux qui, en obligeant l'élève à l'effort, fortifient ses facultés. J'ai plaidé la cause des exercices difficiles, et dénoncé la pléthore des programmes, non pas en adversaire, mais en ami prudent de la réforme de 1880, en ami soucieux de lui voir produire tous ses fruits. Dans quelle mesure cette petite campagne, où je n'étais pas seul à faire le coup de feu — on n'a oublié ni le livre de Frary, ni le livre de Maneuvrier, ni celui de Bigot[1] — a-t-elle contribué à sus-

---

1. R. Frary, *la Question du Latin*, 1885. Ch. Bigot, *Questions d'enseignement secondaire*, 1886. Ed. Maneuvrier, *l'Éducation de la bourgeoisie sous la République*, 1888.

citer le remaniement de 1886? Il ne m'appartient pas de le déterminer. Ce remaniement donnait satisfaction, sur certains points, à nos plaintes et à nos vœux. Il était pourtant timide et incomplet. Mais il avait un grand mérite. Il desserrait le joug qui pèse sur le maître, dans sa classe. Il incitait le maître à se faire juge, sinon des programmes, du moins de la mesure dans laquelle les programmes doivent être remplis.

Plusieurs années se passent, qui forment ce que j'ai appelé une « période de stagnation ». L'expression ne s'applique, bien entendu, qu'à l'enseignement secondaire. Et même, elle ne veut pas dire que rien n'ait été fait. Sur des points de détail, sur des points d'une certaine importance, des mesures utiles ont été prises. Mais ce qui a manqué, ce sont les vues d'ensemble, les mesures liées et concertées entre elles. On sait, et l'on sent que ni les programmes, ni le plan d'études de 1886 ne répondent encore à l'idéal rêvé. On sait aussi, et l'on sent qu'il n'est pas possible de circonscrire indéfiniment le choix des familles entre un enseignement classique, contenant beaucoup de latin, pas mal de grec, et l'enseignement spécial, tel qu'il existe. Mais on hésite à vouloir, on n'ose pas oser. Ou bien, si l'on tente quelque chose, comme le fit M. Goblet en 1886, on se heurte à l'opposition farouche du conseil supérieur de l'Instruction publique.

C'est en 1889 seulement que sont mis à l'étude,

pour l'enseignement classique, les projets d'où sor-
tiront les réformes de 1890 dans la discipline et les
programmes. Parmi ces réformes, il en est qui offrent
un caractère pratique. D'autres côtoient la chimère.
Quelques-unes y versent en plein. Toutes ces réformes,
qui ont donné lieu à une *Instruction* intéressante,
tombent sous le coup d'une critique grave. Ce sont
des réformes partielles, fragmentaires, sans lien les
unes avec les autres. On dirait d'un architecte qui,
appelé à reconstruire une maison branlante, se
serait borné à boucher des trous, à consolider des
pans de mur, et à plaquer des ornements sur la
façade.

Depuis 1890, l'enseignement classique n'a plus été
réformé : sans briller d'un vif éclat, il a vécu. Le
besoin de stabilité s'y faisait d'ailleurs sentir, plus
pressant que le besoin d'améliorations. Tout le monde
était d'avis de se tenir tranquille. Et si j'ai cessé la
polémique, c'est que je me rendais compte, tout le
premier, de l'inconvénient qu'il pouvait y avoir à provoquer la défiance des familles, le découragement des
maîtres, et le scepticisme des écoliers par ces retouches perpétuelles, qui, en dépit des intentions excellentes dont elles procèdent, dénoncent l'état précaire
des choses. En somme, les études classiques languis-
sent dans une sorte de provisoire. Il n'est personne
qui ne convienne qu'elles devraient être restaurées,
fortifiées pour le petit nombre des élèves qui sont
capables de les suivre avec profit. Mais on laisse ces

études à leur faiblesse, parce que l'enseignement qui devrait recueillir une grande partie de la clientèle qu'elles conservent encore, n'existe pas. Les partisans les plus convaincus de l'enseignement moderne voient trop bien ce qui lui manque, pour souhaiter qu'il attire, tel qu'il est en ce moment, une partie encore plus considérable de la jeunesse.

La situation de l'enseignement spécial a préoccupé, dès 1885, administrateurs et hommes politiques. On s'est aperçu bien vite qu'il ne suffisait pas de « réformer » cet enseignement, s'il devait devenir l'enseignement du plus grand nombre, qu'il fallait le « transformer ». En quoi? En un enseignement qui, sans grec ni latin, fût aussi « classique » que l'autre. L'échec de 1885 était un accident, non une solution. Il eût fallu marcher d'un pas résolu, dans la voie frayée, et aller jusqu'au bout de cette voie. Peut-on sérieusement soutenir que le projet d'enseignement moderne, accepté en 1890 par le conseil supérieur, fût de nature à contenter les partisans de l'enseignement classique français? Je ne l'ai jamais pensé, pour ma part, et je ne le pense pas encore aujourd'hui. Les raisons que j'ai alléguées, dès le premier moment, à l'appui de mon sentiment, me paraissent n'avoir rien perdu de leur force. La réforme de 1891 nous a donné un mot nouveau. Elle a laissé subsister, sinon une vieille chose (on ne reconnaît plus, il faut l'avouer, dans l'enseignement moderne, l'ancien enseignement spécial de Duruy) du moins une chose qui ne répond pas au nom dont on la nomme, et qui, surtout, ne répond pas au besoin qu'elle devait satisfaire. Mes griefs contre l'enseignement moderne — en tant que succédané de l'enseignement gréco-latin, en tant que pseudo-classique — occupent trop de place dans ce volume, pour que je croie utile de les reproduire ici : je me borne à y renvoyer le lecteur [1].

Est-ce à dire que tout, dans cet enseignement, soit mauvais? Non, sans doute, puisque la statistique établit qu'il convient à beaucoup de familles. Je ne suis pas de ceux qui veulent le bannir. Il y a place dans nos lycées et dans nos collèges, non pour deux types d'enseignement secondaire, mais pour plusieurs. C'est une idée que j'ai exprimée, il y a dix ans, avec insistance. Elle est aujourd'hui admise par beaucoup d'entre ceux qui s'intéressent aux choses de l'enseignement secondaire. Il faut briser l'uniformité du type de nos lycées, de nos collèges! Ces mots reviennent souvent dans les dépositions recueillies au cours de la récente enquête parlementaire. Un ancien ministre de l'Instruction publique, M. Raymond Poincaré, a développé cette thèse avec vigueur [2]. Je crois bien, pour le dire en passant, que le premier auteur de cette idée, comme de tant d'autres idées fécondes, dont les unes ont prévalu, et les autres ont été bien à tort écartées, est M. Gréard [3].

1. Voir p. 223 et suivantes.
2. *Enquête*, t. II, p. 669 et suivantes.
3. Il exposait cette idée dès 1880. Cf. *Éducation et Instruction, Enseignement secondaire*, t. I, p. 29 et suivantes.

Sans aller jusqu'à soutenir que chaque région pourrait avoir son type de lycée, son plan d'études, ses programmes, ce qui serait antipathique à notre tempérament national, et ne laisserait pas d'offrir quelques inconvénients, je crois qu'il y a place au moins pour trois formes d'enseignement secondaire : le gréco-latin, le classique français, le spécial. Je crois aussi que chacun de ces trois enseignements devrait être, autant que possible (ici, l'on se heurte à des difficultés d'ordre matériel, qui motivent cette restriction) logé dans sa maison à lui. On touche du doigt les deux causes principales du désordre dont souffrent les études secondaires. Le classique et le moderne cohabitent trop souvent, au grand détriment de l'un et de l'autre. Mais, surtout, ni l'un ni l'autre n'est franchement ce qu'il devrait être, n'est pleinement lui-même.

Le classique n'est plus tout à fait le classique, depuis qu'on l'a énervé par des amputations qui ne comportaient qu'une excuse : la nécessité d'avoir égard aux convenances des élèves les plus médiocres, les plus faibles, ou de ceux qui, sans être faibles ni médiocres, manquent totalement d'aptitudes. Le moderne n'est ni un enseignement classique français — j'ai essayé de le prouver — ni un enseignement spécial. Il confine aux deux. Au classique, qu'il se flatte d'égaler, il emprunte, avec quelques-uns de ses traits caractéristiques, le dédain des matières pratiques et prosaïques, telles que la comptabilité ou l'arpentage. Il retient du spécial, dont il est sorti, un défaut capital, qui est de n'avoir, comme je l'ai dit dans ce volume, et demande la permission de le répéter à cette place, faute d'une formule qui soit plus complète ou plus frappante, « ni corps, ni âme ».

Peut-être les choses iraient-elles mieux, si l'on se décidait à rendre enfin aux études gréco-latines (comme je l'ai demandé dès 1882) toute leur force et toute leur valeur éducatrice ; si l'on créait, à côté du classique gréco-latin, un enseignement classique français, cet enseignement littéraire, esthétique, dont j'ai, à maintes reprises, essayé de déterminer le caractère et l'esprit, et qui, malgré des objections, dont on ne saurait nier l'intérêt et l'importance, me paraît avoir sa place naturelle et nécessaire chez nous ; enfin, un enseignement spécial proprement dit, l'ancien enseignement Duruy, remis au goût du jour, et, pour ainsi parler, au courant. Tout cela, sans préjudice des développements promis à l'enseignement primaire supérieur, et à l'enseignement professionnel. Il n'est pas indispensable que chacun de ces types d'enseignement compte de très nombreux élèves. Il serait déplorable qu'une sorte de rivalité se produisît entre eux. Assouplissons nos cadres, et diversifions-les. La seule difficulté qui arrête, c'est que ces types différents, surtout s'ils doivent avoir chacun son chez soi, ne pourraient coexister que dans les très grandes villes. Le choix de beaucoup de familles, qui habitent des villes de moindre importance, et qui ne veulent pas se séparer de leurs enfants, serait forcément limité. C'est un inconvénient. Ce n'est pas, comme l'uniformité absolue, ou la dualité boiteuse dont nous nous sommes contentés jusqu'ici, un mal dont on meurt.

II

L'historique rapide que l'on vient de parcourir montre que toutes les réformes, depuis celles de 1890 et de 1891 jusqu'à celle de 1880 — en remontant la série — ont été faites pour corriger quelque défaut du plan d'études ou des programmes, à mesure que l'opinion, avertie, s'alarmait de ces défauts; ou bien encore, à mesure que les faits, parlant trop haut et trop clair, appelaient une intervention. C'est dire que l'empirisme le plus complet a présidé à toutes ces transformations. Les circonstances les ont suscitées, arrêtées, précipitées. Il n'y a jamais eu ni grandes vues systématiques, ni application persévérante d'une méthode. On opère ainsi d'ingénieux rafistolages. On pare, pour un moment, à des difficultés embarrassantes. Mais on ne fait pas œuvre qui se tienne, et qui dure. Si la réforme de l'enseignement primaire, et la réforme de l'enseignement supérieur avaient été ainsi conduites, il est probable que l'état de crise où se débat notre enseignement secondaire — M. Ribot s'approprie le mot [1], qui était déjà juste il y a dix ans —

1. A. Ribot, *la Réforme de l'enseignement secondaire*, p. 5.

se fût aussi produit dans les deux autres. Mais là, ni les vues systématiques, ni la méthode n'ont manqué. Aussi les résultats ont-ils répondu, et répondront-ils de mieux en mieux à l'attente du pays.

Pour être équitable — et je me suis toujours efforcé de l'être, même dans l'ardeur de la lutte — il faut reconnaître qu'il est beaucoup plus facile de voir clair dans les questions d'enseignement primaire, ou d'enseignement supérieur, que dans les questions d'enseignement secondaire.

Le but de l'enseignement primaire, celui des études supérieures se discernent du premier coup d'œil. L'enseignement primaire doit munir toutes les intelligences de certaines connaissances indispensables, sans lesquelles l'individu n'est ni un homme, ni un citoyen. L'accord s'établit sans peine sur le choix de ces connaissances, et même sur le degré où il convient de les pousser. L'enseignement supérieur a une double fonction : il prépare à certaines professions, et il continue la science. Selon les temps et les pays, l'une des deux fonctions tend à prédominer. Les petites Facultés d'autrefois étaient, avant tout, des fabriques de diplômes. Les grandes Universités de demain seront, avant tout, des séminaires scientifiques. S'agit-il de la clientèle des deux enseignements? Le primaire englobe, sans contestation possible, du moins de nos jours, la totalité des enfants. L'enseignement supérieur s'adresse à un nombre restreint de jeunes gens, à ceux que la sélection scolaire a désignés, ou bien à ceux qui, moins capables, peuvent impunément perdre temps et argent.

Si maintenant on se demande quel est le but de l'enseignement secondaire, et, par conséquent, quelles sont les matières qu'il doit comprendre, quelle en est la clientèle naturelle, l'embarras commence. Tout à l'heure, tout était clair, net, presque indiscutable. A présent, tout est sujet à controverse, imprécis et obscur.

La clientèle? Y vient qui veut, ou qui peut. Tel s'en passe, à qui l'on aurait pu croire cette initiation indispensable. De grands savants, des écrivains de génie ou de talent — pour ne parler que d'écrivains et de savants — ont à peine connu le collège, où même n'y ont jamais mis les pieds. Faut-il pousser les jeunes gens vers les études secondaires? Faut-il, au contraire, les en détourner, pour les jeter plus tôt dans la vie active? L'une et l'autre opinion à ses partisans également convaincus, également sincères. Quelques amis de la démocratie soutiennent qu'il y a intérêt à donner, au plus grand nombre possible, ce qu'on appelait, il y a vingt ou trente ans, l'instruction intégrale. D'autres font remarquer qu'il importe à la culture de l'énergie, de ne pas confiner nos enfants dans les classes, presque jusqu'à l'âge d'homme. Il n'est pas commode de prendre parti entre ces thèses, qui se recommandent toutes deux de considérations très plausibles.

Les matières? Sous l'ancien régime, c'était très

simple : on apprenait le latin et la chronologie. Sous le premier Empire, c'était encore très simple : on apprenait le latin et les mathématiques... Je ne ferai pas ici l'histoire des programmes. Chacun sait que la pléthore actuelle provient de ce qu'on ajoute, à ces matières traditionnelles, l'histoire, les sciences expérimentales, les langues modernes. Tout cela est intéressant, tout cela est utile, tout cela recèle une vertu éducatrice. Je crois la vertu éducatrice des lettres plus puissante, sur de jeunes intelligences, moyennement douées, que celle des sciences. Mais on a souvent dit le contraire, et non sans de bonnes raisons, ou de bons exemples à l'appui. Je crois que l'enseignement secondaire doit être, avant tout, esthétique. Mais cela encore est controversable.

Le but? Ah! c'est ici que l'on s'entend le moins, Ou, pour mieux dire, c'est ici qu'interviennent des formules un peu vagues, un peu élastiques, et que chacun tire à soi. L'enseignement secondaire, c'est la préparation à la vie. Oui, sans doute. Mais, de grâce, allumez votre lanterne, que nous sachions un peu ce que vous entendez par « la vie », et comment, selon vous, il sied de s'y préparer? J'ai, comme tant d'autres, risqué une définition. J'ai dit qu'entre les *éléments* du savoir humain, qui s'apprennent à l'école primaire, et les connaissances *spéciales*, qui s'acquièrent dans les grandes Écoles, dans les Universités, il y a place pour l'enseignement par les *généralités*, et que cet enseignement-là, c'est l'enseignement secondaire[1]. Cette définition continue à me paraître exacte, et je crois que, si l'on veut bien y refléchir, on en comprendra la portée. Mais je ne me dissimule pas qu'elle ne ralliera jamais tous les suffrages. Elle sera combattue, notamment, par les pédagogues qui affectent de confondre les idées générales avec les mots vagues et vides, et qui combattent, sous le nom de dilettantisme, l'initiation, pourtant si nécessaire, à la marche de la civilisation, à ses lois, à l'acquis non seulement matériel, mais moral de l'esprit humain.

Allons plus avant. S'il est si malaisé de s'entendre, lorsqu'il s'agit d'enseignement secondaire, c'est que cet enseignement doit répondre moins aux besoins pratiques d'une société, qu'à ses idées, à ses convictions, à ses croyances même. Il est fait pour former, en dehors de toute vue professionnelle (cette considération n'intervient que tard, vers la fin des années de collège, et dans la partie des études qui peut, à peu près indifféremment, se placer au lycée, comme chez nous, ou à l'Université, comme en Allemagne et aux États-Unis) le type de l'homme éclairé, d'esprit ouvert, de sentiment libéral et généreux, de l'homme apte à remplir toutes les tâches de la vie, précisément parce qu'il aura eu, dans sa jeunesse, par un commerce assidu avec les plus belles œuvres des poètes, des historiens, des moralistes, des penseurs, la révélation de son humanité. Pour concevoir une idée

1. Voir p. 230.

nette de l'enseignement secondaire, il faut savoir d'abord quelle sorte d'hommes on veut former. Pour orienter l'enseignement secondaire, il faut s'être fait une « doctrine de la vie ». En avons-nous une, qui soit, à présent, communément reçue?

Pourquoi n'a-t-on pas réussi à créer l'enseignement classique français? Pourquoi nous a-t-on donné, sous le nom d'enseignement moderne, quelque chose d'hybride et de mal venu — dont je ne voudrais pourtant pas dire trop de mal, dans la crainte de me rencontrer avec des critiques qui se placent à un point de vue tout différent du mien, et qui combattent, dans l'enseignement moderne, les idées modernes, les idées auxquelles je suis attaché de toute mon âme? Est-ce, simplement, parce que la claire vue de ce qu'il y avait à faire, ou la décision, ou l'esprit de suite ont manqué à nos pédagogues? C'est, en partie, pour ces raisons. Mais les causes apparentes sont peut-être autant d'effets? Peut-être y aurait-il eu suite dans les vues, et décision, et lumière, si un plus grand nombre d'entre nous avaient cru « fortement, dans leur cœur », comme dit Emerson, que la vérité morale, la vérité totale est fixée, et qu'il ne reste plus qu'à la traduire en un système d'enseignement approprié, comme l'ont fait toutes les sociétés avant la nôtre. Au-dessus, fort au-dessus du conflit pédagogique, sur le point de savoir si les langues et les littératures modernes se prêtent aussi bien que les langues et les littératures anciennes à la formation de l'intelligence; si les sciences doivent l'emporter sur les lettres, dans l'éducation, ou les lettres sur les sciences ; si le côté esthétique doit prédominer, ou le côté utilitaire ; plane un conflit d'un autre ordre, le conflit des doctrines et des croyances. La crise de l'enseignement secondaire, la crise universitaire, est solidaire de la crise générale des consciences. Elle ne se produit pas seulement chez nous, mais, comme l'a très bien montré M. Ch.-V. Langlois, dans l'Europe presque entière.

Faut-il continuer à regarder en arrière? Faut-il chercher des directions de vie, là où on les a cherchées jusqu'ici, dans l'influence chrétienne, pour qui le classicisme édulcoré des Jésuites, et celui de l'Université de France, leur héritière, n'est, à bien des égards, qu'un instrument de règne? Ou faut-il regarder en avant? Faut-il demander des directions de vie à la civilisation, à la raison? Faut-il, sans rompre avec un passé, qui est pétri des meilleures et des plus nobles émotions de l'âme humaine, et qui, à ce titre, mérite d'être respecté, conservé comme une relique sainte, croire surtout à l'avenir, presser les paroles les plus neuves des maîtres les plus récents, comme on pressait naguère les paroles lointaines des anciens, pour en exprimer le suc et la sève nourricière? Faut-il partir des faits scientifiquement établis, et tirer de là, par voie de conséquence, notre idée du monde, de la vie, et de l'homme, comme autrefois on tirait cette triple idée du dogme? Faut-il donner pour but à l'éducation et à l'enseignement — qui, quoi qu'on en ait dit, est et demeurera toujours la partie principale de l'éducation — de continuer à faire des hommes aussi semblables que possible aux meilleurs de ceux qui ont vécu; ou bien faut-il lui donner pour but de faire des hommes très différents de leurs devanciers? Voilà les questions redoutables et précises auxquelles il faudrait avoir répondu, avant de choisir, en connaissance de cause, entre des divers systèmes d'enseignement secondaire.

Ces questions, nous nous les posons à nous-mêmes, et, sans en tirer vanité, nous pouvons nous faire honneur de telles inquiétudes. Mais beaucoup de ceux qui les agitent, les laissent sans solution. Beaucoup estiment que le plus simple, et le plus sûr, est encore d'agir, et même de penser *more majorum*. Quelques-uns seulement osent adopter une solution neuve. Et ceux-là ne sont pas tous d'accord entre eux.

On pouvait croire, vers la fin du XVIIIe siècle, qu'il se formerait assez vite une opinion commune, dans le sens des données de la science et de la raison. Il est toujours permis d'espérer qu'un moment viendra où la science et la raison auront le dernier mot. Alors, mais alors seulement, au nom et à l'aide d'une doctrine acceptée et aimée, il sera possible de remanier l'éducation secondaire. Nous n'en sommes pas là. Nous manquons de partis pris fermes et collectifs. D'où notre impuissance, dont il ne faut être ni trop surpris, ni trop inquiet. La réforme de l'école primaire n'est pas encore très vieille. C'est d'hier seulement qu'on veille à l'éducation post-scolaire, œuvre plus importante que l'éducation primaire elle-même. C'est d'hier aussi que de grands savants ont compris qu'il fallait faire comme les philosophes du XVIIIᵉ siècle, et s'arracher, de temps à autre, à la paix du laboratoire, pour parler au peuple. D'autres viendront après nous, qui seront plus vaillants et plus heureux. La tâche que nous aurons à peine ébauchée, ils l'achèveront. Ce doit être l'espérance de tous ceux qui croient au triomphe final de la science et de la raison. Il n'y a pas eu, comme on l'a dit à un moment, faillite de la science, faillite de la raison. Il y a eu simplement défaillance morale d'une société, qui a laissé glisser entre ses doigts, par mégarde, par insouciance, ou parce que le geste de les serrer lui semblait dépourvu de grâce, quelques-uns des résultats conquis dans cette série de crises émancipatrices, qui commence avec la Renaissance, se continue par la Réforme, et aboutit (je ne dis pas se termine) aux Révolutions d'Amérique et de France.

III

Si l'on ne doit pas considérer la vraie réforme, la réforme organique de l'enseignement secondaire, comme accomplie, ni même comme pouvant être poursuivie, à l'heure présente, dans des conditions qui promettent le succès, ce n'est pas à dire qu'il faille se désintéresser des résultats déjà obtenus, ou juger indifférentes les améliorations projetées.

L'enquête parlementaire constate ces résultats, elle indique quelques-unes de ces améliorations. Mais, d'abord, elle atteste un fait d'importance singulière : c'est que les questions d'enseignement secondaire forment aujourd'hui l'objet, un des principaux objets, de la préoccupation publique.

Il n'en allait pas de même, il y a dix ans, il y a vingt ans, il y a trente ans. La célèbre circulaire de Jules Simon (1872) n'a ému que le corps enseignant, et quelques pères de famille, qui portaient un intérêt particulier à l'éducation de leurs enfants. La réforme de 1880 a été discutée entre professionnels. Si l'opinion s'y est arrêtée un moment, c'est qu'elle avait pour auteur Jules Ferry, et que l'on affectait d'y voir un épisode de la politique d'action laïque et démocratique, dont il était alors le représentant. Les réformes postérieures, celles de 1886, de 1890, de 1891, ont mis aux prises des écoles antagonistes, et soulevé une controverse assez vive, mais toujours localisée dans le milieu universitaire, ou dans ses entours immédiats. A présent, c'est tout le monde qui prend part à la discussion.

Les Conseils généraux et les Chambres de commerce ont donné leur avis, tout comme les professeurs et les administrateurs[1]. Il faut se réjouir de cet empressement. Il dénote un progrès du sens social, et

______

1. Cf. *Enquête*, t. V.

il apporte des éléments d'information utiles. J'avais demandé, dès 1891, que l'on ouvrît à des personnes étrangères à l'Université — mais qui n'en fussent pas les ennemies — tous les conseils, depuis le conseil supérieur, jusqu'aux assemblées de professeurs des lycées et des collèges[1]. Si le pays continue de s'intéresser aux choses de l'enseignement secondaire, comme il l'a fait cette fois, la proposition, qui ne parut pas alors comporter de suites, deviendra d'une application relativement aisée. Et il en pourra sortir un grand bien. Le lycée, le collège trouveront dans cette collaboration des familles — pour être efficace et sans inconvénient, elle devra rester discrète — un stimulant actif. En outre, des liens plus étroits attacheront ces établissements à la ville, et, à voir de près ce qui se dépense, dans les moindres chaires, de zèle et parfois de talent, les villes elles-mêmes tiendront davantage à leurs lycées, aux maîtres qui y enseignent. Quand l'enquête n'eût donné que cela, quand elle n'eût servi qu'à élargir le cercle de la sympathie autour des lycées et des collèges, elle aurait déjà été très opportune. Mais elle a donné bien davantage.

Elle a établi, d'abord, que l'enseignement classique garde une clientèle nombreuse[2]. Il est difficile de supposer que ce soit par amour pur du latin et du grec. C'est plutôt pour ne pas aller à un enseignement, tel que l'enseignement moderne, qui paraît sociale-

1. Voir p. 252 et suivantes.
2. A. Ribot, *la Réforme de l'enseignement secondaire*, p. 71.

ment inférieur. Et je vois là un argument nouveau
à l'appui de cette opinion qu'il y a place, aujourd'hui
encore, à côté de l'enseignement gréco-latin, pour
un enseignement classique français. Il débarrasserait
les études grecques et latines d'une partie des élèves
qui continuent à les encombrer et à les alourdir.
Délivrées de ce poids mort, elles se redresseraient,
plus alertes et plus vivaces.

L'enquête prouve aussi que l'enseignement moderne, si imparfait soit-il, recrute chaque année un
nombre considérable d'élèves [1]. On pourrait ajouter
qu'il a obtenu, à l'entrée de certaines écoles, et non
des moindres, de brillants succès. On pourrait dire
qu'avec tous ses défauts, il forme des esprits parfois
un peu pesants, mais solides. Cela se constate au
baccalauréat. Les candidats du moderne manquent,
assez souvent, de ce léger vernis d'élégance qui
recouvre, chez leurs émules du classique, tant d'igno-
rance, et tant de légèreté. Mais ils donnent, en général,
une impression de sérieux. On sent que, pour eux,
l'examen, les programmes, le succès ou l'échec, ne
sont pas choses à demi indifférentes. Un système
d'éducation qui porte ces fruits, garderait sans
doute, même après avoir été ramené dans le sens de
l'ancien enseignement spécial, même après la création
d'un enseignement classique français, une part de son
attrait et de son prestige aux yeux des familles. Beau-

____

1. A. Ribot, *la Réforme de l'enseignement secondaire*, p. 72.

coup de celles qui l'ont adopté y resteraient fidèles. D'autres, qui se sont écartées du collège, parce que l'on y a supprimé l'ancien enseignement spécial [1], y reviendraient le jour où le moderne, allégé à son tour d'une portion de sa clientèle, serait mieux adapté à leurs convenances. L'enquête confirme donc une idée que j'ai exprimée, il y a dix ans, sur laquelle je revenais tout à l'heure, à savoir que, dans la société française actuelle, il y a place pour trois types au moins d'enseignement secondaire.

Mais comment devrait être conçu celui des trois types d'enseignement qui ne serait ni le gréco-latin, ni le moderne, celui qui tiendrait la place de ce que j'ai toujours appelé, pour ma part, le classique français? L'enquête fournit sur ce point des éléments d'appréciation dont il y a lieu de tenir compte. Elle présente sous un aspect tout nouveau le vieux débat entre partisans d'un enseignement littéraire, et partisans d'un enseignement surtout scientifique.

Lorsque l'on discutait, il y a quinze ans, cette question, l'on se plaçait, de part et d'autre, à un point de vue tout abstrait et théorique. Quelle est celle des deux disciplines qui favorise le plus sûrement le progrès des intelligences? On ne traitait que ce sujet. Et l'on mettait dans un des plateaux de la balance la vertu éducatrice des lettres, dans l'autre, la vertu éducatrice des sciences. L'avantage appar-

---

1. A. Ribot, *la Réforme de l'enseignement secondaire*, p. 51 et suiv.

tenait aux lettres, de façon presque nécessaire. La poésie, l'éloquence, l'histoire sont aisément intelligibles, en leur fonds, en leur substance même, aux plus jeunes gens. Ils en atteignent la moelle. Et ils s'en nourrissent, et ils profitent, à cette nourriture. De la science, au contraire, ils ne saisissent guère, à travers les exercices du collège, que l'écorce. Même ainsi limitée, l'éducation de l'esprit par les sciences est indispensable. Mais elle a sa place marquée au moment où l'esprit s'est déjà débrouillé, à l'aide des lettres. Les sciences apportent alors l'initiation à la méthode, l'habitude du raisonnement rigoureux. L'éducation scientifique est une éducation nécessaire, mais elle doit venir après l'éducation littéraire, et s'y subordonner.

Aujourd'hui, la question ne se pose plus dans les mêmes termes [1]. On demande que l'enseignement secondaire, ou, tout au moins, une branche de cet enseignement, ait un caractère surtout scientifique, parce que les connaissances de cet ordre sont indispensables à la plupart des formes d'activité qui sollicitent la jeunesse. Ce n'est pas, dit-on, dans les carrières libérales qu'il est souhaitable de voir s'engager le plus grand nombre de nos collégiens. Si quelques-uns d'entre eux songent à devenir magistrats ou professeurs, la destination naturelle des autres, c'est le commerce, l'industrie, la colonisation.

---

1. Cf. notamment, la déposition de M. Berthelot. *Enquête*, t. I, p. 15 et suiv.

Il leur faut des notions exactes sur l'univers. L'éloquence, la poésie, l'histoire leur donneront-elles ces notions? Ou n'est-ce pas plutôt la physique, la chimie, la géographie? D'autre part, le temps presse. Il ne faut pas se dire que le collégien apprendra, une fois sorti du lycée, ce qu'il a besoin de savoir. Il doit emporter, du lycée même, un bagage de connaissances immédiatement utilisables. Ces connaissances seront plus complètes, plus étendues pour l'élève de l'enseignement scientifique; plus succinctes et plus sommaires pour l'élève de l'enseignement moderne.

Tout à l'heure, dans la comparaison instituée, l'avantage appartenait aux lettres. Il semble bien qu'à présent, il appartienne aux sciences. Cependant, je prie qu'on y réfléchisse. On a passé, sans peut-être s'en rendre suffisamment compte, d'une conception de l'enseignement secondaire à une autre, toute différente. Que demande-t-on, dans ce système, à l'enseignement moderne? on lui demande de faire de bons employés, de bons comptables, de bons agriculteurs. Que demande-t-on à l'enseignement scientifique? On lui demande de faire de bons chefs d'industrie, de bons explorateurs, de bons colons, des fonctionnaires même, aussi bien armés que possible pour la lutte. On a tranché, en faveur de l'utile, la longue controverse entre la part de l'utile et celle du beau dans l'éducation de l'intelligence. Si on laisse subsister des études gréco-latines, c'est que l'on admet encore qu'elles sont indispensables à certaines professions. La société ne saurait se passer de professeurs, de savants. Qu'ils puissent donc trouver au collège l'initiation indispensable à leurs travaux futurs. **La formation de** l'esprit, l'harmonie et le jeu souple des facultés, la révélation **à l'homme** de son humanité, tout ce que nous regardions comme caractéristique de l'enseignement secondaire, tout cela passe au second plan. Ou, pour mieux dire, il n'en est plus guère parlé.

Allons plus loin : cette modification de l'enseignement secondaire n'est qu'un premier pas dans une voie où s'engageront peut être les générations qui viendront après nous. Elle m'apparaît comme l'étape initiale vers un système où il n'y aura plus de place du tout pour la culture générale et désintéressée, vers un système analogue à celui qui existe aux États-Unis. Des écoles primaires, des écoles primaires supérieures et des écoles professionnelles, puis, l'Université. Au seuil de l'Université, une ou deux années préparatoires, où se retrouveraient, pour les carrières qui ne peuvent s'en passer, quelques vestiges des études faites jusqu'ici au collège. Il se peut que ce système ne soit pas pire qu'un autre. Il se peut qu'il réponde à l'évolution de la démocratie. J'aurais, cependant, pour ma part, des réserves à formuler sur ce point. Mais ce qui me paraît essentiel, c'est que l'on se place résolument en face de ces perspectives, pour les sonder du regard;

c'est que l'on sache au juste ce que l'on est en train
de faire. Constituer, entre l'enseignement moderne,
réduit peut-être dans sa durée, et l'enseignement
gréco-latin, un enseignement à peu près exclusivement scientifique et pratique, c'est **démanteler**
la notion d'enseignement secondaire sur laquelle
la société française a vécu jusqu'ici. S'il existe des
raisons sérieuses et pressantes de s'y résoudre, qu'on
les donne, qu'on les discute. Ce serait une faute, et
et une faute grave, que de préparer cette solution,
sans y avoir pris garde.

On peut dire que la préoccupation utilitaire domine
toute l'enquête. Non pas que je fasse aux hommes
qui y ont pris part, soit comme commissaires, soit
comme témoins, le reproche immérité d'avoir, de
propos délibéré, sacrifié le côté esthétique de la formation des intelligences. Mais ils sont de leur temps,
de notre temps. Ils subissent les influences ambiantes.
Ils veulent, en outre, aboutir, ne pas se perdre dans
d'interminables controverses théoriques. Enfin, ils
se préoccupent, avant tout, de relever la force économique du pays et ils croient que des programmes
et des règlements nouveaux feront des commerçants
plus avisés, des industriels mieux au courant, des
colonisateurs plus hardis. L'éducation traditionnelle
doit-elle être rendue responsable de l'affaissement des
énergies? Ce mal, qui frappe tous les yeux, n'a-t-il pas
d'autres causes, des causes économiques, des causes
morales? On préfère ne pas les examiner. Le vieil

enseignement secondaire a, d'ailleurs, été mis sur la sellette. Il est accusé, presque convaincu, d'avoir, à lui seul, fait tout le mal. On le condamne. Il reste à savoir ce que valent les nouveautés par lesquelles on le remplace?

IV

Parmi les réformes de détail proposées par la commission parlementaire — car ce ne sont encore que des réformes de détail, tout comme en 1880, en 1886, en 1890, en 1891, et pour les mêmes raisons, de très haute portée, que j'ai indiquées — il en est de bonnes, d'autres qui paraissent plutôt insignifiantes, ou contestables.

Veut-on un exemple de réforme insignifiante? C'est la séparation du budget du pensionnat et du budget de l'enseignement, dans les lycées. Elle se défend, peut-être, par des raisons tirées des bonnes méthodes de comptabilité, où j'avoue n'être pas compétent. Mais est-il à penser qu'elle aura, comme on l'affirme, une influence sur la tenue de la maison? Sauf un peu plus de latitude dans le règlement de questions, après tout accessoires, telles que la cuisine, ou les promenades, je n'aperçois pas le parti que les proviseurs pourront tirer de cette innovation. Mais c'est la moindre de celles qu'on réclame, bien que ce soit la première sur la liste, et je passe.

Le stage pédagogique des futurs professeurs me

paraît être le type de la réforme contestable. Cette réforme procède de deux préoccupations. La commission pense qu'il faut donner une éducation professionnelle au professeur; elle pense aussi qu'il faut relever la situation du maître répétiteur. Elle demande, d'une part, que le jeune licencié, le jeune agrégé, avant d'être nommé titulaire d'une chaire, fasse la preuve de son aptitude à conduire une classe. Elle demande, d'autre part, que le répétiteur, sous le même nom de professeur stagiaire, soit associé à l'enseignement. En revanche, il serait débarrassé de certaines fonctions de surveillance, qui peuvent très bien être remplies par des personnes non munies de grades universitaires.

La double préoccupation de la commission d'enquête est légitime. Il est bien vrai que la solution qui a fini par prévaloir, dans la question du répétitorat, laisse à désirer. J'en ai dénoncé le faible et l'insuffisance, il y a déjà longtemps [1]. Mais que vaut le moyen préconisé? Quels seront les résultats de l'action commune et concertée que l'on songe à organiser?

Il n'y a pas de raison à priori pour que, dans certains cas, cette action commune et concertée ne soit pas avantageuse. Si les deux collaborateurs ont également bon caractère, s'il n'existe entre eux aucun motif d'animosité ou de défiance, aucune rivalité personnelle; si l'esprit de la maison, l'esprit des admi-

---

1. Voir p. 21 et suiv.

nistrateurs, l'esprit du personnel enseignant, l'esprit
même des élèves, est bon; cela marchera. Supposez
des circonstances moins propices. Il faut alors
s'attendre à des inconvénients, qui seront graves.
L'humeur particulariste de nos professeurs est bien
connue. On ne les voit pas trop, surtout ceux qui sont
hommes d'âge, ceux qui ont fait une partie de leur
carrière sous un régime différent, se prêter à ce partage de l'autorité et de la responsabilité avec des
associés qu'ils n'auront pas choisis, qu'ils ne peuvent
être appelés à choisir. Il n'y a pas grand mal à essayer.
Mais il serait surprenant que l'essai donnât tout ce
que l'on paraît en attendre.

Le titre de professeur stagiaire, que les répétiteurs
porteront tout comme les professeurs les plus jeunes,
constitue pour eux une satisfaction d'amour-propre,
qui n'est pas méprisable. Mais c'est, à vrai dire, avec
celle d'être libérés de certaines surveillances, les
seules qu'ils retireront de cette réforme. Or, de
quoi se plaignent-ils surtout? Ils se plaignent de
demeurer trop longtemps en fonctions; de ne pas voir
s'ouvrir assez vite, ni assez largement devant eux les
portes de l'enseignement. Quand ils s'appelleront professeurs stagiaires, ils ne continueront pas moins à
marquer le pas derrière les meilleurs licenciés, les
meilleurs agrégés. Ou bien alors, il faut aller jusqu'au
bout de l'idée, déclarer que, pour l'avancement, pour
la titularisation, il sera tenu un compte très faible des
titres, et un compte presque exclusif de l'aptitude

pédagogique. Mais, d'une part, rien ne garantit que le passage par le répétitorat développe l'aptitude pédagogique, et que les mieux cotés, au cours du stage, doivent être les répétiteurs. Si, d'autre part, on donne le pas à l'aptitude pédagogique sur le savoir, on s'expose à écarter de l'enseignement public quelques-unes des plus brillantes recrues qui lui viennent aujourd'hui, celles qui en font la force et la parure. L'élève de l'École Normale, l'étudiant à l'Université, n'aura plus, pour toute perspective, après tant d'années de fortes études, et de labeur pénible, qu'un stage, avec une nomination *éventuelle* à une chaire. Il se dira, non sans raison, qu'il est médiocrement sage de s'engager dans une voie aussi longue, et aussi incertaine.

Ce n'est pas tout. A soutenir cette idée, que « l'aptitude pédagogique » doit l'emporter sur le savoir acquis, et attesté par des diplômes, on tourne délibérément le dos à la tradition universitaire, pour abonder dans le sens des congrégations. Que l'on se reporte aux débats de la commission extra-parlementaire, où a été préparée la loi de 1850. On y verra l'abbé Dupanloup, et les autres défenseurs de l'enseignement ecclésiastique, développer cette thèse avec complaisance [1]. Il s'agissait alors, je ne l'oublie pas, de rendre la loi nouvelle aussi peu gênante que possible pour les congrégations. Mais la thèse prise en elle-

---

1. Cf. de Lacombe, *les Débats de la Commission de 1849*, chap. 3, *passim*.

même, et indépendamment de la circonstance où elle a été posée, s'accorde à merveille avec la conception que les congrégations se font de l'enseignement secondaire, pas du tout avec la conception que s'en faisait, jusqu'ici, l'Université de France. Elle a toujours cru que le premier mérite d'un maître est de savoir, de beaucoup savoir, de savoir plus qu'il n'est nécessaire pour faire sa classe. Et c'est ainsi qu'elle a formé un corps de professeurs quelquefois mal jugés dans leur pays, mais très admirés de l'étranger, et qui méritent de l'être.

Sans doute, il en est quelques-uns, dans le nombre, qui, tout en sachant beaucoup, enseignent médiocrement, ou mal. Cela est fâcheux. Apprenons-leur à enseigner. Donnons-leur des conseils et des leçons, et des exemples. Instituons à l'École Normale, à l'Université, un enseignement de la pédagogie qui soit solide et obligatoire. Mais ne croyons pas trop à la vertu des années de stage. Il arrivera de deux choses l'une. Ou bien il sera entendu, d'avance, qu'un agrégé, qui vient de réussir très brillamment, sera pourvu, quelques mois après, d'une chaire, quoi qu'il advienne, et hors le cas, très rare après tout — d'absolue incapacité à faire son métier. Alors, le stage sera une formalité, qui n'effraiera personne, mais n'aura pas d'efficacité. Ou bien le stage sera une épreuve très sérieuse, une épreuve qui pourrait annuler les espérances que le jeune agrégé, le jeune licencié se considère comme en droit de fonder sur un concours remarquable. Et alors, c'est le péril que je signalais tout à l'heure, c'est la désertion des plus distingués, c'est l'abaissement du niveau général.

Venons maintenant aux réformes heureuses. Ici, l'on n'a que l'embarras du choix. L'idée d'étendre l'initiative et d'accroître la responsabilité des proviseurs est une de celles-là. Elle m'a toujours paru très nécessaire, à la condition que les choix soient bons. Et les choix seraient d'autant meilleurs, que les avantages attachés au poste seraient suffisants pour y attirer des hommes de haute valeur. Il ne suffit pas tout à fait de dire : nos proviseurs seront plus indépendants. Il faut ajouter : ils auront un traitement qui leur permettra de faire figure, et de compter, dans la ville de province où ils exercent leur fonction. C'est encore le plus sûr moyen d'agir sur l'imagination des familles. Là où le proviseur est quelqu'un, par son mérite propre, et le don de séduction personnelle, là où il est quelque chose, par le train de vie qu'il peut mener, les familles ont pour le lycée plus de considération. Je parle, bien entendu, des familles qui ne vont pas au fond des choses, et qui obéissent, dans le choix d'une maison d'éducation, à des considérations extérieures et mondaines. Il me souvient d'avoir lu, dans les mémoires de Gounod, que son proviseur, qui était dans la confidence de sa passion pour la musique, l'invitait quelquefois à l'Opéra. Ce proviseur y avait une loge, à l'abonnement. D'une manière générale, il me semble que le proviseur d'un lycée de Paris, sous la monarchie de juillet, était un plus gros personnage, dans la société pari-sienne, que le proviseur d'aujourd'hui. Je n'irai pas jusqu'à demander que tous les proviseurs soient invités à prendre une loge à l'Opéra, et mis, par leur traitement, en mesure de le faire. Mais il y aurait avantage, si l'on veut accroître le prestige du lycée, à relever matériellement la situation de son chef.

L'initiative qu'on lui promet lui permettra d'amé-liorer la tenue de la maison. Elle doit d'autant plus être l'objet de l'attention et des soins de l'Université, que le mouvement contre l'internat, qui fut vif il y a une quinzaine d'années, ne paraît pas devoir se déve-lopper. Il a, vraisemblablement, donné tout son effet. Les lycées et collèges ont perdu des internes, peut-être parce que tous, tant que nous sommes, nous avons calomnié l'internat universitaire. Mais, dès qu'il se fonde une maison nouvelle, destinée à faire mieux, et à faire autre chose que ce qui se fait au lycée, c'est un internat. Telles, les plus récentes, les plus « dans le mouvement » d'entre ces maisons, l'École des Roches, l'École de l'Ile-de-France.

Il est plaisant de constater, à ce propos, comme les idées changent. Que reprochait-on à l'internat uni-versitaire, il y a quinze ans? On lui reprochait, sur-tout, de séparer l'enfant de la famille, de le soustraire aux saines influences du foyer. Et il y avait beaucoup de vrai, dans ce reproche. Or, si l'internat universi-

taire a perdu des élèves, depuis quinze ans, l'internat
ecclésiastique, dont la supériorité est volontiers
affirmée par ceux qui le dirigent, mais reste à prouver,
en a plutôt gagné. Et les novateurs les plus hardis du
temps présent, non contents de fonder des internats,
les placent à la campagne, à une grande distance des
villes! Ils isolent l'enfant, plus complètement que ne
fait le lycée parisien. Si les conditions hygiéniques
sont meilleures (et il le faut bien, étant donné la différence des prix de pension) il n'est pas évident qu'il
y ait lieu d'en dire autant des conditions morales.
L'une de ces écoles fait un effort pour conserver,
jusque dans l'internat, quelque chose de la vie de
famille. Les élèves passent, de temps à autre, leurs
soirées dans le salon de la femme du directeur. Mais
l'autre école impose, dit-on, à ses maîtres le célibat.
Elle ressuscite ainsi la congrégation laïque rêvée par
Napoléon. Les membres de la congrégation seront
une douzaine, au lieu d'être quelques centaines, voilà
toute la différence. On nous eût beaucoup surpris, et
un peu scandalisés, il y a quinze ans, en nous avertis-
sant que notre campagne contre l'internat aboutirait
à cette conséquence, et qu'au début du xxᵉ siècle, le
dernier cri de la mode serait d'expédier ses enfants
au loin, et de les confier à des célibataires jurés. Quoi
qu'il en soit, puisque les familles persistent à vouloir
de l'internat, le devoir de l'Université est de leur
offrir des internats aussi bien aménagés, aussi bien
dirigés que possible.

L'internat universitaire ne logera pas, comme ces internats privés, en de somptueux châteaux. Mais il sera confortable, tout en demeurant simple. Et avec de bons maîtres répétiteurs, de bons surveillants, de bons proviseurs, avec un nombre restreint d'élèves, il n'y a pas de raison pour que l'Université ne fasse pas aussi bien, en matière d'éducation, que ses rivaux ou ses émules. Elle n'aura pas de peine à garder, en matière d'instruction, une supériorité que nul ne songe à lui contester, et que fait ressortir, — par rapport, du moins, aux maisons nouvelles dont je parlais tout à l'heure — la comparaison des programmes.

Si ceux du lycée sont, à l'ordinaire, trop touffus, les programmes de ces maisons paraissent un peu vides. Il s'agit, je le sais, d'éviter le surmenage, et de faire des hommes, plutôt que des scholars. Mais on peut se demander si les exercices auxquels on attribue une grande partie du temps consacré ailleurs aux études, sont aussi « éducateurs » qu'ils passent pour l'être? J'en doute un peu, pour ma part, et je voudrais dire pourquoi j'en doute.

Quand l'une de ces écoles nouvelles, et non la moins intéressante, a été fondée, il y a trois ans, j'ai étudié avec soin ses programmes, l'horaire de ses journées. A côté d'essais très intéressants, il m'a paru que l'on tentait des nouveautés un peu futiles [1], ou,

---

1. Cf. les *Menus-Propos* du *Temps*, 11, 14 et 18 nov. 1898.

pour mieux dire (car je n'ai pas d'objection contre ces nouveautés, prises en elles-mêmes) que l'on s'appuyait, pour les justifier, à un principe très peu solide. Ainsi, les travaux de plein air et les travaux d'atelier devaient occuper, dans la journée de l'écolier, une place importante. Rien de mieux, sauf que c'est autant de pris sur l'étude. Mais allons au principe. Pourquoi les uns feront-ils de la menuiserie, et les autres, du jardinage? Pourquoi les uns récolteront-ils des pommes de terre, tandis que les autres construiront un rucher? Est-ce seulement pour faire jouer les muscles, pour procurer une fatigue salubre? Non : c'est aussi, c'est surtout pour « évoquer des aptitudes », et pour « faciliter la libre expansion des natures ». Oui, voilà le principe. On flatte les tendances naturelles. Or, elles ont beau être inoffensives, chacune prise à part, elles ne s'en ramènent pas moins, toutes ensemble, à une tendance maîtresse et globale, qui, elle, n'est pas inoffensive : l'égoïsme.

Le jeune Anglais que l'on prend pour modèle est, à l'ordinaire, un type achevé d'égoïsme. Il a ses habitudes, ses goûts, ses manies. Il s'y livre, sans se gêner en rien pour personne. Dans la famille anglaise, dans la société anglaise, le mal n'est pas grand. Les égoïsmes se limitent les uns les autres, se tiennent en respect, ou en échec. Mais, quand on rencontre l'Anglais hors de chez lui, on est exposé à souffrir de ce trait de caractère. Le peuple se comporte, à cet égard, comme les individus. L'Angleterre prend ses aises.

Elle se carre sur la planète. Malheur à qui ne lui cède pas le coin dont elle a envie, ou dont elle dit avoir besoin !

Or l'égoïsme, le sentiment excessif de la personnalité, ont toujours été jugés sévèrement dans notre pays. L'éducation française a toujours eu pour but de les combattre. Il y faut distinguer la lettre et l'esprit. La lettre, c'est la discipline un peu rude du collège, l'effort un peu trop tendu. L'esprit, c'est l'initiation graduelle à la maîtrise de soi, et au désintéressement. Il arrive que la règle contrarie ou comprime des élans qui seraient sans inconvénient sérieux. Mais elle insinue à l'enfant, dans les moindres circonstances, et à chaque heure du jour, cette notion, qu'il faut se dominer, et, en quelque sorte, s'oublier soi-même. De la simple politesse jusqu'au sacrifice, il y a toute une gamme de sentiments délicats et nobles, dont la culture exige des soins infinis. Certes, l'éducation ne réussit pas toujours, chez nous, et tous nos collégiens ne sont ni des modèles d'urbanité, ni des héros. Mais telle est bien la ligne traditionnelle de l'éducation nationale. L'esprit chevaleresque, dont la France du moyen âge a donné tant de beaux exemplaires, c'est le don de soi-même. L'honnête homme du xviie siècle s'étudie à cacher son moi. L'homme vraiment « social » que nous devons tâcher de devenir, se fera tout à tous. Pour atteindre, ou pour se rendre capable d'atteindre un idéal aussi digne d'être poursuivi, il faut commencer de bonne heure à tenir en bride le caprice, et jusqu'à certains instincts. Il faut apprendre à l'enfant à se priver de ce qui lui plaît. Tu as envie de faire telle chose, mon bonhomme? Eh bien, tu t'en passeras! C'est le grand mot, dans notre éducation, le mot des parents, et celui des maîtres. Il n'est pas « évocateur de tendances », j'en conviens. Mais il est très sensé, et même très profond, si l'on commence par accorder — ce qui, chez nous, fut toujours une vérité admise — que, pour « élever » un enfant, il faut réussir à le porter au delà et au-dessus du point où la nature vous le livre.

Nous ne sommes pas aussi éloignés qu'il semble de la question des programmes. Réduisons-les, pour ne pas charger outre mesure l'écolier, pour lui laisser le temps de respirer, et de se fortifier par les exercices et les jeux. Mais, tout en opérant ces retranchements, ne perdons jamais de vue qu'aucune des qualités dont on mène ailleurs tant de bruit, ni la force physique, ni l'adresse manuelle, ni une certaine entente des choses de la terre (utile surtout, soit dit en passant, à ces fils de gros bourgeois, qui auront un jour des domaines à faire valoir, des exploitations à surveiller) ne remplace, ni ne vaut la « culture ». Tout, dans nos programmes, tend vers cet objet. Nous voulons faire des esprits cultivés. Cela n'est pas facile, et cela prend du temps. Si nous renoncions à cette ambition, nous cesserions d'être nousmêmes. On sait faire, partout, un bon comptable ou un bon contremaître, un bon ingénieur, un bon

médecin. C'est une question de savoir si l'on réussit
également bien à faire ce que nous faisons des meilleurs d'entre nos élèves? Il faut toujours craindre de
se laisser aller trop volontiers à l'approbation de soi-
même. C'est pourtant une justice que nous pouvons,
et que nous devons, nous, Français, rendre à notre
système d'éducation. Il serait plaisant, s'il n'était
plutôt un peu triste (le spectacle de l'incohérence et
de la contradiction est toujours pénible, surtout
quand elles menacent un grand intérêt public), il est
donc un peu triste de constater que quelques-uns de
ceux qui reprochent à l'enseignement classique de
« déraciner » ou de « dénationaliser » les jeunes
Français, comptent parmi les fervents admirateurs
d'une pédagogie anglo-saxonne, qui, si elle devait
prévaloir en France, porterait une atteinte irréparable
à notre génie.

Faut-il dire toute ma pensée? L'ambition de faire
du collège une véritable école de vie, d'où l'enfant sor-
tirait muni de toutes les aptitudes nécessaires au
succès, ou à la défense énergique de son dû, me
paraît une ambition décevante. On aura beau dire;
on aura beau faire : le collège ne sera jamais qu'un
milieu factice. Placez-le à la ville ou à la campagne;
faites-y régner une discipline rigoureuse, ou une
règle indulgente et souple; modifiez, comme il vous
plaira, le plan d'études et les programmes : vous
n'obtiendrez pas que l'enfant, placé dans ce milieu,
reçoive les rudes impressions, les chocs brutaux,

venus des hommes et des choses, qui, dans la vie réelle, enseignent la vie. Vous n'empêcherez pas que l'élève ne soit protégé contre des périls et des tentations qui, hors des portes du collège, viendront l'assaillir. Vous n'empêcherez pas que le spectacle de l'injustice lui soit épargné, à moins d'introduire systématiquement l'injustice dans l'école, ce qui serait un remède héroïque, et qu'aucun de nos réformateurs n'est, que je sache, en humeur de préconiser. Vous n'empêcherez pas que ces quelques dizaines, ou ces quelques centaines d'enfants, de jeunes gens n'échappent, par le fait seul de leur âge, à la sollicitation de ces redoutables intérêts matériels, qui divisent les hommes, leur enseignent à se combattre et à se détester. Dès lors, si le collège ne peut devenir l'imitation de la vie réelle, ne vaut-il pas mieux qu'il demeure l'initiation à une vie supérieure? Si fragile que doive être la couche d'idéalisme dont l'âme de nos élèves aura été imbue, si exposée qu'elle soit à s'écailler, et à disparaître aux premières morsures de l'air libre, tâchons, avant tout, de la leur conserver. Ne nous attachons pas trop à faire surgir l'homme dans l'enfant : souhaitons plutôt que quelque chose de l'enfant subsiste dans l'homme.

V

Toutes les nouveautés qui se préparent, ou qui s'offrent, et dans les établissements libres, — dont

c'est le rôle d'instituer des expériences que l'Université suit avec sympathie — et au Parlement, et au
conseil de l'Instruction publique (je n'ai pas parlé de
ses travaux, parce qu'ils sont demeurés en suspens,
et qu'ils devront être repris à pied d'œuvre, après
que le Parlement aura prononcé) sont-elles vraiment
des nouveautés?

Si l'on veut bien prendre la peine de parcourir les
pages qui suivent, on s'apercevra que la plupart de
ces changements, de ces réformes ont été ou réclamés,
ou préparés, ou même amorcés depuis une quinzaine d'années. Je n'ai pas à défendre ici l'administration de l'Instruction publique contre les reproches qui lui sont si libéralement dispensés. D'ailleurs,
j'ai moi-même très souvent critiqué ses actes, ou
blâmé, quand il y avait lieu, sa torpeur. Mais il serait
étrangement injuste de méconnaître tout ce qu'elle
a fait, durant cette période, et qu'il y a, dans ce
qu'elle a fait, beaucoup de bon. Quant aux amis
des réformes, s'ils ont le grand avantage de trouver
aujourd'hui une opinion mieux préparée à les comprendre, et peut-être plus disposée à les suivre, ils
ne doivent pas oublier qu'ils ont eu des prédécesseurs, qui, dans des conditions parfois ingrates, ont
lutté, non sans énergie, pour ce qu'ils croyaient être
la vérité. Ceux-là se réjouissent de tout ce qui viendra
fortifier notre enseignement public. Ils s'effraient des
erreurs qui pourraient être commises, et s'appliquent
à les signaler. Mais surtout — on leur pardonnera

cet aveu — ils ne peuvent prendre pour autant de révélations d'une importance singulière et décisive, des idées qu'ils connaissent, depuis si longtemps déjà, pour les avoir ou propagées, ou combattues.

HENRY MICHEL.

Octobre 1901.

NOTES

SUR

L'ENSEIGNEMENT SECONDAIRE

1881-1891

APRÈS LA RÉFORME DE 1880

La surcharge des programmes.

Toutes les personnes qui s'intéressent aux choses de l'enseignement, depuis les maîtres jusqu'aux pères de famille, applaudiront à la récente circulaire du ministre de l'Instruction publique, relative au plan d'études des lycées [1]. Il est fort probable, du reste, qu'en rédigeant cette circulaire, le ministre avait sous les yeux les pièces d'une enquête ouverte par son prédécesseur sur les avantages et les inconvénients des dernières réformes. On a consulté, à ce sujet, les chefs d'établissements, les assemblées de professeurs. On a recueilli leurs avis, et il semble bien qu'on en ait tenu grand compte, car plusieurs passages de la circulaire sont autant de

---

1. Voir cette circulaire, datée du 4 nov. 1882, dans la publication intitulée *Circulaires et instructions officielles relatives à l'Instruction publique* (Paris, Delalain), t. IX, p. 144 et suivantes.

1

réponses directes à des critiques, à des plaintes que nous avons entendu formuler dans ces assemblées. Ces critiques, ces plaintes ne viennent pas des adversaires du nouveau plan d'études : elles viennent de partisans sincères des réformes, d'hommes qui en désirent le succès, mais qui se croient tenus à dénoncer les abus que l'expérience leur révèle.

C'est surtout aux élèves des classes élémentaires et des classes de grammaire que le ministre pense, lorsqu'il condamne les longues rédactions, le devoir écrit donné le matin pour le soir, les punitions stériles, l'empiétement des sciences physiques et naturelles sur les autres parties de l'enseignement; enfin, l'excès du travail imposé. Il est très certain qu'on ne peut pas traiter les enfants comme des hommes; qu'on ne peut pas les accabler de besogne, et qu'on doit préférer les exercices qui profitent au développement des facultés. Un professeur qui dicte à de très jeunes enfants un cours d'histoire ou un cours de sciences, qui les oblige à prendre des notes pendant qu'il parle, et à recopier ensuite ces notes sur un cahier spécial, comprend mal l'esprit du nouveau plan d'études. C'est là du temps perdu. Les livres sont faits pour tenir la place du cours dicté et des cahiers. Que le maître se serve des livres, qu'il oblige les enfants à s'en servir, qu'il contrôle leurs lectures, et qu'il réserve les heures de classe pour un travail plus utile. Il paraît que certains professeurs dictent encore tout ce qu'ils enseignent. On aurait de la peine à justifier une pareille méthode. Elle était bonne, au temps où il n'y avait pas de bons ouvrages d'enseignement classique : elle est surannée aujourd'hui. A quoi sert-il d'avoir tant réformé, tant innové, si c'est pour revenir, en fin de compte, aux procédés des jésuites du XVIIe siècle?

Il était tout indiqué de faire une place, dans les

classes élémentaires, à l'enseignement des sciences physiques et naturelles : c'est là un genre d'études qui plaît
aux enfants, qui ne les fatigue pas, et qui a son utilité.
S'ensuit-il qu'il faille présenter ces connaissances sous
une forme savante, et y subordonner le reste du programme? En aucune manière. Tout ce qu'on attend du
maître, c'est une *exposition* très simple, dans le vrai
sens du mot : on lui demande de *montrer*, et non de
démontrer. Rien qui semble plus naturel? Rien pourtant qui soit plus difficile à obtenir. Les professeurs de
science, soit qu'ils se laissent entraîner à leurs habitudes, soit qu'ils ne sachent pas présenter comme il
faut les éléments, ont une tendance marquée et fâcheuse
à mêler toujours un peu de théorie à leurs leçons. Et
que peuvent saisir d'une théorie scientifique les enfants
de septième?

De même, certains professeurs profitent de l'intérêt
qu'excitent leurs petites expériences, ou l'étalage de
leurs collections, pour accaparer toute l'attention dont
les enfants sont capables. Ils les renvoient au professeur
de français amusés, mais distraits, et sans oreilles
pour une leçon plus abstraite. Nous voulons bien
que les enfants sachent ce que c'est qu'un arbre, une
fleur, un animal; mais nous tenons aussi à ce qu'ils
n'ignorent pas leur langue. Sans compter qu'il n'y a
aucun rapport entre les deux genres d'études. Les
notions d'histoire naturelle ne forment pas l'esprit; les
études grammaticales et littéraires, plus ingrates en
apparence, sont autrement profitables. Elles apprennent
à réfléchir. C'est là le but de tout enseignement. Il faudrait tâcher de ne point le manquer. Pour l'atteindre, le
mieux est encore de s'y prendre de bonne heure. Il sera
toujours possible à un enfant intelligent de retenir des
noms de végétaux et d'animaux. Mais la connaissance
de ces noms, encore une fois, ne développe pas l'intel-

ligence. Faisons d'abord des esprits ; nous les remplirons ensuite. Vouloir procéder en sens inverse, c'est renverser l'ordre naturel, et s'exposer à une amère déconvenue.

Là est le péril du nouveau plan d'études. On me pardonnera d'y insister, et d'étendre à toute les classes ce que le ministre dit des classes inférieures. Les programmes sont trop chargés, et la surcharge des programmes compromet l'œuvre à laquelle on travaille : l'éducation de l'esprit.

Les programmes sont trop chargés, parce que, sans presque *rien* supprimer des anciennes matières de l'enseignement, on a ajouté beaucoup de matières nouvelles. Prenons les petites classes : on y a fait pénétrer les sciences, sans exclure aucun des enseignements qui s'y donnaient jusque-là. Prenons les classes de grammaire : on y a diminué la part et la place du grec ; mais on a élargi celle des mathématiques, celle de l'histoire et de la géographie, celle du français, celle des langues vivantes ; on y a introduit, comme dans les petites classes, les sciences physiques et naturelles. Mêmes remarques pour les classes supérieures : ce qu'on y a supprimé, ce sont des exercices, comme le vers latin ; ce ne sont pas des matières d'enseignement. Et combien de choses nouvelles ! Je ne parle pourtant ni du dessin, ni de la gymnastique, ni des exercices militaires, quoique tout ceci prenne du temps.

Sait-on que, dans certains lycées de Paris, les élèves externes arrivent à huit heures du matin, et suivent des cours sans interruption jusqu'à midi ? Que les cours recommencent à une heure et demie, pour durer jusqu'à quatre heures et demie ? Que parfois même une conférence suit la courte récréation d'après la classe, et que cette conférence dure de cinq à six ? Comment veut-on qu'un pareil régime ne fatigue pas ceux qui y sont condamnés? Étrange contradiction, en vérité. On a fait des réformes avec la pensée d'alléger la tâche de l'écolier, et partout on l'a rendue plus lourde. On a prétendu que le cours d'études était trop compliqué, et partout on l'a compliqué davantage. La conséquence forcée, c'est qu'on s'aperçoit aujourd'hui qu'il faut élaguer, émonder, réduire. Le pourra-t-on? Et sur quoi se décidera-t-on à rogner? Sur les anciennes matières, ou sur les nouvelles? Sur les nouvelles, le respect humain l'interdit; sur les anciennes, ce serait la ruine de l'enseignement. Problème ardu, et dont on n'aperçoit pas la solution.

En même temps qu'on charge ainsi les programmes, on restreint, par une conséquence nécessaire, la part du seul travail qui profite, le travail personnel. On se plaint que les élèves ne lisent pas et ne composent plus. Où veut-on qu'ils prennent le temps de lire et de composer? Lorsqu'ils ont sept à huit heures de cours par jour, où trouver des heures d'études?

Pourtant, ce sont les heures d'études qui sont les bonnes heures, les heures dont on profite. Le ministre recommande de ne plus donner de devoirs écrits aux enfants des classes élémentaires, entre la matinée et l'après-midi. Il a raison, car l'enfant est débordé. Mais qui ne sait que le devoir écrit est pour l'enfant un exercice de première nécessité? C'est là qu'il est obligé d'apporter le plus d'attention soutenue, et le plus d'effort personnel. Supprimer le devoir écrit, c'est supprimer un moyen pédagogique excellent. D'autre part, le conserver, c'est abuser des forces de l'élève. Il en est de même dans les hautes classes, en rhétorique, en philosophie. Les exercices de traduction et les cours de toutes sortes ne permettent ni lectures considérables, ni compositions fréquentes. Imposer beaucoup de lectures et de travaux écrits, c'est tenter l'impossible;

renoncer aux lectures et aux travaux écrits, c'est renoncer à ce qu'il y a de plus substantiel. Il n'est pas un professeur qui ne le sache, qui ne le pense, qui ne le dise, et qui ne se demande avec inquiétude ce que donnera dans dix ans d'ici, si l'on n'y prend garde, l'application des nouveaux programmes.

Eh bien! la circulaire répond dans une certaine mesure à cette préoccupation; elle offre un moyen de sortir de ces difficultés. Le passage essentiel est, en effet, celui où le ministre insiste sur l'indépendance des maîtres, et leur droit à faire plier les programmes. « MM. les professeurs ne doivent pas oublier qu'une liberté entière leur a été laissée par le conseil supérieur pour choisir, pour élaguer au besoin, et proportionner leurs leçons au temps dont ils peuvent disposer. »

Voilà les paroles que les professeurs de nos lycées doivent méditer. Voilà le texte sur lequel ils peuvent s'appuyer pour lutter contre la tyrannie du programme. Qu'ils prennent résolument l'initiative; qu'ils usent des moyens que la loi met à leur disposition — assemblées mensuelles, conseil élu — pour tailler en plein drap. Qu'ils en usent aussi pour fondre les divers enseignements donnés dans une même classe, aux mêmes élèves. Ce n'est pas très facile : chacun tire à soi; chacun s'imagine que ce qu'il enseigne est l'essentiel. Nous nous rappelons avoir entendu, dans des assemblées de professeurs, certains dialogues qui ressemblaient fort à celui du maître à danser et du maître d'armes du *Bourgeois gentilhomme*. Mais le proviseur est là. C'est à lui qu'il appartient de trancher le différend, en ne consultant que l'intérêt des élèves. La circulaire est très précise sur ce point; et quel que soit le ministre de l'avenir, si jamais il vient à reprendre cette question, il ne saurait la voir sous un autre angle.

Si l'on applique les programmes actuels dans la

rigueur et à la lettre, on fera courir un danger sérieux aux études classiques. Si on les prend comme un ensemble d'indications générales, qu'il convient de suivre sans s'y asservir, rien n'est perdu. Il faut choisir entre les deux systèmes. C'est en ce sens qu'on peut dire que le sort des réformes est aux mains des professeurs. A eux de prendre, en usant de l'initiative qu'on leur offre, les mesures nécessaires. Ce rôle où on les convie n'a rien que d'honorable, et la circulaire les trouvera préparés à le remplir. Ils ont mesuré l'étendue du mal. Ils en voient les suites possibles. Ils ont assez d'expérience, assez de bon vouloir pour chercher et trouver eux-mêmes le remède.

Novembre 1882.

Les exercices de mémoire dans les petites classes.

Lors de la refonte générale des programmes, le conseil supérieur avait demandé qu'on ne fît apprendre par cœur aux élèves que des leçons assez courtes. Il avait prescrit également qu'on renonçât, dans l'étude de l'histoire, aux nomenclatures interminables.

Quel profit l'enfant peut-il tirer de ces listes de noms propres qui ne lui disent rien? Et quel mérite a-t-il à les réciter, sans une omission ou sans une interversion? Tout le monde ne se destine pas à faire, sa vie durant, de la chronologie; c'est même assez heureux. Alors, pourquoi le collège aurait-il l'air de ne préparer qu'à cela? La réforme était donc excellente. Il ne restait qu'un souhait à formuler. C'est qu'on la mît en pratique. Quand il s'agit de réformes, décider et pratiquer sont deux.

S'il faut en croire le bruit public, l'abus n'a pas disparu de nos classes. Ici, l'on continue à faire apprendre de longues pages de grammaire et des séries de dates; ailleurs, on enseigne, par les mêmes procédés, l'histoire naturelle et la chimie. Il faut y prendre garde : si on laisse cette habitude s'implanter, on ne pourra plus l'extirper, par la suite, sans avoir recours à des moyens violents; et je me demande ce que les enfants auraient gagné au change? Apprendre des listes de minéraux et de végétaux, ou des listes de rois d'Égypte, c'est tout un. Ce qui importe ici, ce n'est pas l'objet, c'est la méthode; si la méthode est mauvaise quelque part, elle est mauvaise partout. Qu'il soit bien entendu qu'en introduisant dans les classes élémentaires l'histoire naturelle et la chimie, on a voulu parler aux *sens* de l'enfant, non à sa mémoire.

Pendant qu'il était en train de faire la guerre à la mémoire mal entendue, le ministre a porté un coup décisif à l'une de nos vieilles institutions classiques, le concours de récitation[1]. Il a désiré, d'accord, sans doute, avec le conseil supérieur, qu'on y renonçât désormais. Cette réforme sera bien accueillie par la plupart des professeurs, et par presque tous les élèves. Depuis quelques années, sauf dans un très petit nombre de classes, le concours de récitation était comme tombé en désuétude. On le pratiquait encore, mais les élèves n'y apportaient plus d'entrain, ni de conviction.

Pourtant, ce concours a connu jadis de beaux moments. Il n'y avait guère de classe qui ne comptât deux ou trois élèves, souvent médiocres dans le reste, mais qui savaient dire mieux que leurs camarades, et qui se piquaient au jeu dans les grandes occasions.

Paresseux tout le long de l'année, ils se réveillaient alors. Ils passaient des heures à se mettre dans la tête les

---

1. Circulaire du 9 sept. 1882, *loc. cit.*, p. 110.

trente ou quarante pages de prose, les cinq ou six cents vers qu'il fallait savoir. Ils en étudiaient les moindres détails avec une patience d'artistes; et le grand jour arrivé, ils donnaient vraiment un spectale au reste de la classe. Quand ils étaient par hasard plusieurs à se disputer le prix, le professeur se trouvait dans un grand embarras. Quelquefois même, il fallait recourir au plus héroïque de tous les moyens : les deux ou trois rivaux récitaient chacun, depuis le premier mot jusqu'au dernier, tous les morceaux du concours, et la palme était à celui qui ne faisait pas une seule *hésitation*. Nous connaissons des lycées où ce concours était devenu un genre de sport comme un autre. Il y avait des favoris, et l'on pariait. Que faire d'autre, pendant ces interminables séances?

Tel qu'il était devenu dans les derniers temps, le concours de récitation manquait de prestige. Il disparaîtra sans exciter de grands regrets. Je me reprocherais, cependant, de ne pas faire remarquer que c'est grâce à ce concours que l'art de la lecture et l'art de la diction avaient trouvé, avant M. Legouvé, un modeste accès dans nos classes. On sait que rien n'est lamentable comme la façon dont les élèves récitent la leçon de chaque jour. Eh bien! ils se rattrapaient au concours. Les professeurs, qui se contentaient le reste du temps d'une sorte de psalmodie inintelligible, exigeaient ce jour-là qu'on mît le ton : humbles commencements d'une réforme encore à développer, et qu'il serait injuste d'oublier.

On a bien raison de proscrire la nomenclature à toute outrance, et le concours de récitation ne mérite pas qu'on le regrette. Mais il est une remarque qui se présente d'elle-même à l'esprit : si l'enseignement doit avoir en vue autre chose que le progrès de la mémoire, s'il doit s'adresser à l'intelligence tout entière plutôt qu'à une seule de nos facultés, il ne doit pas cependant, dédaigner la mémoire.

Autant il est absurde d'en faire le tout de l'éducation, autant il serait dangereux de prétendre s'en passer. La mémoire, qui ne suffit nulle part, est utile partout. De là, la nécessité de la cultiver. On sait de reste que cette culture est aisée, puisqu'il y suffit d'un exercice régulier, constant, et qui commence de bonne heure. Ce serait donc un grand tort de ne pas exercer la mémoire des très jeunes écoliers.

Personne ne songe à tomber dans cette extravagance, ni le conseil supérieur, ni le ministre. On y songe d'autant moins, que l'on sait très bien que cet apprentissage, bien conduit et sagement dispensé, n'est pas pénible à l'enfant. Nous le plaignons beaucoup, quand nous le voyons obligé de retenir ce qu'il nous en coûterait fort d'apprendre. En réalité, il ne se donne pas le mal que nous serions contraints de nous donner nous-mêmes pour en faire autant. La mémoire est très docile et très complaisante à cet âge; elle prend même plaisir à fonctionner. Tous ceux qui vivent auprès de jeunes enfants le savent bien.

Il s'agit de ne pas dépasser la mesure, de ne pas changer en supplice ce qui peut n'être qu'un jeu, mais un jeu salutaire pour l'enfant; enfin, de bien choisir le champ où la mémoire devra se donner carrière. Ne pas faire apprendre trop de choses, et faire apprendre, s'il se peut, autre chose que de la nomenclature toute sèche — qu'il s'agisse d'histoire ou de chimie, peu importe — tel est le principe pédagogique, très simple et très sage, que les maîtres ne devraient jamais perdre de vue.

Septembre 1882.

Les heures de classe.

I

La revision du plan d'études de 1880 s'imposait au nouveau conseil supérieur de l'Instruction publique. On ne lui reprochera point d'avoir perdu du temps pour se mettre à la tâche, puisque, dès sa première session, il a examiné, discuté et voté des modifications importantes à l'œuvre élaborée par ses prédécesseurs. Ces modifications, adoptées et proposées par l'unanimité des membres de la section permanente, portent sur quatre points : la suppression des classes du jeudi, sauf pour la division supérieure, dans des cas déterminés ; la réduction du nombre des heures de classe, de vingt-quatre à vingt par semaine ; l'enseignement des éléments de la langue grecque rendu au professeur de cinquième ; enfin, l'enseignement de l'histoire rendu au professeur de grammaire, en sixième et en cinquième. Ce sont, à peu de chose près, les retouches déjà réclamées par le conseil académique de Paris. Notons pourtant que cette assemblée avait demandé que le latin, au lieu de commencer en sixième, fût reporté en septième. Le vœu n'a pas été déféré au conseil supérieur, l'administration ayant déclaré, devant la section permanente, qu'elle n'entendait même pas poser la question. Il convient d'ajouter que le point en litige est d'un intérêt secondaire. A tout prendre, puisqu'il ne s'agit plus d'écrire en latin, mais seulement de comprendre le latin, l'étude de cette langue peut, sans grave inconvénient, être différée jusqu'à la sixième.

En même temps qu'il se prononçait sur les questions que je viens d'énumérer, et dans un sens certainement conforme aux vœux et aux opinions de la grande majorité, sinon de l'unanimité des professeurs, le conseil prenait une résolution importante, qui sera diversement appréciée.

La réduction des heures de classe exige une répartition nouvelle des matières enseignées, par conséquent, une refonte des programmes. Cette refonte, toute l'Université la réclame avec instance. On souhaite que des enseignements parasites, surtout dans les classes élémentaires, disparaissent ou soient réduits à la portion congrue. On souhaite que les sciences, et en particulier les sciences physiques et naturelles, soient ébranchées. On souhaite surtout qu'aucune matière nouvelle ne s'introduise aux places laissées vides par les réductions opérées, afin que la revision aboutisse à un véritable allégement, et non pas à un simulacre. La tâche de l'administration, qui devra préparer ce remaniement, est lourde. Il importe d'y procéder avec soin, afin d'asseoir sur des bases aussi solides que possible l'enseignement secondaire, et de ne pas être condamné à refaire dans quelques années une opération nouvelle, du genre de celle qui est en train de s'accomplir. Aussi le conseil a-t-il décidé que les vacances et les premiers mois de l'année scolaire seraient employés à une grande enquête auprès des corps compétents. C'est seulement à la session de décembre que la haute assembiée sera saisie des résultats de cette enquête. Alors s'engagera la discussion sur les programmes. Dans la session actuelle, le conseil a donc simplement voulu tracer un cadre, quitte à le remplir plus tard. Bien des raisons justifient cette manière de procéder, et nous n'en contesterons pas la prudence. Toutefois, il est permis de se demander si la prochaine année classique ne commencera pas dans de déplorables conditions, et si toute une génération d'écoliers ne pâtira pas plus ou moins de ce retard ?

Que vont faire, en effet, maîtres et élèves, au mois d'octobre prochain, avec des programmes décriés et sans autorité? On n'osera plus suivre dans toutes ses parties le plan d'études de 1880; et comment anticiper sur celui de 1885? Quel désarroi, et comme les chefs d'établissement, les maîtres et les familles vont se trouver à plaindre dans cette situation! Excellente en théorie, la méthode adoptée par le conseil risque d'avoir dans la pratique des résultats désastreux.

Qu'on ne s'y trompe pas : le débat qui s'ouvrira en décembre prochain sur l'organisation de notre enseignement secondaire sera décisif, capital. Tout l'avenir de cet enseignement, et par conséquent, dans une certaine mesure, l'avenir intellectuel de la France s'y trouvera engagé. La réforme de 1880, pour des raisons diverses, a été une méprise. Encore une méprise du même genre, et c'en sera fait, ou peu s'en faudra, des études secondaires.

Juillet 1884.

II

On se souvient que le conseil supérieur de l'instruction publique avait décidé, dans sa session de juillet, que le nombre des heures de classes serait réduit dans les lycées et collèges, mais que la refonte des programmes, conséquence nécessaire de cette réduction, n'aurait lieu que l'année prochaine, après une enquête approfondie dont les assemblées de professeurs et les Facultés des lettres et des sciences fourniraient les éléments. Il résultait de cette double décision que l'année classique 1884-1885, avec un chiffre de classes réduit et des programmes non encore allégés, serait forcément une année de transition et de transactions. Une circulaire que le ministre vient d'adresser aux recteurs a pour objet de déterminer les conditions dans lesquelles se fera la reprise des cours, à la rentrée prochaine [1]. Pour toutes les classes, le nombre des heures est réduit à vingt. La classe du jeudi, qui a toujours soulevé les plus vives et les plus justes récriminations dans l'Université comme dans les familles, est supprimée. Dans certaines circonstances particulières, cependant, cette classe pourra être conservée. Bien que la circulaire ne l'indique pas avec une précision suffisante, il s'agit des exigences de la préparation aux grandes écoles. Si les élèves de la division supérieure seuls, comme il est vraisemblable, sont exposés à un surcroît de travail, il n'y a que demi-mal. L'essentiel est que les jeunes enfants soient à l'abri.

Comment faire pour enfermer en vingt heures les matières d'un programme qui, même avec vingt-quatre, était infiniment trop chargé? C'est le problème que chaque professeur va être appelé cette année à résoudre, selon les lumières de sa propre expérience. Le ministre convie, en effet, les chefs d'établissements à s'en remettre sur ce point à la sagesse des maîtres. Beaucoup d'entre eux se plaindront de cette obligation nouvelle et assez embarrassante. Car il faut avouer que tous les professeurs de nos lycées n'ont pas un goût égal pour l'indépendance et l'initiative. Il en est qui se plaisent aux tâches toutes tracées, aux réglementations minutieuses, pour ne pas dire à la routine. Toutefois, il semble qu'il y ait plutôt lieu de les féliciter de cet incident que de les plaindre.

L'enseignement sera quelque peu abandonné à la discrétion des maîtres. Il s'ensuivra une certaine disproportion, une certaine variété qui aura ses inconvé-

1. Circulaire du 13 sept. 1884, *loc. cit.*, p. 410.

nients pour les élèves des divisions différentes d'une
même classe, et pour les élèves de chaque classe dans
les différents lycées. Mais, en revanche, le maître sera
stimulé. Bon gré mal gré, il lui faudra prendre parti,
agir de son chef, y mettre du sien. Pour la première
fois, peut-être, dans l'histoire des études en France,
celui qui donne l'enseignement sera appelé à se faire
des idées personnelles sur l'enseignement, et libre
d'appliquer ses idées sous sa responsabilité. Un grand
bien sortira ainsi d'une situation qui, en elle-même, est
irrégulière et fâcheuse. Les programmes sont tellement
hors de proportion avec les heures de classe, qu'on
peut les considérer comme virtuellement abrogés. En
réalité, chaque professeur improvisera le sien.

Puisse ce souffle émancipateur qui va passer sur
l'Université y faire lever tous les germes de progrès
qu'elle contient, et que des circonstances ennemies ont
si longtemps opprimés!

La circulaire du ministre ne se borne pas à solliciter
de chaque professeur dans sa classe un effort isolé.
Elle convie aussi les assemblées générales des lycées et
collèges à étudier les expériences tentées par leurs
membres, et à en dégager des conclusions qui seront
portées devant la section permanente du conseil supérieur, pour l'éclairer dans la refonte des programmes.
Le ministre fait remarquer à ce propos qu'il ne s'agit
pas seulement de resserrer les programmes en proportion du nombre des heures supprimées, mais qu'il
faut, pour répondre aux vues du conseil, « supprimer
résolument ce qui peut être retranché sans dommage
pour l'instruction générale ». Excellent conseil! On
serait tenté de dire : louable concession des auteurs du
plan d'études de 1880 aux réclamations de l'Université
et du public, à la voix du bon sens, à la saine pédagogie! Ainsi les professeurs sont invités à retrancher

tout ce qui leur paraît charger inutilement les programmes, et on les avertit qu'ils n'ont pas à se contenter de quelques rognures, mais qu'ils ont le droit de tailler en plein drap. A eux d'user largement de la permission.

Jamais la partie ne s'est offerte plus belle à l'Université. Jusque vers 1880, elle n'avait pas eu de part au règlement de ses affaires. Lors de la reconstitution du conseil supérieur, on lui a concédé les apparences brillantes, plutôt que la réalité solide du *self government*. Le plan d'études n'a pas été tout à fait son œuvre à elle ; on prétend même qu'il y a bien paru, lorsqu'il s'est agi de l'appliquer. Aujourd'hui, la réforme est jugée. On en a vu le fort et le faible. Tout le monde convient qu'elle est perdue, et qu'elle risque de perdre avec elle l'enseignement public, si l'on n'y apporte de promptes et intelligentes modifications. Les modifications seront ce que l'Université voudra qu'elles soient. La voilà en possession de choisir, et d'imposer son choix. La consultation qu'on lui demande sera, si l'Université sait en tirer parti, un des épisodes principaux de son affranchissement.

Septembre 1884.

Toutes les classes doivent-elles avoir même durée ?

Les élèves de nos lycées et de nos collèges n'auront plus, à partir de la rentrée prochaine, que vingt heures de classe par semaine. Ainsi le prescrit la dernière circulaire du ministre. On réduit le chiffre aujourd'hui ; on l'élèvera peut-être demain. Mais il y a quelque chose qui ne varie point : c'est la durée de la classe. D'un bout à l'autre du cours d'études, un type immuable règne.

En huitième, comme en philosophie, la classe dure deux heures. Quelle belle uniformité, et propre à simplifier les mouvements intérieurs de chaque établissement! Au même coup de tambour, le jeune homme de seize ou dix-sept ans entre gravement dans une salle où il écoutera quelque docte leçon de métaphysique; et le bambin de huit ans se précipite dans une autre classe, où le maître essayera de l'initier aux beautés du rudiment. Au même coup de tambour, l'un et l'autre plient leur serviette. Le professeur de philosophie, comme le professeur de huitième, s'arrête au milieu de la phrase commencée. Encore une fois, rien de plus simple, de mieux ordonné, de plus régimentaire, mais, pour peu qu'on y réfléchisse, d'aussi absurde.

Les assemblées de professeurs feraient bien, semble-t-il, de mettre le plus tôt possible cette question à l'ordre du jour de leurs réunions. Ce n'est pas une petite question : c'en est une très importante. Il suffit de l'étudier un moment, pour remarquer qu'elle en commande beaucoup d'autres. Elle suppose d'abord qu'on s'est fait une idée de la nature, des facultés de l'enfant ou de l'adolescent, et qu'on cherche non pas à domestiquer l'élève pour l'enseignement, mais à distribuer l'enseignement selon les besoins et les forces de l'élève : principe qui devrait être un lieu commun, et qui a tout l'air d'un paradoxe. Le jour où l'on s'appliquerait à en tirer les conséquences, on irait à une révolution dans notre système d'études. Mais non, il est entendu qu'une classe, au collège et au lycée, doit durer deux heures, et toutes les classes durent deux heures, sans qu'on puisse en donner d'autre raison que la coutume, et peut-être aussi la commodité des maîtres d'études, des surveillants généraux, des censeurs. Ni l'une ni l'autre de ces raisons ne paraît très forte. La fonction n'est pas faite pour l'agrément du fonctionnaire. Quant à la coutume, si elle est mauvaise, il faut la changer : nous ne sommes pas en Chine.

L'enseignement secondaire seul se condamne aux classes de deux heures à perpétuité. Dans l'enseignement primaire, la durée varie avec les âges : on n'a fort heureusement pas songé à modeler l'école maternelle sur l'école primaire, ni celle-ci sur l'école normale. Dans l'enseignement supérieur, la leçon du Collège de France ne dure pas aussi longtemps que la conférence de l'École normale supérieure, et la plus longue des deux ne dépasse pas une heure et demie.

N'est-il pas de toute évidence que l'élève de huitième, qui a huit ou neuf ans au plus, devrait être traité comme l'élève un peu grand de l'école primaire, et l'élève de rhétorique ou de mathématiques spéciales, comme l'étudiant de la Faculté de droit ou de la Sorbonne? En tout cas, c'est une grave atteinte portée au sens commun, que de soumettre à un régime uniforme la division élémentaire et la division supérieure de nos lycées. Si l'on considère le genre de travail qui s'impose aux élèves de huitième ou de septième, et celui qui s'impose aux rhétoriciens, aux candidats des grandes écoles, nulle ressemblance. L'un doit apprendre presque tout de la bouche de son professeur; l'autre doit travailler par lui-même.

Si l'on compare la nature et le tempérament du jeune homme à ceux de l'enfant, la contradiction devient encore plus flagrante. Une classe de deux heures, qu'un jeune homme peut supporter sans trop d'impatience, est un supplice pour l'enfant. Cet âge, comme dit quelque part un maître auquel il faut toujours revenir, Bersot, cet âge « est ivre de mouvement ». Le contraindre à l'immobilité, c'est le torturer. Croit-on aussi que l'esprit d'un gamin de huit ans soit capable d'une attention soutenue pendant deux heures d'horloge?

Il paraissait récemment un travail dont on ne saurait trop recommander la lecture aux maîtres et aux parents. C'est un rapport rédigé par le docteur Javal, au nom d'une commission qui a été constituée en 1882, pour étudier, entre autres points, les procédés d'instruction dans leur rapport avec l'hygiène. Composée d'universitaires éminents et de spécialistes, la commission a recueilli une foule de documents et de témoignages précieux : son rapporteur général a su très bien mettre en lumière les principaux résultats de l'enquête. Par exemple, sur la question qui nous occupe, le docteur Javal fait un raisonnement irréfutable. L'objet des premières années de l'enseignement, dit-il, c'est de rendre l'esprit capable d'attention. Pour obtenir de l'enfant tout ce qu'il peut donner, il faut se garder de dépasser la limite d'attention que son âge comporte. Tout ce qu'on exige en surcroît l'habitue « à être présent de corps et absent d'esprit », et va, par conséquent, à l'encontre du but qu'on se propose. Notre auteur ose même dire qu'avec les règlements actuels « le cerveau des enfants ne résiste que grâce à leur merveilleuse faculté d'inattention, sur laquelle on finit par compter ». Impossible d'être plus cruel, et plus justement, pour des pratiques détestables.

Ces pratiques ont pour elles la durée et une possession presque ininterrompue. Voilà ce qui les rend redoutables. Si nous avons des classes de deux heures, c'est que depuis longtemps les classes sont de deux heures. Il m'a paru intéressant de faire quelques recherches à ce sujet.

En voici les résultats : au collège de Clermont, en 1769, il y avait classe, le matin, de huit heures un quart à dix heures et demie; le soir, de deux heures un quart à quatre heures. L'Université impériale a conservé cette tradition, avec bien d'autres. L'arrêté du

10 juin 1803, qui porte règlement général des lycées, spécifie que les classes dureront deux heures le matin, une heure trois quarts le soir. On peut dire que, dès lors, le sort de la génération d'aujourd'hui était fixé. Les variations postérieures sont insignifiantes. Le statut du 28 septembre 1814, qui modifie l'arrêté du 10 juin 1803 sur bien des points, respecte soigneusement la durée des classes : deux heures le matin, deux heures le soir, et deux heures et demie dans le second semestre, pour la géographie et l'histoire. En 1821, sous le ministère de M. de Corbière, cette demi-heure est supprimée; on revient au type consacré, pour ne pas dire révélé. Ni Guizot, qui, en 1833, ajoute une classe le jeudi, ni Cousin, en 1840, ne touchent à l'arche sainte. Villemain, en 1843, fixe les heures encore en usage aujourd'hui : de huit à dix heures le matin, de deux heures et demie à quatre heures et demie le soir. M. Fortoul, qui change tout, n'a pas changé les heures, et son rapport à l'empereur, daté du 2 décembre 1851, pose comme le premier des principes de la nouvelle organisation scolaire « qu'il y aura par semaine dix classes, de deux heures chacune ».

Depuis M. Fortoul, que de changements, que de bouleversements dans l'Université! Que de péripéties pour les plans d'études! Une seule chose est demeurée debout, inattaquée et inattaquable, la classe de deux heures pour les petits comme pour les grands, pour les enfants comme pour les hommes. Une tradition de la vieille Université, dont l'origine doit se perdre dans la nuit du moyen âge, acceptée par Napoléon comme un procédé commode pour donner au lycée une ressemblance de plus avec la caserne, voilà ce qui pèse sur nous.

Septembre 1884.

LES MAÎTRES RÉPÉTITEURS

La réforme proposée et la réforme à faire [1].

I

Le *Journal officiel* publiait dernièrement le rapport de la commission instituée par M. Paul Bert pour recueillir et dépouiller les vœux des maîtres d'études. On a vraiment bien fait de penser à eux. Tout change dans l'Université : comment seraient-ils les seuls à ne pas voir leur situation changer? D'ailleurs, beaucoup de bons esprits se préoccupaient de leur sort. Il ne reste plus rien à dire sur le rôle si considérable qu'ils jouent dans l'éducation. De tous les fonctionnaires du lycée ou du collège, il n'y en a pas un autre qui vive aussi près des élèves, qui ait sur eux autant d'action. Entendons-nous : il ne s'agit pas seulement de l'influence que le maître exerce en surveillant, ou en dirigeant le travail; il s'agit surtout de l'influence qui vient de l'homme même, qui se dégage de son caractère, de sa conduite, de toute sa façon d'être et d'agir.

1. On trouvera rapprochés ici un certain nombre d'articles dont la suite montre comment a évolué, de 1882 à 1891, la question du répétitorat.

Un jeune homme qui a passé dix ans dans un internat connaît fort peu le monde; mais il connaît très bien son maître d'études. Il l'a vu à l'œuvre — ou à l'oisiveté — du soir au matin. Il en sait le fort et le faible; et tout naturellement, sans même qu'il s'en aperçoive, il juge à travers le maître d'étude une foule de choses : l'étude, d'abord, ce qui est injuste; la vie, ensuite, ce qui risque d'être funeste. On ne sait pas assez combien de pensées mauvaises, combien de dégoûts précoces, combien d'abandons de soi-même naissent ainsi, dans le demi-silence d'une salle d'études, quand l'esprit voyage, et que les yeux sont sans cesse ramenés sur le visage d'un homme qu'on n'aime guère, qui ne mérite pas toujours d'être aimé, mais à qui l'on prête d'ordinaire plus de défauts encore qu'il n'en a.

On me fera la grâce de croire que je n'accuse pas tous les maîtres d'études de démoraliser la jeunesse. Il est certain qu'on trouve chez eux autant de nobles caractères et de droites consciences que partout ailleurs. Il est certain, d'autre part, que, si les mauvais sont très puissants pour le mal, les bons sont très puissants pour le bien. Je veux seulement montrer que, bons ou mauvais, ils peuvent beaucoup sur l'esprit et le cœur de leurs élèves, et qu'on a tout intérêt, par conséquent, à ce qu'ils soient bons.

Le moyen de les rendre tels paraît fort simple : on a dit plus d'une fois qu'il suffirait de les réconcilier avec leur fonction. Cette fonction est pénible; elle est ingrate. On ne la choisit guère par goût; et, quand on la conserve, c'est faute d'en trouver une autre. Si on la rendait plus agréable, plus honorée, tous les inconvénients disparaîtraient du coup. Des publicistes, des romanciers, ont agité la question. Les uns nous ont attendris sur des souffrances très respectables; les autres ont proposé des remèdes à ces souffrances. Il va sans dire que les intéressés sont très flattés et très touchés du bruit qu'on fait autour d'eux. Ils ne demandent qu'à profiter de la bienveillance générale : on leur a offert une occasion de parler; ils l'ont saisie avec empressement. Le travail du rapporteur met le public au courant des demandes qui se sont produites, et des réponses que la commission a cru devoir y faire.

Il convient d'abord de rendre justice aux intentions de tout le monde. Les maîtres d'études se sont certainement proposé de donner une bonne opinion d'eux-mêmes, en traitant avec sagesse, avec dignité, de leurs intérêts les plus graves. La commission, composée de personnes très compétentes, et d'une expérience éprouvée, a voulu montrer aux maîtres d'études et au public avec quelle sollicitude les plus hauts fonctionnaires de l'Université s'occupent des plus modestes. Sur tous ces points, il n'y a qu'à louer, et l'on a plaisir à le faire. Le rapport est conçu dans un excellent esprit. Les vœux des maîtres d'études, qui, par malheur, ne sont pas publiés, mais qu'on entrevoit à travers le rapport, paraissent fort étudiés et fort complets.

Toutes les questions sont touchées en passant, depuis les grandes jusqu'aux petites, si l'on peut appeler petites celles qui ne portent que sur les détails de la vie du lycée ou du collège — la table, le logement, la liberté des allées et venues. On demandera peut-être quelle impression d'ensemble laisse ce rapport, et quelles conclusions pratiques il est possible d'en tirer? C'est ici que commence l'embarras. Les bonnes paroles abondent; les promesses aussi — vagues, comme il convient à des promesses. Sur quelques points, un complet assentiment est donné aux vœux des maîtres d'études. Je dis assentiment, car la commission n'avait pas à organiser : elle avait à étudier et à indiquer son avis. Elle est d'avis que les charges doivent être allégées, le personnel augmenté et le service partagé : service des études, fait par un maître, service des mouvements, des récréations, des dortoirs, fait par un autre.

La commission pense qu'il convient d'instituer des *préfets d'études*, attachés à chaque groupe d'une centaine d'élèves, et qui seraient, selon les expressions du rapport, « de véritables éducateurs ». Elle admet que les traitements doivent être relevés; qu'une indemnité doit être accordée au maître qui s'est fait recevoir licencié. Elle demande qu'on multiplie pour les maîtres les instruments de travail, et qu'on leur accorde à cet égard toutes les facilités compatibles avec les exigences du service. Tout cela, encore un coup, est fort bon. Si l'on tient compte des idées de la commission, un progrès se trouvera réalisé, les maîtres d'études seront satisfaits. Non qu'on leur accorde tout; mais on leur accorde quelque chose ; et en gens avisés, ils ont peut-être réclamé le plus pour avoir le moins. Mais la question sera-t-elle vraiment tranchée? N'y aura-t-il plus jamais de difficultés, ni de plaintes, ni de regrets, ni d'inquiétudes? Je ne le pense pas.

Voici pourquoi : on a corrigé des points de détail. On ne s'est élevé à aucune vue d'ensemble. Les maîtres, comme la commission, seraient fort embarrassés de dire quel principe les a guidés, ceux-ci, dans la mise en forme de leurs demandes; celle-là, dans ses décisions. Sans doute, on a voulu des deux parts faire pour le mieux. Mais cela ne suffit point. Tant qu'on n'aura pas trouvé un principe supérieur, sur lequel on puisse se régler, tout restera vague et incertain. Il faudrait essayer de dégager la philosophie de la question. La commission ne l'a pas tenté, et je ne saurais lui en faire un reproche. Ce n'était point son rôle. Je demande seulement la permission d'entreprendre pour mon compte cette recherche.

II

On peut concevoir deux types bien distincts du maître d'études : l'un, que l'on pourrait appeler l'ancien, car, s'il existe encore, on ne le rencontre plus guère; l'autre, que l'on peut appeler le moderne, ou le nouveau. L'ancien maître d'études est un homme qui, rarement par goût pour les choses de l'intelligence, presque toujours contraint par la nécessité, accepte, telle qu'elle est, une profession qu'il connaît mal avant d'y entrer, d'où il n'a pas grandes chances de sortir, et où il passe sa vie. Sans ambition, souvent sans moyens, il s'accommode de sa tâche, ou s'en déprend, selon son humeur. Il est tantôt un modèle de régularité, tantôt un modèle de désordre, très utile ou très nuisible à l'établissement auquel il appartient. Quand il a de la dignité dans la conduite et dans la tenue, du dévouement, l'amour de la jeunesse, c'est le maître d'études idéal de la vieille Université à la Rollin.

Sans doute, on peut reprocher à ce maître d'études bien des défauts. Il manque souvent d'initiative, il n'est pas assez instruit pour guider dans leur travail les élèves des classes supérieures. Mais il a le sens de la discipline, la vénération de ses chefs. Moitié par cette douceur de caractère, que l'on prend en général à force de vivre au contact de l'enfance; moitié par une certaine austérité de mœurs, il a de l'autorité sur ceux qu'il surveille. On le respecte; il arrive qu'on l'aime. De là son influence dans l'éducation, influence qui est très réelle, qui peut être très salutaire, et dont l'accroissement ou la consécration paraît à certaines personnes le but suprême de toutes les réformes à tenter.

Le nouveau maître d'études est quelque chose de très différent. Étudiant en médecine ou en droit, candidat à la licence ès sciences ou ès lettres, il n'est pas assez riche pour travailler sans gagner sa vie. Il s'engage dans l'Université, avec la pensée qu'il aura là toutes les facilités nécessaires pour préparer ses examens. Il est d'ordinaire très jeune. Il sort à peine du lycée, qu'il connaît bien. Sa profession n'est donc pas absolument nouvelle pour lui. Il a pu en mesurer d'avance les inconvénients et les avantages. Mais la grande différence, c'est qu'il n'entre pas dans la carrière pour y rester. Il y entre pour en sortir au plus vite.

Si on lui disait qu'il court le risque de demeurer maître d'études toute sa vie, on le peinerait fort. Cela se voit pourtant. Tout le monde n'a pas une égale aptitude, ni une égale ardeur. Les uns avancent, tandis que les autres piétinent sur place. Il en est qu'un échec anime à mieux faire ; d'autres tombent si bas qu'ils ne se relèvent plus. Mais, au début, tous ont la même pensée : cette fonction qu'ils acceptent, qu'ils recherchent, ils ne la regardent que comme un moyen d'en conquérir une autre. Ils seront médecins, avocats, professeurs, n'importe quoi ; ils ne resteront pas maîtres d'études.

Il y a là un péril et un avantage. Le péril, c'est que les maîtres d'études, à force de songer à eux-mêmes, ne négligent un peu le lycée. L'avantage, c'est que rien n'est plus propre à faire travailler les élèves que la vue de ces jeunes gens, à peine plus âgés qu'eux, qui travaillent avec tant de zèle, dans des conditions si difficiles. Que le maître d'études — le nouveau — joigne à cette activité ce dont il lui est impossible de se passer s'il veut avoir de l'influence — le respect de lui-même dans les grandes comme dans les petites choses, une conduite irréprochable, les vertus du caractère — alors, il vaudra infiniment mieux que l'ancien, celui dont nous parlions tout à l'heure. Il aura toutes ses qualités ; il en aura même une de plus, et qui n'est pas la moindre : plein d'ardeur et d'entrain, il animera tout autour de lui. Il sera pour la maison un principe de vie.

Entre ces deux façons de concevoir le maître d'études, il faut faire un choix. Toutes les mesures à prendre pour réformer l'institution dépendent de ce choix.. Si l'on veut garder l'ancien idéal, il s'agit d'améliorer la position, de la rendre assez sortable pour qu'on y puisse passer toute une vie. Si l'on se propose, au contraire, l'idéal nouveau, il faut chercher le moyen de concilier avec les exigences légitimes du service, les exigences non moins légitimes du travail personnel.

A vrai dire, le choix n'est pas à faire : il est fait d'avance, il s'impose. L'ancien idéal est mort, au moins pour l'Université. Certaines congrégations religieuses, celle des Maristes, par exemple, se le proposent encore. On trouve là des hommes qui n'ont pas tous une grande valeur personnelle, mais que l'éducation ecclésiastique prépare merveilleusement à jouer le rôle effacé et utile qui leur est dévolu. Le mariste surveillera, sa vie durant, les élèves du collège, se mêlera à leurs jeux s'ils sont petits, les accompagnera dans leurs promenades s'ils sont grands. Il ne songe pas à tenter une autre fortune, et faisant peut-être de nécessité vertu, il met son ambition à ne pas avoir d'ambition.

L'Université doit reconnaître les mérites des maîtres d'études de ce genre ; elle ne peut pas demander aux siens de leur ressembler. Tout ce qu'elle peut faire, c'est de tirer un bon parti des obstacles mêmes qui s'y opposent. Le maître d'études de nos collèges, de nos lycées, est un homme qui traverse cette fonction : il ne s'y installe pas. La fonction doit donc être aménagée de telle sorte qu'il y trouve un abri passager, plutôt qu'une demeure définitive. Au risque de paraître paradoxal, je dirais volontiers que la meilleure manière de réformer la condition des maîtres d'études, dans l'intérêt des maîtres comme dans celui des élèves, c'est de la rendre telle qu'on ne puisse pas s'en contenter longtemps. Faciliter le travail personnel, qui facilite l'avancement, donner à ce travail une impulsion et une sanction, le laisser assez libre pour qu'il serve au maître, et tâcher de le faire servir au bien de la maison elle-même : tel est le but à viser. Il ne peut être atteint que par un ensemble de mesures bien concertées, liées toutes entre elles, pénétrées d'un même esprit.

III

On voit maintenant pourquoi je ne puis approuver sans réserve le rapport de la commission. Elle n'a pas assez nettement distingué les deux systèmes en présence. Parmi les mesures qu'elle recommande, il en est qui ramènent à l'ancien type du maître d'études, d'autres qui conduisent au nouveau. De là une contradiction intime, qui n'est pas de nature à fortifier l'ensemble du travail.

La commission propose, par exemple, d'instituer des *préfets d'études*, qui tiendraient le milieu entre le maître actuel et le surveillant général. Ces préfets auraient la direction d'un petit groupe d'élèves qu'ils connaîtraient bien, et où il leur serait possible d'exercer une action morale plus forte que celle du maître, plus directe que celle du surveillant général. Ce seraient des hommes ayant le goût de la pédagogie, et qui prendraient au sérieux leur tâche d'éducateurs. On leur ferait au lycée une position matérielle suffisante pour les retenir longtemps, ou toujours. Assurément, cette idée peut se défendre. Je comprends qu'elle séduise certains esprits. J'aurais bien de la peine à m'y rallier.

Que de difficultés et d'inconvénients! Il faudra recruter un personnel de choix et, cependant, assez nombreux. Il faudra faire le départ des attributions, ce qui n'es- jamais commode. Que prendra-t-on au maître, au surt veillant général, au censeur? Le lycée compte déjà beau- coup de fonctionnaires'; est-il indispensable d'en insti- tuer un de plus? Et ceux qui se plaignent, avec raison, de ce que le censeur et le proviseur soient trop éloignés des élèves, croient-ils rapprocher les distances en mul- tipliant les intermédiaires?

Mais ce qui me touche le plus, c'est que cette institu- tion nouvelle se trouverait en contradiction absolue avec les principes que j'ai exposés. Le maître d'études est fait pour devenir autre chose qu'un maître d'études. Aidons-le à sortir de sa fonction, et ne lui facilitons pas les moyens d'y rester. Sans doute, au début, on aura des préfets triés sur le volet. Mais, à la longue, la routine aidant, la vogue décroissant, il faudra en rabattre. On ne choisira plus : on prendra ce qu'on aura sous la main, et cette institution, en dépit des espé- rances de ceux qui la prônent, risquera d'être le refuge de la paresse ou de l'incapacité. Ce sera l'avancement à l'ancienneté dans toute sa splendeur : on ne trouvera plus, comme préfets d'études, que les maîtres d'études qui n'auront pas réussi.

C'est pour la même raison que je craindrais d'élever le traitement. Il faut avoir le courage de le dire : ce traitement n'est pas considérable, mais il peut suffire. Étant nourri, logé, ayant une centaine de francs par mois pour le vêtement et les menues dépenses, le maître d'études est aussi riche qu'un professeur marié, père de famille, et qui touche 4 000 ou 5 000 francs par an. Que l'on me comprenne bien : je ne refuse pas au maître un léger surcroît, qui serait sans doute le bienvenu, et qui ne l'enrichirait pas encore. Mais je tiens à mon idée : plus

le traitement sera fort, plus la paresse aura beau jeu.
Il faut craindre tous les sophismes : un tel se dira
qu'ayant 1800, 2000 francs par an, avec le vivre et le
couvert, il peut s'estimer très heureux, réfréner ses
ambitions, et faire le philosophe. Après tout, Diogène
était plus pauvre. Nous ne pensons pas de mal des
philosophes, mais nous n'estimons pas la philosophie qui n'est qu'une abdication.

La plaie de l'internat, c'est le vieux maître d'études,
celui qui s'incruste dans sa fonction parce qu'il n'a pas
eu, en temps utile, le courage ou l'ardeur qu'il fallait
pour en trouver une autre. Plus nous rendrons la
fonction agréable, plus nous avons de chances d'y voir
vieillir ceux qui la compromettent. Ainsi, point d'augmentation dans les traitements, si ce n'est à titre de
prime, après un succès d'examen. Le maître qui se fait
recevoir licencié doit toucher une allocation supplé-
mentaire : la commission est de cet avis. On ne ferait
que compléter et interpréter sa pensée, en proposant
que l'admissibilité à elle seule entraînât une petite
augmentation. C'est ce qui se pratique pour l'agrégation. De même que l'agrégé reçoit un traitement spécial,
de même le candidat qui a traversé heureusement les
épreuves écrites a droit à une indemnité moindre, mais
proportionnée. C'est une juste récompense et un précieux encouragement. Le budget fait d'autres sacrifices,
plus lourds, moins rémunérateurs.

La limite d'âge serait encore un excellent remède.
Mais il faudrait la tenir très bas. Tous les maîtres
âgés ne sont pas de mauvais maîtres; tous les jeunes
ne sont pas de bons maîtres. Il suffit pourtant qu'il
en soit ainsi très souvent, pour justifier craintes et
précautions. Je ne demande pas non plus qu'on jette sur
le pavé les malheureux qui auront servi tant bien que
mal l'Université pendant quelques années : on les

dédommagera d'une manière ou d'une autre. Il y a tant
de fonctions, en France, où l'on peut être impunément
incapable! Mais qu'on débarrasse les lycées de ces
maîtres-là, par souci, par respect de la jeunesse.

Au reste, il y a un autre moyen, peut-être moins bar-
bare d'apparence, et dont je me contenterais, car il
revient au même : chaque maître d'études, en entrant
dans la carrière, serait tenu de préparer l'examen du
grade immédiatement supérieur à celui qu'il possède.
S'il est bachelier, il devra travailler à sa licence ;
s'il est licencié, songer à l'agrégation. De même, avec
les variantes nécessaires, pour les étudiants en médecine ou en droit. Un règlement fixerait le nombre de
fois où le candidat pourrait se présenter à chaque
examen. Il y aurait lieu de beaucoup réfléchir à ce
chiffre, d'admettre des exceptions, des dispenses, si
l'on veut. Mais il faut tenir ferme au principe, qui seul
nous délivrera de l'une des plaies de nos examens universitaires : le candidat perpétuel.

Toutes ces mesures seraient vaines, qu'on le sache
bien, si le travail qu'on exige du maître d'études n'était
pas contrôlé de près. A Paris, et dans les villes de
Facultés, les maîtres d'études suivent des conférences
qui préparent aux examens. Dans tous les autres lycées,
il existe un cours de licence, fait en général par le professeur de rhétorique. Les maîtres sont tenus d'y
assister. En fait, il n'est pas rare que ce cours soit
presque désert. Pourquoi, sinon parce que le proviseur
est désarmé devant l'indifférence ou la mauvaise volonté
du maître d'études? Il convient d'en finir avec cette
pratique : donnant, donnant. On augmente le personnel,
on allège le service, on met une chambre à la disposition de chaque maître, on lui fournit des moyens de
travail : il est juste qu'on puisse surveiller l'usage qu'il
en fait. Le surveillant naturel, c'est le proviseur.

Il resterait bien des points encore à toucher, si je me proposais d'être complet, et bien des détails à examiner, s'il s'agissait de refaire l'œuvre de la commission. Tel n'est pas mon dessein. J'ai voulu seulement tracer les grandes lignes du sujet. On me trouvera peut-être bien sévère pour les maîtres d'études, et que je leur porte un intérêt bien compromettant pour eux. Je ne saurais accepter ce reproche. Oui, leur situation est très digne d'intérêt. Mais, encore un coup, c'est à eux qu'il appartient de l'améliorer, par l'énergie et l'assiduité au travail. Je demande qu'on rende ce travail aussi aisé que possible; je demande en outre qu'on le rende effectif et obligatoire. Il faut se défier des entraînements et des faiblesses d'un jeune homme. Il les regrette plus tard, mais il commence par s'y abandonner. Défendons-le contre lui-même. Il n'y perdra rien, et le lycée, par la contagion de l'exemple, y gagnera.

C'est réclamer de cette jeunesse, dans son intérêt même, tout ce qu'elle peut donner. Qu'elle sache bien, avant d'entrer dans ce chemin, qu'on y rencontre des obstacles, mais que, du moins, il n'aboutit pas à une impasse. Que si, d'aventure, le recrutement des maîtres d'études devenait malaisé, nous connaissons des gens qui s'en consoleraient. Ils se diraient que l'internat aurait d'autant plus de chances de disparaître de nos lycées. Sans aller jusque-là, n'ayons pas trop peur de faire peur. Les maîtres d'études, qu'effrayeraient d'aussi salutaires exigences, ne mériteraient point qu'on les regrettât. Quant à ceux qui les accepteraient, on pourrait compter sur eux.

Mai-Juin 1882.

Une circulaire et un décret.

I

Il vient de paraître une circulaire aux recteurs, sur la question des maîtres d'études [1]. Cette circulaire est la réponse de l'honorable M. Goblet à la pétition dont il a été saisi il y a quelques mois. Elle est excellente, et digne des plus grands éloges. Elle respire une sympathie véritable pour les répétiteurs, qui se traduit par des conseils de libéralisme et de bienveillance à l'adresse des proviseurs et censeurs des lycées. Le ministre, toutefois, n'a garde de perdre de vue la vraie nature de la fonction dont il parle, et il s'exprime à ce sujet dans les termes les plus dignes d'approbation.

M. Goblet dit aux maîtres répétiteurs, comme je le leur ai déjà dit maintes fois, qu'ils ne doivent pas chercher dans leurs fonctions une carrière définitive. Elle n'est qu'un stage à l'entrée d'autres carrières. Qu'ils demandent à l'Université de les aider à devenir professeurs, médecins, avocats, ils ont bien raison ; mais qu'ils ne lui demandent pas de les aider à rester toute leur vie maîtres répétiteurs. Sous prétexte de modération dans les désirs, et le plus souvent, en réalité, par mollesse, par apathie, par abandon de soi-même, certains maîtres s'éternisent dans leurs fonctions. Ce ne sont en général ni les meilleurs, ni les plus respectés des élèves ; en revanche, ce sont ceux qui se plaignent le plus. Leurs plaintes se comprennent, en ce sens qu'une situation qui est tolérable pour un jeune homme de vingt ans, soutenu par quelque ambition, et par l'espoir de se faire une vie meilleure, devient intolérable pour un homme

1. Circulaire du 26 octobre 1886, *loc. cit.*, p. 781 et suivantes.

de cinquante ans, usé, fini, qui n'a devant lui pour toute perspective qu'une suite de jours fort tristes, et en tout pareils à ceux qui les ont précédés. Mais, quelque compassion que l'on puisse éprouver pour ces naufragés — dont quelques-uns, d'ailleurs, sont les artisans de leur propre infortune — ce n'est pas à eux que l'Université doit penser d'abord; ce n'est pas pour eux qu'elle doit régler la question des maîtres d'études. Les plus intéressants, les plus dignes d'une attentive sollicitude sont les jeunes gens qui se proposent de traverser les lycées et les collèges.

A ceux-là, ce qu'il faut avant tout, c'est du loisir et des instruments de travail. M. Goblet le reconnaît, et il répond à leurs vœux dans la mesure du possible. Il distingue trois catégories de réformes : celles qui peuvent être accomplies directement par le ministre, celles qui supposent l'intervention du conseil supérieur, celles qui exigent le concours des pouvoirs publics ou des municipalités.

Ces dernières sont les réformes relatives aux traitements, et aussi à la diminution des heures de service qui entraînerait une augmentation de personnel, et par conséquent un sacrifice budgétaire, évalué au minimum à 1 300 000 francs. M. Goblet ne peut que promettre aux répétiteurs de saisir toutes les occasions qui s'offriront à lui d'insister auprès des municipalités pour que, dans les collèges, les traitements et le service soient réglés dans de bonnes conditions. Quant aux lycées, force est d'attendre que les Chambres puissent voter de nouveaux crédits. Pour le moment, toutes prétentions de ce genre semblent interdites. Il n'y a pas là une marque d'indifférence envers les maîtres d'études : beaucoup d'autres fonctionnaires de l'enseignement secondaire attendent encore la réalisation de promesses anciennes. Les maîtres d'études attendront avec eux.

De même que l'intervention des pouvoirs publics et des municipalités est ici nécessaire, de même le conseil supérieur est seul compétent pour changer les dispositions relatives à la nomination, à la révocation, et à l'interdiction des maîtres. Le ministre annonce qu'il prépare, pour le soumettre au conseil dans sa prochaine session, un règlement nouveau. En attendant, et comme mesure transitoire, il décide que, pour tout déplacement, le proviseur devra prendre conseil du recteur. Il n'y a rien dans cette partie de la circulaire qui ne réponde aux vœux formulés par la pétition.

Enfin, pour toutes les réformes dont il peut prendre spontanément l'initiative, M. Goblet accorde ce qu'on lui demande : des conférences préparatoires aux examens, des livres, des salles de travail meublées, chauffées, éclairées ; une table distincte au réfectoire, des permissions du soir plus fréquentes, et, ce qui est une nouveauté pédagogique très louable dans son principe, des réunions mixtes, au cours de l'année, entre professeurs et maîtres d'études, pour « délibérer sur des questions intéressant les élèves qui leur sont communs ». Peut-être tous les professeurs n'accueilleront-ils pas avec une satisfaction sans mélange cette réforme, mais je n'hésite pas à l'approuver. Elle peut donner, si elle est sérieusement acceptée, et pratiquée avec bonne humeur par le corps enseignant, d'excellents résultats.

La conclusion à tirer de tout ceci, c'est que les maîtres d'études, à qui l'on accorde beaucoup, et à qui l'on ne refuse que ce que la force des choses oblige à refuser, doivent y mettre du leur désormais, pour vivre en bons termes avec les administrateurs. Ils sont souvent animés à l'égard de leurs chefs d'un esprit de défiance et d'hostilité qui n'a pas toujours été sans raison, mais qui devient, qui deviendra surtout, après cette circulaire, de moins en moins justifié. Qu'ils y renoncent désormais, et qu'ils ne pensent qu'à remplir leurs obligations envers l'Université, comme à profiter des moyens que l'Université leur offre pour se faire une carrière indépendante.

Octobre 1886.

II

Voici, enfin, un décret en trente articles [1], rendu sur avis du conseil supérieur de l'Instruction publique, et qui règle dans ses moindres détails la situation des maîtres répétiteurs des lycées et des collèges. C'est la réponse du ministre à la pétition qui lui avait été remise il y a quelques mois par les délégués des maîtres répétiteurs. Cette réponse ne s'est pas fait attendre, et les intéressés auraient mauvaise grâce à ne pas reconnaître l'empressement avec lequel l'Université a déféré à leur requête. Si toutes les réformes s'accomplissaient avec cette rapidité, l'administration française cesserait de mériter le reproche d'atermoiements perpétuels, et de lenteurs indéfinies, qu'on lui adresse si justement dans la plupart des cas. Pour nous, qui avons appuyé, en ce qu'elles avaient de légitime, les réclamations des maîtres répétiteurs, nous remercions le ministre de cette prompte et libérale solution, un peu, il est vrai, comme ce personnage d'Edmond About qui disait : « Monsieur le préfet m'a toujours témoigné la même bienveillance depuis dix ans, bien qu'il ait changé plusieurs fois dans l'intervalle. » Le ministre, lui aussi, a changé : c'est M. Goblet qui a préparé le décret; c'est M. Berthelot qui l'a porté au conseil supérieur et qui l'a signé. Mais cela ne fait rien, la bienveillance est demeurée la même.

1. Décret du 8 janvier 1887.

Le décret du 8 janvier modifie du tout au tout, on peut le dire, la situation des maîtres répétiteurs. D'abord, il leur donne officiellement ce titre, abolissant ainsi, avec l'expression de « maître d'études », ce qui restait du « pion » d'autrefois. Ensuite, il détermine avec précision les conditions d'entrée dans la carrière, et les conditions d'avancement. Enfin, et surtout, il soustrait les maîtres répétiteurs à l'arbitraire provisoral, en les plaçant sous l'autorité directe du recteur et du ministre. De simples employés qu'ils étaient, le décret fait d'eux des fonctionnaires. Si on joint à cela qu'il ouvre l'accès du conseil des professeurs à deux délégués des maîtres répétiteurs, qu'il stipule un certain nombre d'heures de liberté par jour, dont plusieurs consécutives, l'affectation d'une salle de travail, avec meubles et livres, dans chaque établissement, une chambre à part pour dormir, et une salle à manger spéciale, on sera forcé de reconnaître que l'Université a été très loin, aussi loin qu'il était désirable, dans ses concessions. Le progrès réalisé est immense, et si les maîtres répétiteurs affectaient d'en contester l'étendue, ils feraient certainement du tort à leur cause. On ne leur a refusé que ce qu'il était impossible de leur accorder : des augmentations de traitement, incompatibles avec l'état du budget; des allégements de service, entraînant aussi un surcroît de dépenses; enfin, certaines libertés nocturnes, dont il est permis de penser que les maîtres répétiteurs se passeront en considération des grands et multiples avantages qui leur sont assurés.

Le décret consacre, en outre, le principe d'une augmentation de traitement comme récompense d'un grade universitaire acquis, et oblige les maîtres répétiteurs à suivre les conférences instituées ou à instituer dans les lycées et les collèges pour la préparation à la licence. Il faut souhaiter que l'administration tienne la main à l'application de cet article. Elle doit faire comprendre aux répétiteurs que leur devoir, comme leur intérêt, n'est pas de piétiner sur place, mais d'avancer. Elle doit les aider à faire leur carrière dans l'Université, dans la médecine ou le droit. Qu'on n'allègue pas qu'il est fâcheux de conseiller à des fonctionnaires de regarder leurs fonctions comme provisoires et transitoires : c'est là un sophisme pur. La vérité — je ne cesserai de le répéter — est que le meilleur maître répétiteur a toujours été, et sera toujours celui qui travaille le plus pour lui-même, qui, par la dignité de sa conduite comme par la conquête de nouveaux diplômes, commande aux élèves le respect. Ce respect, ils l'accordent volontiers à la pauvreté laborieuse et au succès mérité. Ils le refusent d'ordinaire à la mollesse qui s'encrasse, et au débraillement qui s'encanaille.

Janvier 1887.

Le journal des maîtres répétiteurs.

On connaît le journal où un certain nombre de maîtres répétiteurs ont pris depuis quelques années la douce habitude de diffamer, à tort et à travers, les administrateurs qui leur déplaisent [1]. Ce journal annonce en gros caractères, dans l'un de ses derniers numéros, que, certain incident récent ayant été réglé à son entière satisfaction, il continuera de pénétrer dans les lycées et collèges au même titre que toutes les autres feuilles publiques. Il omet de mentionner une condition que M. Fallières, alors ministre de l'Instruction publique, lui a imposée par l'entremise de certains députés : cette condition, c'est qu'à l'avenir le journal dont il s'agit

---

1. *La Réforme universitaire.*

supprimera les rubriques sous lesquelles il publiait jusqu'ici des entrefilets contre les personnes, et qu'il se renfermera dans les discussions de principes. Comme, au premier moment, il n'avait pas été parlé de cette condition, M. Fallières a mis une certaine coquetterie à n'en pas revendiquer le bénéfice. Il a eu bien tort, car, en la posant et en la faisant accepter, il rendait un réel service à la cause des maîtres répétiteurs. Mais tout se divulgue à la longue, même les clauses secrètes d'actes diplomatiques d'une portée beaucoup plus grande que la convention qui nous occupe, et, dût la modestie de M. Fallières en prendre ombrage, il faut le féliciter d'avoir parlé ferme sur ce point aux députés qui étaient venus lui apporter les doléances de *la Réforme universitaire*.

Il est certain que les maîtres répétiteurs ont le droit de discuter, dans un journal à eux, toutes les questions que soulève leur situation actuelle, et que, s'ils s'étaient bornés à des articles de ce genre, nul n'aurait songé à les en blâmer. On a déjà fait beaucoup pour améliorer la condition des maîtres. Peut-être reste-t-il encore beaucoup à faire, surtout pour ceux des collèges, qui se trouvent livrés à l'arbitraire des principaux, et personne n'est mieux placé que le maître répétiteur lui-même pour apporter sa contribution à l'enquête que l'opinion publique et l'administration ne demandent pas mieux que de rouvrir. Il y a des points qui appellent tout naturellement la controverse, et qui veulent être examinés avec soin, en tenant compte de tous les éléments d'appréciation. Nous n'en citerons qu'un exemple, mais il est caractéristique.

Lorsqu'il y a quelques années on agita au ministère de l'Instruction publique la question du répétitorat, tout le monde à peu près fut d'accord pour soutenir que le meilleur maître est celui qui ne fait que passer au lycée, qui s'occupe des élèves tout en travaillant pour son compte, et qui leur donne, en passant des examens et en conquérant des grades, le meilleur des exemples. C'est la thèse que j'avais soutenue pour ma part, et je fus très heureux de la voir adopter. L'ère du maître d'études selon l'ancienne formule, qui s'éternisait dans une fonction ingrate et paresseuse, qui réussissait mal à gagner le respect des élèves, témoins quotidiens de sa flânerie morose et parfois débraillée, était close à jamais. On ne devait plus voir dans nos lycées que des jeunes gens actifs, désireux de se créer une carrière dans le barreau, l'enseignement ou la médecine, et qui acceptaient le répétitorat comme un moyen provisoire de subsister. Si j'ai bonne mémoire, la plupart des maîtres répétiteurs admettaient alors ce point de vue, et se réjouissaient de voir l'administration s'y placer à son tour. Pourquoi donc soutiennent-ils aujourd'hui l'opinion contraire?

Par une raison fort simple : c'est que l'élan a été vif parmi eux; c'est qu'un bon nombre de ces jeunes gens ont, en effet, travaillé, conquis des grades, principalement le grade de licencié, qui devait, dans leur pensée, leur ouvrir à deux battants les portes de l'enseignement. Or, il y a beaucoup de licenciés à l'heure actuelle, beaucoup de candidats pour la moindre chaire de collège vacante, et ils sont forcés de marquer le pas. Que les victimes de cette situation se plaignent, rien de plus naturel; nous-mêmes nous les plaignons sincèrement. Il est pénible d'avoir à attendre deux, trois ou quatre ans un poste, et les avantages matériels que ce poste confère. Est-ce, toutefois, une raison pour condamner d'une manière absolue le système inauguré quelques années auparavant? pour proclamer que le répétitorat doit être une carrière, et avoir sa fin en lui-même? pour risquer, par conséquent, de ramener par une voie nouvelle le vieux péril qui avait été précédemment conjuré, les vieux errements qu'on avait réussi à corriger, la réapparition du type qu'on avait voulu supprimer? En tout cas, c'est là une contre-réforme, qui veut être mûrement réfléchie.

Nombre de bons esprits pensent que l'on pourrait chercher une solution intermédiaire, et, tout en conviant la plupart des maîtres répétiteurs à considérer leur situation comme provisoire et à travailler beaucoup pour en sortir le plus tôt possible, créer dans chaque lycée quelques emplois, en petit nombre, qui devinssent le but et la récompense des maîtres particulièrement aptes au métier d'éducateur. Si, d'autre part, l'administration réservait aux répétiteurs licenciés le plus possible des chaires qui deviennent vacantes, il y aurait peut-être moyen, sinon de satisfaire tout le monde, du moins de désarmer les plus légitimes d'entre les mécontentements. Et aussi les plus intéressants, ceux qui ne se répandent pas en protestations bruyantes, et qui ne cherchent pas une vengeance de qualité suspecte, dans le plaisir de signaler aux ennemis de l'Université la dépopulation de ses établissements.

Avril 1889.

Le conflit.

I

Il existe aujourd'hui, à n'en pas douter. Le ministre de l'Instruction publique a préparé un projet où il se flatte d'avoir mis la solution de la question. L'association des maîtres répétiteurs, de son côté, en a préparé un autre, et les deux projets ne coïncident pas. Comment est né ce conflit? Voilà ce que je voudrais expliquer aussi brièvement que possible. Mais il me faut protester auparavant contre l'interprétation que ne manqueront pas de donner à mon langage ceux d'entre les répétiteurs qu'il ne satisfera pas entièrement. C'est avec un très sincère et très réel intérêt pour eux que je parle, et quand il m'arrive de n'être pas de leur avis, je ne fais qu'user du droit de dire les choses telles que je les vois et les comprends. Ces divergences entre nous ne prouvent pas nécessairement que j'aie tort, et ne signifient en aucune manière que je tienne la cause pour indifférente. Voilà une profession de foi qui paraîtra superflue à beaucoup. Convaincra-t-elle au moins ceux auxquels elle s'adresse?

Il faut remonter de quelques années en arrière, pour s'expliquer la situation actuelle. A ce moment, la question du répétitorat avait déjà été posée dans les conseils de l'Université, et dans la presse. L'opinion que j'exprimais alors peut se résumer ainsi : Le meilleur maître répétiteur est celui qui donne à ses élèves l'exemple du travail personnel, celui qui conquiert des grades, qui s'élève à un poste supérieur, soit dans l'administration, soit dans l'enseignement. Si l'on veut améliorer la condition morale des maîtres répétiteurs, le mieux à faire est de leur donner du loisir pour travailler, et de leur mettre aux mains des instruments de travail. Ainsi fut fait. Et il faut reconnaître que les maîtres répétiteurs ont su profiter de ces avantages, qu'un grand nombre d'entre eux ont conquis des grades élevés, la licence ès lettres, une ou même deux licences scientifiques. C'est même là qu'est la cause initiale de la crise actuelle.

En effet, si les maîtres répétiteurs ont beaucoup travaillé, d'autres travaillaient aussi — par exemple les boursiers des Facultés — et remplissaient, à mesure qu'elles devenaient vacantes, les chaires des collèges et des lycées. Occupées à présent par des professeurs jeunes, ces chaires vaquent plus rarement, et l'on se trouve en somme avoir un très grand nombre de candidats, et un très petit nombre de fonctions à leur offrir. De là un mécontentement, un malaise qui s'expliquent parfaitement. Des répétiteurs licenciés ou bilicenciés marquent le pas, dans une situation qu'on leur dépeignait comme provisoire. Ils s'impatientent, et personne ne peut songer à leur en faire un reproche.

Si c'était là toute la crise, elle pourrait assez facilement, semble-t-il, se dénouer. Il suffirait de réduire, ainsi qu'on l'a déjà fait, le crédit des bourses de licence — sans toutefois le supprimer — et d'accorder aux répétiteurs licenciés de véritables tours de faveur, à notes égales, pour la nomination aux chaires vacantes. Ces tours de faveur, dans ces conditions, seraient certainement justifiés. On pourrait encore assurer quelques avantages matériels aux licenciés, pendant la période d'attente qu'ils seraient forcés de subir. Avec de l'argent et de la bonne volonté, on viendrait à bout de ces difficultés. L'argent, les Chambres ne le refuseraient pas; la bonne volonté, pourquoi la supposer absente?

Mais ce n'est pas tout. Les maîtres répétiteurs profitent de l'occasion pour mettre en avant une conception nouvelle du répétitorat. Ce serait désormais une carrière définitive, où toutes les ambitions trouveraient à se satisfaire. Cette conception nouvelle du répétitorat, ils la donnent pour une pièce nécessaire du système d'éducation de nos lycées et de nos collèges. Repoussez-la : vous portez, suivant eux, un coup mortel à l'enseignement public. L'administration s'est mise à la remorque, et, sans accepter entièrement le projet des maîtres répétiteurs, elle se déclare prête à y puiser largement pour établir le sien.

Il se peut, et je ne conteste pas le moins du monde

cette manière de voir, qu'il y ait place dans nos lycées et dans nos collèges pour des fonctionnaires qui soient, avant tout, des éducateurs. La force de certaines maisons ecclésiastiques consiste précisément dans la présence de collaborateurs de ce genre, fort appréciés des parents. Toutefois, nulle comparaison n'est possible entre ces hommes-là et les maîtres répétiteurs, qui recherchent tout naturellement, et qui ont grandement raison de rechercher des avantages matériels, pour eux et leurs familles. Le ministre propose la création de postes nouveaux, mieux rétribués. Soit : mais ces postes ne seront jamais ni assez rétribués pour contenter les aspirations légitimes d'hommes de mérite, ni même assez nombreux pour fournir un débouché suffisant. Bientôt il se produira aux portes de ces fonctions un encombrement égal à celui qui barre aujourd'hui les portes de l'enseignement. Et alors que fera-t-on ?

Le ministre propose, d'autre part, d'associer certains maîtres répétiteurs au travail de la classe, d'en faire les adjoints du professeur. En principe, ce n'est pas impossible, et l'idée paraît séduisante. Mais, dans la pratique, combien de difficultés ! Quelles chances de conflits aigus ! Quel rôle pour les chefs d'établissement ! A-t-on songé à tout cela ? A-t-on tout prévu ? Au vrai, la principale objection à faire, c'est que la réforme a plutôt l'air d'une mesure de tacticiens, qui cherchent à se défendre, que d'une innovation pédagogique mûrement pesée et délibérée. Si l'on s'était placé, en effet, au point de vue pédagogique, on aurait commencé par le commencement, c'est-à-dire par l'organisation d'une préparation spéciale, et de concours sérieux grâce auxquels se formeraient et se révéleraient les hommes destinés au rôle si nouveau et si délicat d'éducateur. Aussi longtemps qu'on n'aura pas créé cette organisation, on

aura eu recours à un expédient commode; on n'aura
pas réellement fondé une institution.

Est-ce à dire qu'il n'eût fallu rien faire auparavant?
Non pas. On aurait pu tenter une expérience; essayer
dans un certain nombre de maisons l'association au
professorat; procéder enfin sagement, et graduellement.
Au lieu de cela, pour sortir d'un pas plus ou moins
épineux, on abandonne, sans nécessité démontrée, un
système qui avait du bon, et on en installe de toutes
pièces un autre, dont on ne voit aujourd'hui que les
avantages, dont on verra les inconvénients plus tard, et
dont peut-être les maîtres répétiteurs seront les premiers à se plaindre, dans quelques années d'ici.

Juillet 1891.

II

Le *Journal officiel* vient de publier deux décrets qui
règlent le service des maîtres répétiteurs et qui fixent
les chiffres de leurs traitements [1]. On connaît en gros
l'histoire de ces décrets. Ils ont été préparés par une
commission spéciale pour répondre aux vœux de l'Association des maîtres répétiteurs, communiqués aux
délégués de cette Association, déférés enfin au conseil
supérieur, qui s'est jugé incompétent pour régler la
question financière, n'a retenu que le premier des deux
projets, et l'a sensiblement atténué. Tels qu'ils sont
sortis de ces diverses épreuves, les décrets ne répondent
entièrement ni aux appréhensions de ceux qui crai-
gnaient de voir l'administration s'embarquer un peu à
la légère dans une aventure, ni à l'attente de l'Association des répétiteurs, ou plutôt de son bureau, lequel
s'était flatté d'obtenir plus et mieux.

1. Décrets du 28 et du 29 août 1891.

Ce n'est pas à dire que ces décrets soient sans portée. D'abord ils précisent des points qui étaient restés vagues jusqu'ici. Puis, ils codifient toute la matière : ce sont là déjà deux résultats appréciables. En outre, ils assurent aux maîtres des avantages dont ceux-ci se montrent fort jaloux, comme de figurer à leur place dans les cérémonies universitaires, de porter la robe, etc. Enfin, et c'est là le point vraiment important, ils assimilent les maîtres aux professeurs des collèges (assimilation légitime, les grades et titres étant les mêmes) et ils ménagent à un certain nombre de maîtres une carrière dans le répétitorat, en leur assurant une situation matérielle convenable, en leur donnant le droit de loger hors du lycée, s'ils sont mariés, etc. C'est quelque chose, si ce n'est pas tout ce que réclamait l'Association, dont il était manifestement impossible d'admettre soit les prétentions en matière de traitements, soit cette idée paradoxale que le maître répétiteur est toujours, partout, nécessairement, un professeur adjoint. Le budget de l'enseignement secondaire aurait fléchi sous la charge que l'Association prétendait lui imposer. Et les trois quarts de nos classes auraient été désorganisées, si le professeur s'était vu contraint d'accepter, dans son enseignement, le concours de collaborateurs dont les qualités les plus saillantes n'auraient peut-être pas toujours été la discrétion et la docilité.

Ainsi, pas de réforme radicale, mais de notables améliorations apportées au sort des maîtres, voilà l'esprit des deux décrets. On sera, sans doute, surpris d'apprendre non seulement que l'Association des maîtres répétiteurs s'en déclare mal satisfaite, mais encore qu'elle témoigne des dispositions les plus belliqueuses. Son intention est, paraît-il, d'en appeler du ministre au Parlement, la discussion du budget de l'Instruction publique fournissant à celui-ci une occasion toute naturelle d'intervenir. « La bataille n'est pas perdue, disait le 1er août à un banquet qui lui était offert par ses collègues de Rodez, le président actuel de l'Association. Nous en avons appelé au conseil supérieur du travail d'une commission que nous jugions incomplet et inacceptable. Le conseil supérieur nous a donné tort. Eh bien! nous en appellerons au mois de novembre prochain à la Chambre des députés, par l'organe de nos patrons. Les points importants que le conseil n'a pas voulu examiner, comme la question de l'indépendance et celle des traitements, la Chambre souveraine pourra peut-être les trancher au mieux des intérêts des répétiteurs. En prévision de cette lutte qui sera décisive, nous ne devons négliger aucun moyen d'action, aucune chance de réussite, etc. » C'est, on le voit, tout un plan de campagne. Et les hostilités, pour employer le langage de l'orateur, ne paraissent pas sur le point de prendre fin.

Rien de plus regrettable, et la situation, si elle se prolonge, pourrait bien ne pas tourner au profit des maîtres répétiteurs. Il est temps, il est grand temps pour eux de prendre acte des avantages qui leur ont été concédés, et de servir paisiblement, à leur poste, comme tous les autres membres de l'Université, en abandonnant à la discussion publique leur projet de réforme radicale, qu'il n'y a aucun inconvénient à étudier au point de vue théorique, tandis qu'il serait très dangereux de le faire passer tout d'un coup dans la pratique. La Chambre elle-même le comprendra, et le ministre de l'Instruction publique, s'il est appelé à s'expliquer, n'aura pas de peine à démontrer que l'on s'engagerait dans une voie semée d'écueils, en réglant à la tribune, par-dessus la tête des ministres, la situation d'une catégorie quelconque de fonctionnaires, fussent-ils les plus sympathiques de tous. Mais, répliquera-t-on, la Chambre peut, sans s'immiscer dans le domaine administratif, voter un ordre du jour? Assurément. Mais si M. Bourgeois déclare qu'il a fait tout ce qu'il était possible et désirable de faire, s'imagine-t-on que la Chambre mettra en doute sa bonne volonté et sa bonne foi?

Le parti le plus raisonnable que les maîtres répétiteurs aient à prendre serait, au contraire, d'inviter leurs patrons et amis de la Chambre à se montrer réservés et discrets. Après quoi, ils attendraient, pour les juger, que les mesures nouvelles aient été appliquées.

Septembre 1891.

LE REMANIEMENT DES PROGRAMMES DE 1886

Les élections au Conseil supérieur et le plan d'études.

I

Dans quelques jours auront lieu, pour la deuxième fois, sous l'empire de la loi du 27 février 1880, les élections au conseil supérieur de l'Instruction publique. On sait que cette assemblée renferme aujourd'hui les représentants directs des divers ordres d'enseignement. Le corps enseignant se trouve donc appelé à donner une sorte de consultation générale, à chaque renouvellement du conseil. Lors des premières élections, une question primait toutes les autres : la réforme du plan d'études. A en juger par les circulaires de quelques-uns des candidats qui sollicitent, cette année, le suffrage de leurs collègues, par le langage de deux organes spéciaux, la *Revue de l'Enseignement secondaire et de l'Enseignement supérieur* et *l'Université*, enfin, par certaines polémiques de journaux, la question qui se poserait à présent serait encore celle du plan d'études, seulement, considérée à un autre point de vue : il s'agirait cette fois de réformer la réforme. Je reviendrai là-dessus, et j'indiquerai dans quelle mesure cette préoccupation me

4

paraît légitime; pourquoi aussi je crains qu'elle ne soit prématurée et périlleuse. Mais, avant d'ouvrir cette discussion, il n'est pas inutile de rappeler ce qu'a fait le conseil supérieur actuel, et en quel état il remettra au conseil nouveau les affaires de l'Université.

Le conseil supérieur de 1880 a collaboré à trois œuvres considérables : la réorganisation de l'enseignement secondaire spécial; la création de l'enseignement secondaire des jeunes filles; la refonte des programmes de l'enseignement secondaire classique.

Pour l'enseignement des filles, tout était à créer. Aussi la besogne était-elle, à certains égards, plus facile. Si l'enseignement spécial existait déjà, du moins était-il à vivifier. La loi de 1865, due à V. Duruy, appliquée longtemps avec trop peu de conviction et de foi dans l'avenir d'une institution qui répondait pourtant aux besoins d'une société démocratique, avait indiqué et ouvert une voie, plutôt qu'atteint le but. On se trouvait donc en présence d'une institution établie, et c'était un travail de réparation, le plus ingrat de tous, qu'il fallait entreprendre. Le conseil supérieur l'a entrepris : il a aboli la division des études spéciales en « cercles », division artificielle, et qui séduisait l'œil à la lecture d'un prospectus, mais ne contentait guère la raison. Il a fortifié les cours supérieurs de cet enseignement, et créé, pour servir de sanction, un baccalauréat nouveau. Enfin, la situation des maîtres a été égalée à celle des professeurs de l'enseignement classique, innovation discutée dans l'Université, mais qui témoignait du moins de l'intérêt que le conseil apportait à l'enseignement spécial, et de la place que cet enseignement était appelé à tenir dans l'éducation publique.

Sur ces deux points : l'enseignement secondaire des filles, l'enseignement spécial, il est difficile de porter, dès à présent, un jugement définitif. L'œuvre est plutôt amorcée qu'accomplie pour le premier ; pour le second, elle a été poussée plus loin, sans être encore achevée. Il reste à débattre, notamment, une question très grave, celle de l'École de Cluny. Que doit devenir cette école? Faut-il la laisser où elle est, ou la rapprocher de Paris? Ce n'est pas là un détail, car on peut presque dire que tant vaut l'École normale, tant vaut l'enseignement qu'elle recrute. Pour ces diverses raisons, il y a lieu d'admettre que le temps seul pourra prononcer sur les décisions du conseil supérieur.

Vient, enfin, la refonte des programmes de l'enseignement classique. C'était là évidemment la partie la plus délicate de la tâche à remplir, et une matière d'autant plus fertile en controverses que chacun s'y sent intéressé, et s'y estime compétent.

On se souvient du bruit que fit la circulaire de M. Jules Simon (27 septembre 1872), qui essaya de faire passer dans la pratique, avec une réserve si sage qu'elle en put sembler excessive, les innovations réclamées depuis quelque temps par de libres et fermes esprits. Mais le conseil supérieur de 1873, dont la composition était si différente de celle du conseil de 1880, fit avorter cette discrète tentative. Le conseil de 1880 se trouva donc en face des anciennes méthodes et de l'ancien plan d'études discrédités dans l'opinion, quoique officiellement régnant. Les élections s'étaient faites sur cette question. Appelée pour la première fois à dire son avis sur l'enseignement public, l'Université s'était trouvée en grande majorité favorable à de sérieuses réformes. Les candidatures des partisans du *statu quo* avaient échoué dans tous les ordres d'agrégation, sauf un seul, la grammaire. On peut dire que la représentation de l'enseignement secondaire au conseil supérieur était presque unanimement acquise aux idées nouvelle. Ces idées triomphèrent sans peine, sinon sans lutte, car d'au tres corps constitués avaient envoyé siéger au conseil des défenseurs habiles et éloquents des anciennes méthodes.

On sait en quoi a consisté la réforme : suppression de certains exercices écrits, qu'on estimait inutiles au plus grand nombre des élèves ; inauguration d'un enseignement grammatical plus concret ; le latin commencé en sixième, le grec en quatrième seulement ; l'étude du français tenant plus de place dans toutes les classes ; les exercices oraux recommandés partout, de préférence aux devoirs écrits ; enfin, un enseignement scientifique plus riche et plus méthodiquement distribué, joint, durant tout le cours d'études, à l'enseignement littéraire. Tel est, non le plan même, mais l'esprit du plan en vigueur depuis 1880. Le résultat qu'on se proposait, c'était non pas de renoncer aux avantages de l'ancien système d'éducation, non pas de renier la forte culture littéraire, depuis si longtemps en honneur chez nous, mais d'enseigner mieux tout ce qu'il y avait d'utile et de substantiel dans ce qu'on avait enseigné de tout temps, et d'y joindre ce que notre temps seul peut enseigner, puisque c'est notre temps qui l'a fait : la science et la méthode scientifique.

En adoptant ces nouveaux programmes, que l'opinion réclamait, et qu'elle a accueillis avec une satisfaction visible, l'ancien conseil supérieur répondait évidemment au vœu de l'Université de 1880. L'Université de 1884 a-t-elle des opinions différentes, et doit-elle demander à ses élus de revenir sur ce qui s'est fait ?

II

« Il y a toujours, en France, cent contre un à parier qu'une chose quelconque ne durera pas. » Ce mot de Chateaubriand revient tout naturellement à l'esprit, quand on lit quelques-unes des circulaires lancées par les candidats au conseil supérieur. « Je tiens, dit l'un d'eux, plus que jamais pour funeste la révolution opérée dans l'enseignement secondaire ; je suis convaincu qu'elle doit amener, à brève échéance, la ruine de notre enseignement classique. » Est-il donc vrai que les études classiques soient en péril?

On pourrait objecter d'abord qu'il n'est jamais entré dans l'esprit ni des promoteurs de la réforme, ni de ceux qui l'ont exécutée, d'amoindrir le rôle des études classiques, d'affaiblir cette culture gréco-romaine qui, comme M. Jules Ferry le rappelait l'année dernière, à la distribution des prix du concours général, a façonné le génie français, lui a donné la force, la mesure, la clarté, « tout ce qui le rend attrayant et populaire parmi les hommes ». Mais il ne suffit pas que les intentions soient pures : il faut encore que les résultats soient bons. Peut-on juger dès à présent les résultats? C'est ici que nous arrêtons les adversaires de la réforme pour les convier à réfléchir. Le nouveau plan d'études date de 1880. Il a été appliqué dans les classes élémentaires en 1881. Pour l'apprécier équitablement, il faut attendre que les enfants qui sont entrés, cette année-là, au lycée aient grandi, et affrontent les examens qu'on passe en sortant du lycée. Seuls, ils fourniront le type de l'élève tel que l'ont compris les réformateurs. Les jeunes gens qui sont aujourd'hui en seconde, en rhétorique, en philosophie, ont commencé leurs classes sous l'ancien régime. Ils les ont continuées sous une sorte de concordat boiteux, où l'on essaie tant mal que bien de combiner le vieux et le neuf. Ils les achèvent, au bruit des controverses, et, si l'on peut dire, dans la fumée des batailles pédagogiques. Ce sont là de médiocres conditions pour travailler et réussir. Ce sont, en tout cas, des raisons péremptoires de ne pas juger la réforme sur ces générations venues à la vie universitaire ou trop tard ou trop tôt, dans un monde trop vieux, ou dans un monde en formation et, par là même, d'aspect quelque peu chaotique.

Il est une autre raison de ne pas rendre la réforme responsable d'inconvénients et de maux, d'ailleurs réels, que les pessimistes exagèrent, que les esprits clairvoyants se contentent de signaler.

Les programmes ne s'appliquent pas tout seuls, automatiquement. On les applique. Dès lors intervient un élément nouveau : l'esprit général d'un établissement, le caractère d'un maître. Qu'on nous entende bien : nous ne sommes pas de ceux qui accusent à la légère l'Université d'avoir trahi, dans l'application, la cause des réformes qu'elle réclamait, qu'elle acclamait il y a quatre ans. Nous sommes convaincu, au contraire, que l'Université a été aussi sincère dans sa pratique que dans ses votes, et que la réforme ne s'est point heurtée au pire des obstacles : le mauvais vouloir des hommes qui en tenaient le sort entre leurs mains. Il faut n'avoir jamais connu l'Université, pour se permettre une supposition aussi injurieuse. Mais, parmi ces hommes également dévoués à leur tâche et soumis à leur devoir, il en est de plus ou moins enthousiastes pour les nouveautés. Ici, des dévots, là, des sceptiques, sinon des incrédules. A ces états d'esprit différents, correspondent des façons de faire différentes. Pour tirer d'un programme tout ce qu'il peut donner, il faut y mettre du sien, entrer dans la pensée qui l'inspire, en un mot, croire à l'œuvre qu'on accomplit. Peut-être y a-t-il un moyen d'expliquer les jugements divers et contradictoires que provoque, dans l'Université, l'application du plan d'études de 1880? Ce serait de dire, avec l'un des candidats actuels au conseil supérieur, que les réformes « ont réussi entre les mains de ceux qui y croyaient, échoué entre les mains de ceux qui n'y croyaient pas ».

Autant il semble injuste, à tout le moins prématuré, de faire le procès général du nouveau plan d'études, autant il est naturel d'y signaler certains défauts si graves, qu'ils frappent à première vue, certains vices que l'expérience a déjà révélés.

On ne peut pas juger la réforme sur les jeunes gens qui sont aujourd'hui dans les classes supérieures. On peut la juger sur les enfants qui sont en sixième, en cinquième, qui appartiennent à l'ère nouvelle. Il paraît bien que, dans les classes élémentaires, les programmes exigent des retouches. On a retranché les exercices écrits, qui étaient difficiles, et qui paraissaient superflus. On a multiplié les exercices oraux, dont on attendait beaucoup. La part de la grammaire et de la traduction du latin a été diminuée; la part des sciences, principalement des sciences naturelles, augmentée. Ces sciences, on a cru y trouver un instrument d'éducation, et une matière propre aux premiers labeurs de l'intelligence. A-t-on suffisamment pris garde que l'esprit ne naît pas tout formé; que les premières années d'études ont précisément pour objet de former l'esprit? Mieux vaut, disait Montaigne, une tête bien faite qu'une tête bien pleine. Des exercices en apparence ingrats, et sans grande valeur intrinsèque, comme les exercices grammaticaux, le thème, servent merveilleusement à *faire la tête* de l'élève. Un enseignement, d'ailleurs plein d'attraits, et beaucoup plus vivant, comme celui de l'histoire naturelle, sert plutôt à la remplir. Les maîtres et les parents sont d'accord, en général, pour regretter que, dans les classes élémentaires, le jeu de la mémoire tienne plus de place que la formation du jugement. Il ne s'agit pas de proscrire les matières nouvellement venues, mais de les réduire, et de rétablir, au profit de certains procédés pédagogiques, l'équilibre trop violemment troublé. La curiosité de l'enfant est satisfaite; mais son attention est trop dispersée. L'enfant a beaucoup de travail, plus qu'il n'en peut porter, et trop peu de travail fécond, de celui qui consiste à discipliner et à conduire les facultés, par l'effort sur soi-même.

Voilà un des points où il serait possible de remanier et de compléter l'œuvre du dernier conseil supérieur. J'en indiquerai un autre, qui préoccupe les esprits les plus opposés : la surcharge des programmes à toutes les périodes du cours d'études. Là est le défaut de la cuirasse, et, si l'on n'y remédie, c'est par là que périra la réforme, de l'aveu des réformateurs.

L'élève de nos lycées n'a plus le temps de se reposer, ni de se recueillir. Les classes, les exercices, les professeurs défilent devant lui du matin au soir avec une rapidité, un entre-croisement qui déconcertent les meilleures volontés. Trop de matières sur les programmes; trop d'heures de classe se succèdent; trop de professeurs différents. Jadis un élève négligeait quelque partie, mais s'attachait à une autre, mécontentait le professeur de grec et de latin, mais satisfaisait le professeur d'histoire, et, en somme, sortait du lycée avec un peu d'acquis, et le goût d'une science. Ce partage a semblé dangereux et inique. On a voulu que l'élève se prêtât avec une égale docilité à tous les enseignements. Si l'on ne se décide pas à couper dans le vif, on arrivera à ce résultat, que l'élève sortira du lycée avec moins d'acquis que jadis, et sans un de ces goûts déterminés, qui sont souvent l'origine d'une vocation. Pourquoi? Parce qu'on n'a pas tenu assez de compte de la diversité originelle des esprits, des aptitudes, des préférences; ni des limites de l'activité et du labeur, qui ne se laissent pas dépasser sans péril; ni de ce principe capital en saine pédagogie, que la somme d'attention et d'effort qu'un enfant peut dépenser ne s'accroît pas à mesure que les programmes s'enflent, et que, si on touche à trop de choses, on n'en saisit aucune.

Encore un coup, la besogne qui s'imposera au futur conseil supérieur, c'est d'émonder, de retrancher le feuillage luxuriant qui décore, mais encombre nos programmes; d'y infuser la vie, rien qu'en y faisant pénétrer l'air et la lumière. Il faut couper, couper, sans crainte, sans vergogne, et c'est ici le cas de répéter, avec la Toinette du *Malade imaginaire*, que le seul moyen de conserver intact l'un des bras et l'un des yeux, c'est d'arracher l'autre œil et l'autre bras. Ce médecin-là n'était pas si sot. Que ne pose-t-il sa candidature au conseil supérieur?

Certes, il ne sera pas facile de retrancher, car rien n'est précisément mauvais. Il faudra faire des sacrifices coûteux, disputer à l'égoïsme intellectuel des représentants de chaque science bien des concessions qu'ils refuseront. N'importe : là est le salut, là le devoir. Constatons-le : presque toutes les circulaires de candidats que nous avons lues renferment l'expression de ce sentiment. Peut-être est-ce là-dessus que certains journaux se fondent pour accuser l'Université de velléités réactionnaires? Comment! on serait réactionnaire parce qu'on réclamerait, pour le régime nouveau, les conditions d'existence sans lesquelles il ne pourrait ni s'acclimater, ni réussir, ni durer? Il semble, au contraire, que les meilleurs amis de la réforme soient ceux qui, courageusement, avouent qu'on n'a pas atteint la perfection du premier coup, accueillent la leçon de l'expérience, et cherchent de bonne foi à corriger ce qui est défectueux. L'Université, dans son ensemble, est aussi éloignée de souhaiter le retour à l'ancien système, que d'admirer béatement tous les détails du nouveau.

Ce n'est là ni routine, ni réaction, ni mauvais esprit. C'est esprit critique, et sagement critique. Cet esprit, l'Université le prise par-dessus tout, et n'a pas médiocrement contribué à le répandre. Elle en écoutera la dictée, le jour où elle choisira ses représentants au conseil supérieur. Elle ne leur donnera pour mot d'ordre ni de défaire ni de refaire, mais partout où il est possible, de mieux faire.

III

La séance générale annuelle de la *Société pour l'étude des Questions d'enseignement secondaire* vient d'avoir lieu. Le président, M. Michel Bréal, a prononcé, à cette occasion, un discours que j'ai sous les yeux. Prenant la parole devant une assemblée de professeurs, parlant pour ainsi dire en leur nom, l'orateur ne pouvait se dispenser de traiter le sujet qui est à l'ordre du jour dans l'Université : les élections et le rôle du futur conseil. Ce discours est un document instructif versé au dossier de la cause. Si l'on songe que M. Bréal a, dès 1871, donné le premier coup de pioche aux portions vermoulues du vieil édifice universitaire, qu'il est proprement l'initiateur de la réforme, on comprendra l'intérêt de cette manifestation, et l'importance que l'Université y attache. Disons-le bien vite : ce qui perce dans ce discours, c'est un peu d'humeur, sinon contre les hommes, du moins contre les événements. Les événements ont marché trop vite; ils ont suivi une voie trop rectiligne, accompli leur œuvre trop violemment. Là où il aurait fallu rogner avec un canif, ils ont tranché avec un couperet. « Pendant que nous discutions, quelques collègues et moi, sur la meilleure façon d'enseigner les langues et de faire connaître les

littératures anciennes, nous avons vu le moment où
l'objet même de nos débats allait nous être enlevé des
mains. » Ainsi s'exprime M. Bréal, confessant, ce dont
on se doutait déjà, que, dans cette réforme comme dans
beaucoup d'autres, le but a été parfois dépassé, et que
les plus exigeants, les plus hardis au début, n'en deman-
daient pas tant. Admirable matière à philosopher! Quel
est le novateur qui ne se fût senti effrayé, s'il avait pu
connaître d'avance la fortune que l'avenir réservait à
son idée? Gageons que plus d'un eût jugé sage, comme
Fontenelle, de garder la main fermée, encore que cette
main fût pleine de vérités.

Je suis heureux de trouver dans le discours de
M. Bréal la plupart des critiques que j'adressais, ces
temps derniers, au nouveau plan d'études, et d'abord la
principale : celle qui vise la surcharge des programmes.
M. Bréal a mis le doigt sur l'explication vraie. Toutes
les spécialités se trouvent représentées dans le conseil
supérieur actuel, et chacun se croit tenu, envers lui-
même et envers ses électeurs, d'introduire dans les programmes le plus possible des connaissances qui lui
sont chères. De là, l'encombrement dont les effets sont
si funestes et si visibles. Prenons pour exemple les
représentants de l'histoire au conseil supérieur. On leur
a demandé de rédiger des programmes, et ils s'y sont
appliqués avec un soin, une ardeur que personne ne
conteste. Leurs programmes sont superbes; le malheur
est qu'ils contiennent à eux seuls de quoi absorber la
somme d'attention et de travail dont un élève est capable.
Or, à côté de l'histoire, il y a le grec, le latin, le français,
toute une encyclopédie.

L'inconvénient est plus sensible encore, si l'on jette
les yeux sur la liste des notions de sciences physiques
et naturelles, et de sciences mathématiques exigées dans
les classes de lettres. Tout cela, en soi-même, est excel-

lent. Mais il y a trop de choses excellentes, et la cuisine la plus saine et la plus succulente du monde, si l'on en abuse, donne une indigestion mortelle. Nous prévoyons de belles joutes oratoires au futur conseil, et des plaidoyers *pro domo* irrésistibles. N'importe : il faudra que les élus de l'Université se cuirassent d'indifférence, et que l'assemblée ait le ferme propos de faire du chagrin à quelques-uns de ses membres. C'est au prix de ces deuils privés qu'on assurera le salut public.

Le discours de M. Bréal soulève encore d'autres questions fort intéressantes, notamment celle du rôle des proviseurs. On a exclu les proviseurs du conseil supérieur, où ils étaient représentés autrefois. Au lycée même, on tend à les confiner dans leurs attributions administratives. Quelques-uns parlent de supprimer le titre, et de confier la fonction à un professeur temporairement désigné par ses collègues : imaginez le semainier de la Comédie-Française. Et cela, au moment où l'on répète de toutes parts que l'internat exige l'action incessante d'un homme qui connaisse bien les élèves, qui s'intéresse à eux, qui ait de l'autorité sur eux; qui soit, en quelque sorte, le maître des caractères, comme le professeur est le maître des intelligences! On a raison de souhaiter que le proviseur soit capable de remplir ce rôle. Mais alors, qu'on demeure conséquent avec soi-même, et qu'on n'amoindrisse pas, qu'on ne ravale pas la situation de l'homme qui devrait, en somme, être le premier, à tous égards, dans un établissement. Outre que ces contradictions décèlent quelque incohérence dans les vues, et plus de précipitation brouillonne que de méthode et de justesse d'esprit, croit-on que ce soit le moyen de faciliter le recrutement des proviseurs, et que des hommes de grand mérite, comme il en faut pour ce poste, recherchent un emploi ainsi diminué et branlant?

Sans se faire d'illusions sur la valeur de quelques-unes des parties de la réforme, ce n'est pas dans un retour au passé que l'Université doit chercher le remède. La réforme a été peut-être trop précipitée et trop violente. Une secousse en sens contraire, d'une égale violence, serait la pire des mésaventures. Non : ce que l'Université se doit à elle-même, c'est de juger avec indépendance, mais avec équité, sa propre œuvre. Ce que le nouveau conseil supérieur doit à l'Université, c'est d'assurer par de sages mesures, par des retranchements et des retouches, le perfectionnement possible, désirable, et certainement désiré, du plan d'études de 1880.

IV

Les élections pour le conseil supérieur ont eu lieu. Il convient de bien marquer quelle a été l'attitude des professeurs de l'enseignement secondaire classique. Là résidait le véritable intérêt de ces élections. Il s'agissait de juger la réforme de 1880. Qui est mieux placé que les maîtres de nos lycées pour en discerner le fort et le faible?

On est frappé tout d'abord du chiffre des abstentions. Ce chiffre est considérable, pour des élections qu'il ne faut pas comparer aux élections politiques. Les adversaires de l'Université en tireront parti, pour assurer que ce grand corps se désintéresse de ses propres affaires, et fait bon marché de la représentation que la loi lui accorde. La plupart de ces abstentions s'expliquent par d'autres motifs. Les élections ont eu lieu le jour même de la rentrée de Pâques, et certains professeurs, dont l'enseignement ne reprenait que le lendemain ou le surlendemain, n'avaient pas encore rejoint leur poste. D'autre part, dans l'ordre des lettres, où

170 agrégés seulement ont voté sur 195 inscrits, la candidature qui, du reste, a triomphé, n'a été posée que tardivement. Enfin, une troisième raison, plus grave, et sur laquelle nous reviendrons tout à l'heure, s'ajoute aux deux précédentes, et explique beaucoup d'abstentions, sans donner prise contre l'Université à des accusations gratuites de tiédeur et d'indifférence.

Quant aux choix faits par les agrégés de l'enseignement secondaire, ils paraissent de nature à déconcerter le pessimisme intéressé, et l'esprit de dénigrement systématique des gens qui combattent la réforme, sans admettre qu'elle contienne un seul élément de vérité et de progrès. Est-ce à dire que les nouveaux élus soient tous, ou même soient en majorité des admirateurs béats, des dévots prosternés à deux genoux devant le plan d'études de 1880? La foi qui ne discute pas n'est guère le fait de l'Université. Sa marque propre, au contraire, c'est l'esprit critique. Elle aime à étudier, à pénétrer le fond des choses, à juger avec indépendance. Telle est sa façon de remplir la tâche que l'État lui confie, dans l'éducation de la jeunesse. C'est bien le moins qu'elle ait porté cette disposition et cette humeur, qui lui sont si naturelles, dans une question qui la touche de près. Si l'on voulait caractériser avec précision les élections nouvelles, peut-être faudrait-il les appeler des élections *critiques*. La plupart des élus admettent les principes généraux de la réforme, se déclarent opposés à toute tentative de réaction violente et aveugle, mais réclament sur quelques points bien déterminés des modifications, des suppressions ou des réductions, plus propres à assurer qu'à compromettre l'avenir du plan d'études.

C'est ainsi que l'élu des agrégés d'histoire déclare, dans sa circulaire, que demander une revision totale des programmes « serait préparer un bouleversement

irréparable ». L'élu des agrégés de grammaire se défend
de vouloir « le retour pur et simple à ce qu'on a appelé
l'ancienne routine ». L'élu des agrégés des lettres croit
« que rien ne serait plus fatal aux études qu'un retour
en arrière, et un nouveau changement dans les méthodes ». On ne saurait, croyons-nous, désirer déclarations
plus formelles, et il faudra de singuliers tours de raisonnement, pour persuader au public que l'Université
de 1884 est décidément réactionnaire.

En revanche, les mêmes hommes qui entendent se
maintenir sur le terrain de la réforme, sont tous d'accord pour reconnaître que des changements, des perfectionnements y sont à la fois souhaitables et possibles. Si l'on se reporte à leurs diverses circulaires ou à
leurs déclarations devant les assemblées d'électeurs, on
verra qu'ils déplorent, comme je le déplorais il y a
quelques semaines, la surcharge et l'encombrement des
programmes, l'envahissement des sciences, surtout
dans les classes élémentaires, la disparition des exercices propres à provoquer l'effort. D'un avis unanime,
les délégués de l'enseignement secondaire classique
appuieront au conseil supérieur toutes les mesures
qui tendront à rendre à la réforme son véritable caractère, et qui la feront ainsi tourner au plus grand profit
de l'éducation nationale.

De toutes les modifications que l'Université voudrait
voir introduire dans les nouveaux programmes, la plus
universellement désirée, c'est la réduction du temps
consacré aux sciences dans les classes de lettres. Peut-
être sera-ce aussi la réforme la plus discutée? Le vent
est aux sciences. On se persuade volontiers, surtout
quand on ne connaît ni l'enseignement ni les sciences,
que, plus on en fera faire aux enfants, plus on avancera
l'heure de l'initiation, et plus la culture scientifique fera
de progrès, et plus l'esprit s'en trouvera fortifié. Il ne

se peut guère imaginer pire erreur. Les sciences sont certainement un moyen puissant d'éducation des esprits, mais des esprits une fois formés. Pour en tirer tout le parti qu'elles peuvent offrir, il faut déjà un certain développement et un certain acquis de l'intelligence. Les notions scientifiques que reçoivent aujourd'hui les enfants des classes élémentaires prennent une bonne part d'un temps qui pourrait être plus utilement employé, et elles ne les préparent pas à devenir des savants. On alléguera que ce sont là des opinions de littérateur, et que jamais un professeur de sciences n'en exprimera de semblables? Le vote des agrégés de physique et des agrégés de mathématique de nos lycées est une réponse péremptoire à l'objection. L'élu des agrégés de physique, qui faisait déjà partie du précédent conseil, et à qui ses collègues ont, pour ainsi dire, imposé un nouveau mandat, n'a jamais été partisan de l'extension démesurée du programme scientifique. Quant à l'élu des agrégés de mathématique, un esprit ferme et distingué entre tous, et qui honorera le nouveau conseil, il est d'avis de « restituer aux études classiques leur caractère purement éducatif; d'y rétablir, dès les premières années, l'effort comme ressort essentiel », c'est-à-dire apparemment de donner le pas aux exercices vraiment féconds sur les satisfactions offertes aujourd'hui à la curiosité molle de l'enfant, par un enseignement scientifique qui ressemble plus à une récréation qu'à une discipline.

Il reste à exprimer un souhait : c'est que les désirs de l'Université soient pris en considération. La meilleure garantie, à cet égard, et la seule, serait l'attribution aux membres du conseil supérieur d'un droit d'initiative, qui leur permît de soulever les questions, et d'exprimer le vœu de leurs commettants. Aujourd'hui, le conseil délibère sur les affaires qui lui sont soumises, et le plus souvent même se borne à enregistrer les résolutions préparées, dans l'intervalle des sessions, par la section permanente. La loi l'a voulu ainsi, et c'est la loi seule qui pourrait établir la modification dont je viens de parler. Qu'elle soit souhaitée par l'Université, presque toutes les circulaires des candidats élus en témoignent. J'irai plus loin : quelques-unes des abstentions que j'ai signalées en commençant n'ont pas d'autre explication.

Si je suis bien informé, nombre de professeurs se sont émus de l'impuissance relative où le refus du droit d'initiative réduit leurs représentants. En s'abstenant de voter, ils ont cependant émis un vote tacite en faveur d'un amendement qui ne manquera pas d'être présenté à la loi constitutive du conseil supérieur. Le droit d'initiative sagement défini, et même, si l'on veut, limité à des points précis, serait un présent que l'Université apprécierait, si le législateur songeait à le lui faire. Cette innovation ne pourrait que rehausser le prestige de la représentation des professeurs au conseil supérieur, en même temps qu'elle en assurerait, en toutes circonstances, et indépendamment des questions de personnes, l'entière efficacité.

Avril-Mai 1884.

La Commission des programmes.

On sait comment le ministre de l'Instruction publique a procédé, pour opérer la revision du plan d'études de 1880.

Au mois de juin dernier, une première enquête a été ouverte, auprès des inspecteurs généraux, des recteurs, des conseils académiques, des assemblées de professeurs. Le résultat de cette enquête a été communiqué à la section permanente du conseil supérieur, qui a immédiatement ramené le nombre des heures de classe à vingt par semaine. Cette première réforme s'imposait d'urgence ; elle a été appliquée dès la rentrée d'octobre. Mais la réduction des heures de classe supposait la réduction des matières à enseigner. On pouvait même regretter — et j'ai exprimé ce regret — que, l'une des deux mesures devançant l'autre, l'année présente s'ouvrît dans des conditions défavorables pour les élèves, embarrassantes pour les maîtres. A quoi l'administration répondait qu'il fallait mûrir la refonte des programmes et faire, autant que possible, œuvre durable. Au mois d'octobre, des commissions ont été nommées pour chaque ordre d'enseignement. A côté de certains membres du conseil supérieur, on y avait appelé des professeurs et les proviseurs des lycées de Paris. Ces commissions, prenant pour base de leur travail les données de l'enquête, ont rédigé des projets de programmes, projets qui ont été ensuite étudiés, retouchés, remaniés par la section permanente du conseil supérieur, puis renvoyés à une *commission des programmes,* élue par le conseil lui-même. MM. Berthelot, Jules Simon, Duruy, Janet, Michel Bréal, Jules Girard, pour ne citer que les noms les plus connus, en faisaient partie. La commission des programmes s'est, à son tour, partagée en sous-commissions. Chaque sous-commission a examiné de près les propositions de la section permanente, les a pour ainsi dire épluchées. Après quoi, la commission, en séance plénière, a prononcé. Enfin, le conseil lui-même a pris connaissance du travail de sa commission des programmes. Une discussion nouvelle s'est engagée. Le plan d'études qui sera bientôt promulgué sort de cette discussion. Jamais le régime des commissions et des sous-commissions n'avait fonctionné avec plus d'intensité; jamais aussi l'Université n'avait pris une part plus directe à la confection des programmes. La plupart des garanties possibles ont donc été prises, et il en faut louer l'administration. Quel que dût être le résultat final, elle avait d'avance dégagé sa responsabilité, et prouvé ses dispositions libérales. Reste à juger le résultat.

Alléger le fardeau sous lequel, dans toutes les classes, de la neuvième à la philosophie, maîtres et élèves ployaient également; laisser du temps pour les retours en arrière, si profitables aux jeunes esprits, pour le travail personnel, de plus en plus indispensable à mesure que les études s'élèvent, voire pour les libres lectures, qui ont tant de prix, et qui servent quelquefois plus à l'éducation de l'esprit que la besogne imposée; rendre aux enfants de la division élémentaire l'occasion de faire des efforts d'attention, par conséquent développer en eux autre chose qu'une curiosité mobile et superficielle; en même temps, se tenir en garde contre toute velléité de réaction, au mauvais sens du mot; accepter, fortifier même, en ce qu'elle a d'excellent, la réforme de 1880 : telle était la tâche compliquée, ardue, qui, selon nous, s'imposait au conseil supérieur et à ses collaborateurs. Au reste, ces idées que nous avions eu maintes fois l'occasion d'exprimer, répondaient bien au sentiment général de l'Université, comme aux vœux des familles, inquiètes de voir leurs enfants retenus avec trop de complaisance, dans les petites classes, sur des enseignements sans valeur, sur des exercices sans profit; dispersés, dans les classes supérieures, entre des études toutes peut-être aussi intéressantes les unes que les autres, mais qui se nuisaient réciproquement; enfin, depuis leur entrée au lycée jusqu'à leur sortie, surchargés, surmenés, haletants, ne trouvant nulle part ces temps d'arrêt, ces rémittences, qui permettent seuls à l'esprit de s'assimiler les connaissances acquises, de les classer, d'en profiter. Apprendre moins de choses pour en savoir mieux quelques-unes, mais étudier celles-là d'après les principes et selon les méthodes inaugurées en 1880, voilà, encore un coup, ce que les élèves et leurs familles désiraient, ce que les professeurs, en grande majorité, réclamaient. Leur a-t-on donné satisfaction?

On peut affirmer, en thèse générale, que l'un des principaux objets visés a été atteint : les matières de l'enseignement sont mieux réparties entre les diverses classes, et il y aura dans chacune un peu moins de choses à enseigner. Oui, le conseil supérieur a osé opérer quelques retranchements. Il faut savoir ce qu'il en coûte à des spécialistes de rogner, ou de laisser rogner sur leurs études de prédilection, pour comprendre le mérite qu'a eu le conseil, et les obligations dont nous lui sommes redevables. Mais ces retranchements sont-ils assez nombreux? Tout est là.

Or, après avoir relu avec soin et pesé les termes
mêmes des nouveaux programmes, il semble que l'on
se soit souvent contenté de modifications dans les en-
têtes de chapitres, et que, sous des titres nouveaux et
abrégés, le même excès de matière subsiste. Une occasion singulièrement favorable, et bien rare, s'offrait de
porter la cognée dans cette végétation trop touffue. On
a émondé, redressé, arrangé. C'est plus net et plus flat-
teur à l'œil, mais, au fond, c'est encore bien épais. Parfois aussi, les suppressions ne sont pas des plus heureuses. C'est ainsi qu'en philosophie, on a presque
entièrement supprimé l'économie politique. Presque
entièrement, car on a fait entrer dans le programme
de morale certaines questions éc·nomiques, combinaison étrange, compromis boiteux, soit dit en passant. N'est-ce pas s'exposer à fausser tout ensemble
les deux sciences? Cette suppression, on l'explique,
nous ne l'ignorons pas, par une foule de raisons, dont
beaucoup ont leur poids. Il n'empêche que l'économie
politique était une des parties les plus vivantes du cours
de philosophie, les plus attachantes pour les élèves, et
d'une incontestable utilité. Si on l'a retranchée, c'est
surtout qu'elle formait une division à part dans le programme, qui ne se liait pas de trop près à tout le reste,
qu'il était aisé d'enlever sans troubler l'économie du
cours. D'accord; mais peut-être dans quelques-unes des
parties de ce cours, notamment en psychologie, aurait-
on pu pratiquer des coupures, assez nombreuses pour
rendre possible le maintien au programme des éléments
d'une science très intéressante et très nécessaire.

On le voit, il y a dans l'œuvre du conseil supérieur,
comme dans toute œuvre humaine, même accomplie
avec grand luxe de commissions et de sous-commissions, du bon et du mauvais. Plus de bon pourtant que
de mauvais. C'est aux maîtres qu'il appartient mainte-

nant de parfaire la réforme. A eux de se mouvoir avec liberté dans les programmes remaniés, de retrancher encore, quand les retranchements leur paraîtront possibles et désirables. L'indépendance, l'autonomie du maître, c'est là un des gains de la réforme de 1880 qu'il faut retenir. Le programme est fait pour le maître, non le maître pour le programme. Article qui est déjà, qui doit être de plus en plus, le premier du credo de l'Université.

Février 1885.

LYCÉES
ET COLLÈGES DE JEUNES FILLES

La question des internats.

La loi qui organise l'enseignement secondaire des
jeunes filles répondait évidemment à un besoin public,
puisqu'en moins de trois années elle a donné des résultats considérables. Des lycées existent aujourd'hui non
seulement à Paris, ou dans des villes comme Montpel-
lier, Rouen, Lyon, Toulouse et Bordeaux, mais même à
Roanne, à Charleville, à Guéret. D'autre part, Louhans,
Armentières ou Vitry-le-François ont leur collège, tout
comme Lons-le-Saulnier, Grenoble et Lille. On est à la
veille de créer des lycées à Tournon et à Reims. Plus
de douze villes, d'importance diverse, depuis Aix, Dijon
et Clermont, jusqu'à Chalon-sur-Saône et Béziers, offrent
soit des immeubles, soit des subventions. Des pourpar-
lers sont entamés actuellement entre l'État et les municipalités de quarante villes environ, situées sur tous les
points du territoire, Brest et Marseille, Versailles et
Périgueux, Nancy, Cherbourg et Gap, etc., etc., pour la
création d'établissements nouveaux. Il est question enfin
d'ouvrir à Paris un second lycée. On trouvera d'ailleurs
tous les renseignements relatifs à l'application de la

loi, décrets, arrêtés, circulaires, rapports, etc., dans un volume auquel l'auteur même de la loi, M. Camille Sée, a joint une préface intéressante [1]. C'est à son initiative qu'est dû le mouvement d'opinion dont je viens de signaler la propagation rapide, et il n'est que juste de tenir en grande considération les idées et les sentiments d'un homme dont ni la compétence ni le dévouement à la cause ne sauraient être contestés.

Il est un point, je le dis tout de suite, où je ne suis pas d'accord avec M. Camille Sée. Dans le projet qu'il avait déposé sur le bureau de la Chambre, l'établissement type, pour l'enseignement secondaire des filles, était l'internat. Dans la loi, telle qu'elle est sortie des délibérations finales du Parlement, l'établissement type est l'externat. L'internat ne peut être ouvert que sur la demande des municipalités. M. Camille Sée n'a pas pris aisément son parti de cette modification grave au texte et à l'esprit de sa proposition. Selon lui, l'internat est nécessaire. Seul, il met l'enseignement secondaire à la portée des familles qui habitent les communes où ne se trouve ni lycée ni collège. Seul aussi, il permet de faire aux couvents une concurrence efficace. Bien des parents y envoient leurs filles, qui aimeraient tout autant les confier à des établissements laïques, s'ils y trouvaient l'internat, avec toutes les garanties de genre divers que l'éducation des filles exige.

Ces considérations ont leur prix, mais elles ne m'ont pas convaincu; elles ne me convaincront jamais. Le Parlement a fort bien fait de corriger le projet primitif sur ce point, et M. Jules Ferry, qui a soutenu le poids de la discussion dans les deux Assemblées, comme ministre de l'Instruction publique, n'a rien exagéré quand il a montré l'Université et l'État hésitant à

1. *Lycées et collèges de jeunes filles*, 1884.

assumer une responsabilité aussi lourde. Pour nous, qui combattons sans trêve l'internat des garçons, à combien plus forte raison repoussons-nous l'internat des filles! Si la famille est nécessaire à quelqu'un, c'est bien à la jeune fille. Là est sa vraie place, avant comme après, comme durant le temps de ses études. Si la loi se faisait la complice de l'indifférence ou de l'égoïsme de tant de familles, plus préoccupées de se débarrasser de leurs enfants que de les bien élever, la loi aurait tort, et il faudrait changer la loi. L'exemple des couvents n'est pas concluant, car l'un des reproches qu'on leur adresse, c'est de séparer, non sans de terribles inconvénients, l'enfant de sa famille. Le vrai moyen de lutter contre l'enseignement ecclésiastique, ce n'est pas de faire comme lui, c'est de faire mieux, dût-on faire autrement.

M. Camille Sée objecte que l'internat est pourtant utile dans certains cas, et, cite l'exemple des familles qui demeurent loin du collège et du lycée. De deux choses l'une : ou il s'agit d'une petite ville, ou il s'agit du village. S'il s'agit de la petite ville, le remède est trouvé : qu'on se hâte d'y établir un externat. L'externat a précisément cet avantage de ne pas exiger une mise de fonds égale à celle que suppose l'internat. Il n'y faut ni bâtiments considérables, ni luxe de fonctionnaires : quelques salles et des maîtres suffisent. Aussi est-il permis d'espérer que d'ici à quelques années, quand l'enseignement nouveau sera tout à fait entré dans les mœurs, quand les écoles spéciales et les examens professionnels auront recruté un corps enseignant capable de suffire à tous les besoins, presque toutes les villes de France auront soit leur lycée, soit leur collège de filles; ici, plus considérable, et là, moindre; tantôt établissement de plein exercice, avec toutes les classes, tous les cours, tous les professeurs; tantôt établissement réduit au strict nécessaire, mais inspiré du même esprit, en possession des mêmes méthodes. Sans poursuivre le rêve d'une uniformité complète — cette uniformité qui pèse si lourdement sur l'enseignement secondaire des garcons, et dont on commence aujourd'hui de sentir les inconvénients — l'État et les communes essayeront d'adapter aux divers milieux le type, heureusement flexible encore de l'établissement d'enseignement secondaire pour les filles. On ne fera pas la même chose à Paris et à Guéret, à Toulouse ou à Vitry-le-François, mais partout, selon les ressources locales, selon les besoins locaux, on instituera un enseignement également solide, sain et éclairé. C'est ainsi, du moins, que nous souhaitons l'avenir, et que nous le voyons se dessiner, après les difficultés et les tâtonnements du premier moment. Le but à viser, ce n'est pas d'ouvrir au chef-lieu du département une sorte de grand déversoir : c'est de permettre à toute commune qui en a les ressources et les éléments 'd'avoir son collège, où la jeune fille pourra s'instruire, sans s'éloigner du foyer domestique.

Il restera toujours, même à supposer que nos ambitions soient satisfaites, le petit bourg et le village, qui n'auront ni lycée ni collège. Alors, que feront les filles de nos fermiers, de nos cultivateurs aisés? Ici l'on touche au vif même des choses, et l'on me permettra de m'en expliquer. L'enseignement secondaire des filles, pas plus que l'enseignement secondaire classique des garçons, ne s'adresse à tous. Combien n'a-t-on pas déploré, dans ces dernières années, l'encombrement de nos classes, où des sujets auxquels manquent les aptitudes viennent perdre leur temps, et, sans se préparer sérieusement à aucune carrière, n'apprennent que le mépris de la profession plus ou moins humble de leur père? S'il y avait plus d'industriels, plus de négo-

ciants, plus d'agriculteurs surtout, et moins de fruits-
secs du barreau ou de la médecine, nul ne s'en plain-
drait. Eh bien, réfléchissons-y. Ne souhaitons pas que
les lycées et collèges de jeunes filles soient fréquentés
plus que de raison par des enfants qui devront un jour
prendre leur part dans les travaux d'une petite exploi-
tation agricole, et, devenues femmes, aider leur mari.
A celles-là, ce ne sont pas les connaissances portées au
programme du lycée ou du collège qui sont utiles. Les
notions générales et l'éducation technique, professionnelle, qu'offre aujourd'hui l'école primaire transformée,
suffisent amplement.

Je ne fais nulle distinction de classe ou de caste; je ne
veux pas assurer à quelques-uns, et refuser à d'autres.
le privilège d'une culture supérieure. Il me semble seulement que toutes les filles de France n'ont pas besoin
d'être façonnées au même moule; que le lycée et le
collège, qui sont indispensables à celles-ci, pourraient
être plutôt funestes à celles-là. Qu'on multiplie les
lycées et les collèges, et qu'on en tienne les portes
grandes ouvertes, mais qu'on n'y fasse entrer personne
de force, et même qu'on n'y attire personne par de
décevants prestiges. Il existe une race d'hommes qui
pourraient être utiles à leur pays, et vivre dignement
dans les professions les plus simples, mais dont une
éducation disproportionnée et manquée a fait des
déclassés. Craignons par-dessus tout qu'on puisse
adresser quelque jour le même reproche à l'enseignement des filles.

Mai 1884.

Faut-il féminiser l'enseignement?

La loi sur l'enseignement secondaire des jeunes filles une fois votée par les Chambres, il restait à organiser cet enseignement. C'est le conseil supérieur de l'Instruction publique qui en a discuté et rédigé les programmes, avec une autorité devant laquelle il semblerait qu'on n'eût qu'à s'incliner. Toutefois, M. Camille Sée estime que l'œuvre du conseil n'est pas à l'abri de la critique. Les programmes, dit-il, sont chargés à l'excès. Au lieu des notions élémentaires de chimie, de physique, d'histoire naturelle, qu'une jeune fille instruite doit recevoir, on offre aux élèves des lycées et des collèges nouveaux ces sciences tout entières. La géométrie et l'algèbre tiennent une place considérable dans le plan d'études. Le droit même y figure, alors qu'on ne le rencontre nulle part dans l'enseignement secondaire des garçons. N'y a-t-il pas là, demande M. Camille Sée, une exagération regrettable, et ne s'expose-t-on pas à discréditer l'enseignement nouveau, faute d'avoir su le contenir en de justes limites?

On pourrait répondre qu'autre chose est la théorie, autre chose l'application ; que le programme marque surtout le but à viser, et n'impose pas au maître l'obligation d'y atteindre du premier coup; que le maître, en somme, est libre, et qu'il lui appartient de choisir, d'élaguer, de proportionner. Il me semble qu'on peut avoir confiance à cet égard dans les professeurs qui inaugurent aujourd'hui l'enseignement secondaire des filles, et s'en remettre à eux du soin de concilier le respect, dû à l'esprit plus encore qu'à la lettre des programmes, avec les exigences souveraines de la pratique. Mais cette observation une fois faite et portée, pour ainsi dire, à la décharge du conseil supérieur, je reconnais volontiers que les critiques de M. Camille Sée ont un grand fonds de justesse.

Les mêmes reproches ont été souvent adressés aux programmes de l'enseignement des garçons, et ce ne sera pas la moindre partie de la tâche du nouveau conseil supérieur, que de les alléger, de les simplifier. Ces sacrifices, nécessaires pour l'enseignement classique, le sont bien davantage pour l'enseignement des filles. Il ne s'agit pas de les préparer à des carrières spéciales, comme les garçons qui deviendront avocats ou médecins, ou ingénieurs, ou soldats, et qui doivent trouver au lycée, outre la culture générale, une préparation plus ou moins directe à ces diverses professions. L'enseignement des filles ne peut tendre qu'à faire des intelligences ouvertes, ornées et solides. Il est évident que les lettres, l'histoire, la morale, qui sont les vraies éducatrices de l'esprit et de l'âme, doivent dominer. En fait de sciences, on donnera surtout ce qu'il est malséant d'ignorer.

Si les programmes de l'enseignement des filles tombent sous le coup des critiques que formule M. Camille Sée, c'est qu'on a voulu les calquer de trop près sur les programmes de l'enseignement des garçons. Au lieu de frayer une voie nouvelle, le conseil supérieur a suivi une route parallèle à celle qu'il venait de parcourir, en accomplissant la réforme de 1880.

Il y aurait fort à dire sur ce point. On pourrait, notamment, se demander s'il était nécessaire de donner aux établissements nouveaux un règlement et un ordre de service intérieur aussi semblables à ceux qui sont en vigueur dans nos lycées? Parce que les garçons entrent en classe dès huit heures du matin, faut-il faire commencer, à cette même heure, les classes de jeunes filles? N'est-ce pas une exigence souvent peu compatible avec la vie de famille, et qui peut même nuire à la santé de beaucoup d'enfants délicates? Il est difficile d'acclimater en France les institutions et les idées nouvelles : raison de plus pour procéder avec une prudence extrème, pour réfuter les objections des adversaires avant qu'ils les expriment, pour neutraliser, à force de précautions, les effets d'une malveillance qu'expliquent suffisamment la routine, les préjugés, l'esprit de parti. Heureusement, l'enseignement des filles en est encore à son début, et rien n'est plus aisé que de corriger les inconvénients que l'expérience révèle. L'administration, comme le conseil supérieur, comme les pouvoirs publics, ne cherche qu'à faire pour le mieux, et il paraît impossible que du concours de ces bonnes volontés il ne finisse pas par sortir quelque chose d'excellent. En tout cas, je crois, avec M. Camille Sée, que les premières améliorations, les premiers perfectionnements, doivent être cherchés du côté que l'on vient de voir. On n'a pas institué l'enseignement des filles pour faire d'elles des garçons manqués, mais, au contraire, pour en faire des femmes accomplies. Il ne faut pas leur fabriquer des programmes avec les fragments tronqués des programmes de nos lycées, sous prétexte que notre mère commune fut formée d'une côte d'Adam.

Les programmes des filles doivent être des programmes tout neufs, conçus exprès pour elles; des programmes qui diffèrent non seulement en étendue, mais en nature, de ceux des garçons, de manière à réaliser un enseignement égal, si l'on veut à toute force l'égalité, mais, avant tout, un enseignement autre, accommodé aux différences que la nature a mises entre l'esprit de l'homme et celui de la femme. Les systèmes auront beau faire : en ces matières-là, c'est à la nature qu'appartient le dernier mot, et il est fort heureux qu'il lui appartienne.

Quel peut être cet enseignement particulier, cet enseignement réservé à la femme, et par quels caractères doit-il se distinguer de l'autre? On comprend que je ne traite pas ici, au pied levé, une aussi grosse question. Mais je ne voudrais pas laisser passer sans protester une idée et une expression de M. Camille Sée. Selon lui, l'enseignement nouveau doit être *féminisé*. L'expression ne me plaît guère, et j'aime encore moins les moyens indiqués.

Comment *féminiser* l'enseignement de l'histoire, par exemple? Rien de plus simple, assure-t-on. Il suffit de faire ressortir, partout et toujours, l'influence de la femme, le rôle de la femme. On nous propose même comme modèle un programme rédigé pour l'École supérieure de jeunes filles à Turin, qui prend les principales questions historiques du point de vue presque exclusif de la femme. C'est ainsi, conclue-t-on, qu'il faudrait faire chez nous.

Il n'y a aucun mal à ce que le professeur, au cours de ses leçons d'histoire, appelle l'attention de ses élèves sur les événements où les femmes ont joué un rôle, et donné de grands exemples de courage, ou de charité, ou de vertu. Mais n'est-il pas évident que cela doit se faire en passant, par surcroît, et non de parti pris, suivant un programme tout tracé? A mon avis, le conseil supérieur n'a pas eu tort de s'inspirer d'idées plus larges. L'histoire, c'est l'histoire. Elle est la même pour les garçons et pour les filles. Qu'on l'enseigne autrement, si l'on veut, mais qu'on ne la fausse pas. Quoi de plus misérable que certains petits livres, longtemps en usage dans les pensionnats de demoiselles, et qui réduisaient, par exemple, l'histoire de France à la biographie plus ou moins fantaisiste des reines de France? Personne ne propose de revenir à ces livres-là, mais il ne suffit pas d'avoir des intentions droites.

Il faut encore se garder de mettre contre soi les apparences.

Après avoir tant raillé la science *ad usum puellarum*, tant reproché aux institutrices, et surtout aux couvents, leur histoire étriquée, mesquine, souvent puérile, parfois dénaturée, et toujours sans ampleur, sans portée, sans exactitude comme sans philosophie, c'est le moins, en vérité, qu'on ne leur offre pas leur revanche en paraissant tomber dans des défauts semblables. Non : l'enseignement des filles ne doit pas être *féminisé* de cette manière. Un moraliste, qui est en même temps un maître incomparable dans toutes les questions de pédagogie, avait mieux marqué le caractère de cet enseignement, quand il écrivait les lignes suivantes : « Il s'agit de rendre aux filles la science... plus accessible et plus assimilable, en la dégageant de tout ce qui n'est pas indispensable à l'éducation de l'esprit. Bien du détail, du menu savoir, et de menus faits peuvent leur être épargnés. Elles n'ont que faire des curiosités. Ce que nous voudrions pour elles, c'est un enseignement sobre, bien dépouillé, pour ainsi dire, un enseignement de résultats et de conclusions, qui mette avec exactitude les sentiments, les idées, les inventions, les découvertes, les grands gains de la civilisation humaine en pleine lumière [1]. » C'est seulement en s'inspirant de cet esprit qu'on fera de l'éducation des filles ce qu'elle doit être, et qu'on tirera de la loi nouvelle toutes les heureuses conséquences sociales et morales qu'elle peut, qu'elle doit porter.

Mai 1884.

----

1. O. Gréard, *Éducation et Instruction*, t. I, p. 224.

L'agrégation et le certificat d'aptitude.

I

Le ministère de l'Instruction publique a publié récemment deux documents d'un haut intérêt, les rapports des présidents du jury d'agrégation, et du jury pour le certificat d'aptitude de l'enseignement secondaire des jeunes filles. M. Eugène Manuel succédait cette année à M. Legouvé, comme président du jury d'agrégation. Le choix des hommes importe infiniment, quand il s'agit d'une tâche aussi délicate. En confiant la présidence à M. Manuel, au défaut de M. Legouvé, que d'autres obligations empêchaient de prendre part aux travaux de l'examen, le ministre a témoigné de sa sollicitude éclairée pour le nouvel enseignement. On trouve dans ces rapports, rédigés avec autorité et talent, des détails précieux sur les deux concours. On y trouve aussi des idées générales, qu'il y a tout profit à répandre, ne fût-ce que pour appeler la discussion et, par là, susciter le progrès d'une institution destinée à rendre tant de services, et déjà si justement chère à tous les libres esprits.

La première remarque qui s'impose, c'est l'élévation rapide du nombre des aspirantes. L'agrégation, qui doit demeurer un concours restreint, entre sujets d'élite, en a compté dix-neuf. Au certificat d'aptitude, plus largement ouvert, le chiffre des inscriptions s'est élevé à 110 : il n'avait été que de 60 en 1883. Déduction faite des désistements survenus à la veille ou au cours de l'examen, 95 candidates ont subi jusqu'au bout les épreuves de l'admissibilité. Réponse concluante aux adversaires de l'enseignement secondaire des filles, qui accusent cet enseignement d'être en contradiction avec nos habitudes, nos mœurs, nos préjugés. Quand, dès les premières années, un diplôme est aussi disputé, on est en droit de penser que les préjugés se dissipent, que les habitudes changent, que les mœurs et l'opinion ratifient l'œuvre du législateur.

Mais il ne suffit pas que les diplômes soient recherchés : il faut aussi qu'ils soient bien gagnés, que l'examen donne des résultats de plus en plus sérieux. A l'agrégation comme au certificat d'aptitude, les jurys ont constaté un notable progrès sur l'année précédente. Si quelques épreuves, ou quelques parties d'épreuves, laissent à désirer un degré de plus dans la perfection, ce sont, en général, les plus délicates, celles qui, aux diverses agrégations des lycées, embarrassent parfois les jeunes gens, par exemple, la correction immédiate d'un devoir, ou le commentaire d'un texte emprunté à nos grands écrivains. Tous les juges qui ont quelque expérience des concours savent combien un candidat doit réunir de qualités diverses pour réussir à souhait dans de pareilles épreuves; combien le succès complet est rare, et qu'il ne faut pas se hâter de décider des aptitudes professionnelles sur une seule expérience, faite dans des conditions qui ne laissent guère aux intéressés leur pleine liberté d'esprit. Comme le dit très justement M. Manuel, l'habitude de l'enseignement, loin du regard des juges, aura vite fait de donner à celles de nos jeunes agrégées qui ne l'ont pas encore, la pleine possession d'elles-mêmes, l'accent personnel, l'autorité du ton, si nécessaire au maître.

Il serait injuste de ne pas mentionner ici les résultats obtenus par l'École normale de Sèvres dans les deux concours. Elle présentait à l'agrégation cinq élèves : quatre ont été reçues. Sur les sept autres, deux avaient passé l'année précédente par l'École, et peuvent être revendiquées par elle. Au certificat d'aptitude, quatorze élèves, sur vingt présentées directement, ont été déclarées admissibles. L'École normale supérieure ne se flatte pas de peupler toute l'Université : de même, l'École de Sèvres ne doit pas recruter tout le personnel des lycées de filles. Elle doit être dans cet enseignement, ainsi que le disait Bersot de son école, « un ferment », et un ferment actif. C'est par l'excellence des méthodes que Sèvres doit chercher à se distinguer, et à primer. Mais le succès aux divers concours n'est pas à dédaigner. On appréciait déjà, dans l'Université, la sollicitude qui préside à la direction de cette maison, et le zèle des maîtres qui y professent. Il n'est pas mauvais que l'on sache que tant d'efforts ne sont pas perdus, et que les élèves, par leur ardeur au travail, par leurs qualités d'esprit, répondent aux espérances que l'institution nouvelle a fait concevoir.

Reste un point délicat : quel est l'esprit qui dirige les jurys d'examen dans leur choix? On sait que deux opinions contraires ont été émises à propos de l'enseignement des filles. Les uns prétendent qu'il convient de *féminiser* cet enseignement. Les autres tiennent que l'enseignement des filles, même en portant sur d'autres matières que celui des garçons, doit demeurer un enseignement solide, substantiel, réglé par une méthode rationnelle. L'an passé, les jurys avaient paru incliner vers le premier système, notamment par le choix de certains sujets de composition, de nature à soulever plus d'une critique. L'histoire est la même pour les filles et pour les garçons, et les mêmes événements graves, les mêmes personnages considérables, les mêmes époques y doivent attirer l'attention. Je me hâte d'ajouter que, cette année, les tendances des jurys paraissent avoir été sensiblement différentes. Toutefois, les deux rapports posent, à ce propos, une série de questions, qu'il n'est ni sans intérêt ni sans profit d'examiner.

II

Le lycée de jeunes filles n'est ni un pensionnat ni un couvent. L'enseignement qui s'y donne doit différer, s'il veut avoir sa raison d'être, du système d'éducation pour les demoiselles traditionnellement appliqué, à quelques variantes près, dans ces deux sortes d'établissements. Il faut que cet enseignement soit, à tout le moins, plus sérieux, plus substantiel, plus méthodique. Dès lors, quelle idée doit-on se faire des qualités qui conviennent aux maîtresses appelées à le donner? Qu'est-il juste d'exiger des aspirantes aux grades?

Considérons les épreuves qui ouvrent l'accès du professorat aux jeunes gens. Que demandent les jurys de licence ou d'agrégation? D'abord, que le candidat ait fait des études solides, qu'il ait bien préparé un programme déterminé, et qu'il possède, en outre, un fonds de connaissances générales précises et coordonnées. Pour enseigner, il faut commencer par savoir. Mais savoir ne suffit pas : bien savoir est de rigueur. Tel érudit de profession ferait un maître déplorable : il sait beaucoup, il ne sait pas bien. Aussi les jurys cherchent-ils à s'assurer si le candidat, même instruit, a l'intelligence nette et juste, le jugement droit et ferme, le sens de la méthode. Sans ces qualités, on n'est pas un professeur. Si une originalité de bon aloi et quelque talent s'y ajoutent, les juges sont charmés. Mais ni l'originalité, ni le talent, ni l'étendue des connaissances n'importent le plus. Les qualités foncières de l'esprit, et la méthode passent avant tout. Ce point accordé, demandons-nous quelles doivent être les principales aptitudes d'une jeune fille chargée d'enseigner?

Tout esprit non prévenu répondra immédiatement que les mêmes aptitudes font le professeur femme, et le professeur homme. Qu'il s'adresse à des filles, qu'il s'adresse à des garçons, le maître remplit toujours même office : il doit instruire ses élèves, et premièrement les former. Des deux parties de sa tâche, celle-là est la principale. Avant de faire des bacheliers, ou des diplômées de l'Hôtel de Ville, il faut faire de bons esprits. Or, il n'y a pas deux façons d'y travailler, l'une pour les garçons, l'autre pour les filles. La femme devient sensée et judicieuse par les mêmes moyens que l'homme. Quand elle l'est autant que lui, elle l'est comme lui. N'est-il pas évident, dès lors, que les qualités qu'on prise le plus, chez un professeur homme, seront aussi celles dont on devra tenir le plus de compte, chez un professeur femme?

Eh quoi! dira-t-on, il n'y a aucune différence? Nos filles seront jugées comme si elles étaient des garçons? Pour ne pas s'exposer à *féminiser* l'enseignement nouveau, on violentera la nature de la femme? Nullement, et je demande qu'on prenne la peine de m'entendre. Sans souhaiter le moins du monde que l'enseignement secondaire des jeunes filles ressemble à celui des jeunes gens, tout en regrettant même qu'il l'ait trop copié, dès l'origine, dans son organisation et dans ses programmes, je suis frappé de ce fait : que les deux enseignements doivent être donnés suivant les mêmes règles, et qu'une jeune fille ne fera un bon professeur qu'à la condition de s'appuyer à ces règles.

Autre chose est le programme, la matière d'un enseignement, autre chose l'esprit qui l'anime, la méthode. Qu'on demande aux jeunes filles de mettre en lumière, devant leurs élèves, sur certaines questions, des points différents de ceux qu'un professeur homme traitera devant les siens : à la condition que le départ soit judicieux, c'est pour le mieux. Mais qu'on ne leur demande pas de donner autrement des leçons, dont le sujet peut,

d'ailleurs, être autre. La méthode n'a pas de sexe. Que
l'élève porte une veste ou une jupe, il n'y a pas deux
procédés distincts pour l'intéresser à la littérature, à
l'histoire, aux sciences, pour cultiver l'intelligence, pour
élever l'âme. Il n'y en a qu'un seul, qui est le bon, et
que le maître, homme ou femme, doit manier, s'il veut
réussir dans sa tâche.

Du principe, il est aisé de descendre à l'application.
Les jurys d'examen reconnaissent que la préparation
des candidates est solide et sérieuse, que la méthode
est généralement bonne. Mais ils regrettent parfois
quelque sécheresse, et comme un excès de surveillance
sur soi-même, pour s'interdire tout mouvement trop
libre de la parole ou de la plume. Le reproche peut être
mérité. N'y aurait-il pas quelque inconvénient à y
trop insister? Sans doute, l'éclat, la grâce de l'imagination ne gâtent jamais les dons naturels auxquels
ils s'ajoutent. On est heureux de les trouver chez un
homme; à plus forte raison doit-on tenir à les rencontrer chez une femme. Qu'on s'attende même à les y
rencontrer, qu'on soit surpris, voire un peu désappointé,
quand on ne les y rencontre pas, cela se comprend fort
bien. Encore est-il vrai que c'est là le luxe, plutôt que
le nécessaire du professeur, et que la justesse, la recti-
tude, passent en première ligne. Voilà les qualités émi-
nentes, les vertus intellectuelles du maître.

Comme beaucoup de vertus, elles confinent à certains
défauts. L'extrême précision risque de verser dans la
sécheresse; la solidité n'est pas toujours élégante; trop
de méthode nuit aux caprices aimables du discours ou
du style. Signalons ces écueils, mettons les candidates
en garde contre le danger qu'il y a toujours à vouloir
trop bien faire. Mais craignons surtout de déprécier les
vertus, en répétant qu'elles tiennent de près aux vices.
L'idéal sera toujours la femme qui reste femme, en deve-

nant institutrice, qui, selon un mot charmant, *sait ignorer* les choses mêmes qu'elle *sait*. Mais il faut compter avec la réalité, qui exige parfois quelques sacrifices sur l'idéal rêvé. Quand on songe à ce qu'est demeuré si longtemps parmi nous l'enseignement des femmes, combien il était, combien il est encore vide, superficiel, faux, malsain, on se dit qu'après tout, s'il fallait renoncer (hypothèse d'ailleurs parfaitement gratuite) à trouver une juste mesure, et un heureux équilibre entre le solide et l'agréable, mieux vaudrait encore céder sur l'agréable, et tenir au solide. Qu'on y veuille bien réfléchir : l'avenir du nouvel enseignement dépend de l'idée que les candidates, les jurys et le public se feront à ce sujet.

Novembre 1884.

La surcharge des programmes et le surmenage.

Un échange d'idées fort intéressant vient d'avoir lieu au Sénat entre M. Bardoux et M. Berthelot, ministre de l'Instruction publique. Il s'agissait des programmes de l'enseignement secondaire, que tout le monde s'accorde à regarder comme excessifs. On a déjà diminué les heures de classes dans les lycées; mais les matières de l'enseignement restent à peu près les mêmes. L'excès est encore plus sensible dans l'éducation des filles. A voir tout ce qu'on leur enseigne dans leurs lycées, les questions qu'on leur pose aux examens, on se demande à quelle vocation on les prépare? La discussion qui a eu lieu sur ce point a montré que tout le monde est du même avis. M. Berthelot a parlé des programmes exactement comme M. Bardoux, et il a déclaré qu'il travaillerait à les réformer.

On ne peut que louer et encourager cette bonne résolution. Nos enfants sont surmenés aux écoles, et ce surmenage, dont les maîtres se plaignent presque aussi vivement que les pères de famille, ne compromet guère moins leur développement intellectuel, que leur santé physique. Le ministre qui guérirait notre enseignement secondaire de ce mal profond serait sûr de faire une œuvre patriotique, et de recueillir l'applaudissement universel. Mais peut-être le public se fait-il illusion sur la facilité du remède.

Sous la question pédagogique, il y a là une question sociale. L'excès que l'on dénonce est l'effet d'une loi générale, dont les règlements universitaires auront difficilement raison. Prenons l'instruction des jeunes filles, qui s'est développée la dernière. A peine des maisons ou écoles de diverses sortes leur ont-elles été ouvertes, ce fut comme un flot d'écolières qui les envahit. On a si longtemps répété que l'instruction mène à tout, que les familles l'ont cru, et que les jeunes filles, à qui la société française offre si peu d'emplois ou de positions, se sont précipitées dans cette voie.

L'envahissement des écoles a amené un surcroît d'aspirantes aux places dont l'administration dispose. On rappelait dernièrement qu'il y avait en France, à l'heure actuelle, plus de 17 000 jeunes filles sollicitant un emploi d'institutrice. Le brevet supérieur ne suffit pas pour assurer cet emploi. Partout, il y a encombrement et pléthore. L'administration n'a plus assez de places dans ses collèges pour en donner, même aux licenciés ès lettres ou ès sciences. C'est cette concurrence et ce trop-plein qui fatalement amènent le surmenage que nous déplorons. On multiplie les examens, on en élève le niveau, on élargit les programmes, parce qu'on y voit des barrières qui peuvent diminuer le nombre des postulants, en rendant les conditions du succès plus difficiles. Ainsi, par cette loi d'ironie, qui se manifeste trop souvent dans le cours des choses humaines, le bien engendre le mal, et tous les remèdes qu'on imagine ensuite pour y parer créent un mal pire encore.

Il ne faut pas s'étonner que le surmenage des enfants dans les écoles préoccupe le législateur. Il y a là un véritable danger pour la vigueur de la race française dans l'avenir. On ne saurait y prêter trop d'attention. Je doute seulement qu'un arrêté ministériel, ou même le travail d'une commission, puisse améliorer sérieusement une situation créée tout entière par la fatalité de la concurrence. On est trop disposé, chez nous, à considérer les fonctions de l'État comme la récompense forcée des bonnes études, en sorte que celui qui fait de bonnes études, et n'a pas une place en rapport avec ses études, se plaint de son insuccès comme d'une injustice. Tant que la sélection universitaire ne donnait qu'un nombre de sujets à peu près égal aux besoins des administrations, les choses allaient toutes seules. Il n'en est plus de même. Que le public s'habitue de plus en plus à penser que l'instruction est un privilège, qui ne donne pas nécessairement du pain.

Février 1887.

Le but de l'enseignement secondaire des filles.

On vient de parler excellemment de l'enseignement secondaire des filles [1]. M. Gréard, se plaçant au point de vue technique, a indiqué avec l'autorité qui lui appartient, et la délicatesse de touche qu'il apporte à tout ce qu'il dit, les modifications qu'il y aurait lieu de faire subir aux programmes de cet enseignement. Dernier-né de l'Université, il a été comblé, à son berceau, de dons et de largesses. Chacun de ses aînés est venu lui offrir ce qu'il avait de meilleur. De là, quelque encombrement, et quelque excès. On devra, pour ramener les programmes à de plus justes proportions, retrancher sur tout ce qui, dans l'ordre littéraire, n'est qu'érudition pure, et imposer aux sciences quelques sacrifices. Il n'est que temps d'opérer ces retranchements, et le succès même des nouveaux lycées y oblige. Malgré des obstacles et des préventions de toute sorte, le succès est, en effet, venu, rapide et décisif. Il croîtra, pour peu que l'on défère à de justes critiques, et que, renonçant à modeler le lycée de jeunes filles sur le lycée de garçons, on fasse du premier quelque chose de neuf et d'original, qui puisse servir ensuite à réformer le second.

Le ministre de l'Instruction publique, qui a pris la parole après M. Gréard, s'est placé au point de vue social et politique, et il a défini, en homme d'État et en penseur, le rôle du nouvel enseignement dans la société moderne. Quel est ce rôle? Former des femmes savantes? L'espèce en a été à jamais condamnée, le jour où s'est

1. A l'inauguration du lycée Racine.

élevé sur la scène française le formidable éclat de rire qui dure encore. Former des femmes résolues à revendiquer, au nom d'une prétendue identité de nature, des droits identiques à ceux des hommes? Pas davantage. Il s'agit uniquement de faire des femmes vraiment femmes, par toutes les qualités attrayantes et gracieuses qui leur sont propres, mais douées d'une raison ferme, et en cela, mais en cela, seulement, viriles. M. Spuller a cité, à ce propos, un mot de Gœthe qui est très beau : « On reconnaît une femme de mérite à ce signe, que si son mari venait à disparaître, elle pourrait devenir le père de ses enfants. » Qu'est-ce à dire, sinon que la femme, tout en gardant à côté de l'homme la place que la nature lui destine, doit être capable, si les circonstances lui en imposent la dure obligation, d'agir comme l'homme sait agir, de vouloir comme l'homme sait vouloir? Qu'elle se forme donc une réserve de résolution et de courage qui, dans le cours d'une vie heureuse, n'a pas à se dépenser, mais qui doit être prête, et en quelque sorte à la main, pour le jour où il deviendra nécessaire d'y recourir. C'est dans cet esprit que les créateurs de l'enseignement secondaire des filles ont conçu l'œuvre à laquelle ils dévouaient léurs efforts. C'est de cet esprit que les maîtres qui le distribuent doivent s'inspirer.

Qu'on ne s'y trompe pas, d'ailleurs. Rien de plus considérable n'a été fait en ce siècle, et il est impossible de prévoir, dès à présent, tous les résultats de cette entreprise. On peut marquer le but que l'on vise, tracer les limites dans lesquelles on entend s'enfermer. Quant à dire, avec certitude, ce qui sortira de là, nul n'y saurait prétendre. La femme, cet éternel objet de surprises, nous en réserve peut-être beaucoup de nouvelles, quant à la puissance de ses facultés. N'était-il pas d'une vérité courante jusqu'ici que les études littéraires seules lui convenaient, et que la science n'était pas faite pour elle? Or, on ouvre une grande École, notre École normale de Sèvres, où se préparent à la fois des professeurs de sciences et des professeurs de lettres, et l'on est tout surpris de constater que quelques-unes des jeunes filles les plus distinguées d'esprit choisissent l'étude des sciences, de préférence à celle des lettres; plus surpris encore d'apprendre qu'elles y réussissent à merveille, et qu'elles font des mathématiciennes, des chimistes, des naturalistes tout à fait remarquables. Encore une opinion toute faite à changer; encore un préjugé à répudier. Qui pourrait jurer que ce sera le dernier?

Mais, sans chercher à lire dans l'avénir, le plus sage est de s'en tenir, pour le moment, à quelques principes très simples, très nets; et de laisser vivre l'enseignement nouveau, comme l'a dit M. Gréard, « modestement et sûrement ». Ce sera pour notre temps un grand honneur de l'avoir créé; d'en avoir posé les bases avec une telle solidité; d'en avoir fixé la direction avec une telle sûreté de coup d'œil.

Octobre 1887.

La réforme du concours d'agrégation.

Parmi les projets d'arrêtés soumis au conseil supérieur de l'Instruction publique pour sa prochaine session, il en est un qui modifie l'agrégation de l'enseignement secondaire des jeunes filles. Le ministre se propose de diviser l'agrégation des sciences, l'agrégation des lettres, chacune en deux sections : section littéraire proprement dite, et section historique; section des sciences mathématiques, et section des sciences physiques et naturelles. Après deux épreuves écrites communes — morale, langues vivantes — les candidates à la section littéraire n'auraient plus qu'à composer sur un sujet de littérature, les candidates à la section historique, sur un sujet d'histoire. Et de même à l'oral : une épreuve commune de langues vivantes, après quoi, des épreuves spéciales pour chaque section. Un régime analogue est fait aux scientifiques. Tout ce que je vais dire à propos de l'agrégation des lettres s'applique — *mutatis mutandis* — à celle des sciences.

En réalité, on crée, sans le dire nettement, quatre agrégations, au lieu de deux qui existaient jusqu'ici. Au point de départ de cette « réforme » se trouvent, j'ai hâte de le dire, une observation exacte et un sentiment louable. L'agrégation se passe une année après le certificat d'aptitude. On a remarqué que les aspirantes ont, en général, plus de fraîcheur d'esprit, et disposent mieux de tous leurs moyens au premier concours qu'au second. Certaines épreuves du certificat sont parfois supérieures aux épreuves analogues de l'agrégation. D'où il est permis de conclure que la préparation à l'agrégation est trop lourde. On a donc cherché à alléger le fardeau, et l'on a bien fait. Mais a-t-on pris le bon moyen? Je ne le pense pas, et je vais dire pourquoi. Non que je me flatte d'y voir plus clair que tous les hommes compétents dont on a pris l'avis, mais chacun a son point de vue. De celui où je me place, on discerne les inconvénients, les périls même : c'est une obligation de conscience que de les signaler.

Je résume d'abord ma critique d'un mot : le nouveau système, sans conduire nécessairement au résultat désiré, introduit dans l'enseignement secondaire des jeunes filles la spécialisation, qui s'y développera et qui en altérera bientôt le caractère, au grand détriment de la valeur pédagogique de cet enseignement, et au grand préjudice de l'idée sociale qui en a inspiré les fonda-

teurs. Voilà ce qu'il s'agit de démontrer, aussi rapidement que possible, en s'excusant à la fois du détail
dans lequel il faudra entrer, et des trop nombreux
éléments de discussion qu'il faudra sacrifier.

Il n'est pas sûr — tant s'en faut — que la « réforme »
allège le travail des candidates. Si, en effet, les jeunes
filles qui se destinent à la section historique de l'agrégation des lettres sont dispensées, pendant un an, de
travailler la littérature et la grammaire, les nécessités
d'une lutte plus âpre, entre concurrentes mieux préparées, les conduiront à donner à l'histoire non seulement
la somme de labeur que leurs devancières partageaient
entre l'histoire et les autres facultés, mais peut-être.
probablement même, une somme de travail supérieure.
Pour admettre le contraire, il faudrait pouvoir soutenir
que dans un concours — je ne dis pas un examen — un
programme plus concentré exige moins d'efforts qu'un
programme diffus. Or, l'expérience dépose contre cette
opinion. Toutefois, il y a dans cette objection une part
de conjecture, d'hypothèse; et s'ils n'en avaient pas
d'autres à présenter, les adversaires du projet pourraient bien hocher la tête en signe de doute : ils ne
seraient pas autorisés à exprimer leurs craintes.

On introduit la spécialisation dans l'enseignement
secondaire des filles. Nul moyen de contester ce point,
malgré la précaution, tout extérieure, qui consiste à ne
pas parler encore d'une agrégation d'histoire, d'une agrégation de mathématiques. Il n'y en aura pas moins,
désormais, à l'école de Sèvres, et partout où l'agrégation se prépare, des jeunes filles qui, durant une année,
ne feront que de l'histoire, que des mathématiques.
Est-ce désirable?

Je sais que l'on a parlé de vocations qu'il ne faut pas
contrarier. Toute vocation est digne de respect. Je ne
voudrais pour rien au monde parler légèrement de celle

de ces jeunes filles dont je sais, pour les avoir vues à
l'œuvre, l'ardeur extraordinaire, l'élan souvent irrépres-
sible. Mais n'est-il pas temps, pour une personne qui a
la « vocation » de l'histoire, de se consacrer à quelques
recherches historiques, une fois l'agrégation passée?
N'est-ce pas lui rendre service, que de favoriser le développement général de son esprit, en exigeant d'elle, à
l'agrégation, la preuve de ressources et d'études multiples? On répliquera que le certificat d'aptitude suppose
une instruction générale, dont le bénéfice subsistera
pendant l'année préparatoire à l'agrégation, et même
au delà. Quiconque connaît la manière de travailler des
jeunes filles sait qu'elles se donnent avec impétuosité,
d'une façon exclusive, à la tâche du moment, et que tout
le reste disparaît à leurs yeux. Le lendemain du jour où
elles auront passé leur certificat, les « historiennes » ne
connaîtront plus que l'histoire. Et leurs maîtres eux-
mêmes ne pourront pas les engager à entretenir la culture générale, sans courir le risque d'aggraver le surmenage contre lequel ils cherchent à réagir.

Si encore la spécialisation ne devait se produire que
durant la dernière année de travail! Mais non : du
moment où l'on pourra devenir agrégée avec une composition d'histoire, il se trouvera des jeunes filles qui,
dès avant le certificat, travailleront exclusivement l'histoire. Et il est fort possible que cela leur réussisse,
car à supposer que le jury du certificat, justement
préoccupé de maintenir à un bon niveau la culture
générale, dont cet examen sera désormais la seule cau-
tion, écarte une candidate très forte en histoire, médiocre
ou faible pour le reste; les professeurs d'histoire, non
moins justement préoccupés de ne pas perdre une élève
de choix, exigeront, obtiendront bientôt que le certificat lui-même soit subdivisé, section des lettres, section d'histoire — à l'exemple de la licence. Ainsi, ou le

jury du certificat laissera passer des candidates déjà officieusement spécialisées; ou le certificat lui-même sera, plus ou moins vite, officiellement spécialisé. Ce n'est là, je le sais, qu'un raisonnement par analogie, tiré du spectacle des choses humaines en général, et des choses pédagogiques en particulier. Mais presque toutes les prévisions que l'on fait dans ce que la vieille logique de Port-Royal appelle « la vie civile » ne sont-elles pas fondées sur ces raisonnements?

Ce n'est pas tout encore. La spécialisation étendra plus loin ses effets. Les candidates à Sèvres se diront qu'avec une composition d'histoire exceptionnelle, elles franchiront les portes de l'École, leurs autres épreuves fussent-elles médiocres. Peut-être n'auront-elles pas tort, au point de vue de leurs intérêts immédiats, de faire ce calcul. Peut-être aussi les maîtres, qui contribueront à leur ouvrir les portes de l'École, auront-ils raison, car une faculté éminente, une promesse de talent, c'est beaucoup. Laissons de côté, d'ailleurs, la question de savoir si le calcul réussira : toujours est-il que beau-coup s'y livreront. On verra donc les aspirantes à Sèvres se spécialiser de bonne heure. On verra même dans les collèges, sous l'action des maîtresses spéciales d'his-toire, ou de mathématiques, passionnées pour leur science, des jeunes filles, des petites filles « se spécia-liser » à leur tour. Ne sait-on pas que l'élément affectif joue un rôle énorme dans l'éducation des filles, et que le goût d'une élève pour l'histoire, ou la grammaire, ou toute autre étude est fait, le plus souvent, de sa prédi-lection pour la maîtresse qui l'enseigne? D'un bout à l'autre de l'échelle, la spécialisation fera son œuvre, et quelle œuvre!

Quand on a créé l'enseignement secondaire des filles, les maîtres les plus éminents se sont attachés à le défendre contre les préventions dont il était l'objet, en

montrant qu'il ne tenait point à faire des femmes
savantes, encore moins des pédantes. Ni érudit, ni utilitaire, mais esthétique et largement humain, approprié
au caractère féminin, conforme au génie français, tout
de discrétion et de mesure, cet enseignement devait agir
sur l'âme de la femme française, et, par elle, sur l'âme
même de la France. Je n'en dis pas davantage : odieuse,
dès qu'elle devient un thème à déclamations, cette idée,
si elle s'exprime discrètement, ne manque ni de justesse, ni même de grandeur. Comment ne craignez-vous
pas que la spécialisation, en s'y installant, n'altère d'une
manière sensible la physionomie de l'enseignement des
filles, et ne supprime à jamais tout espoir de conquérir
à cet enseignement la clientèle que nous souhaiterions
tant d'y gagner? Et alors, que reste-t-il de ce rêve généreux et libéral?

Sans doute, aucune des conséquences ne se produira
du jour au lendemain, même si le conseil supérieur
adopte l'arrêté qu'on lui propose. Mais le système qui
consiste à traiter un mal, d'ailleurs certain, par un
remède suspect, et à créer des difficultés d'avenir
pour échapper à celles du présent, est-il meilleur en
pédagogie qu'en politique? On dira que c'est là prévoir
les malheurs de bien loin. Il vaut mieux s'inquiéter prématurément, que s'abandonner à une quiétude pleine de
pièges et de dangers. On dira encore qu'il faut avoir
l'humeur bien chagrine, pour critiquer toujours. La
faute en est-elle à celui qui critique, ou aux choses qui
sont critiquables? On dira enfin que l'auteur de ces
diverses objections s'attache à une certaine idée qu'il
s'est faite de l'enseignement secondaire des jeunes
filles, plutôt qu'il ne considère la réalité elle-même. Mais
que faisons-nous tous, en toute circonstance, lorsque
nous défendons une opinion, une mesure, une institution, sinon nous attacher à notre idée des choses?

Peut-on sortir de soi et de sa pensée? Et n'est-ce pas, d'autre part, notre pensée qui pénètre la réalité, s'y imprime, et la fait être, dans une large mesure, ce que nous souhaitons qu'elle soit?

Pour s'exposer à porter, sans le vouloir, un coup sensible à l'enseignement secondaire des jeunes filles, il suffit précisément de perdre de vue, un moment, cette dépendance inexorable ou la théorie tient toute pratique.

Juillet 1894.

Les professeurs femmes dans les lycées
de garçons.

On aura sans doute remarqué, dans le rapport que M. Gréard vient de soumettre au conseil académique sur le mouvement de la population scolaire dans les lycées de la Seine, un détail frappant. L'effectif des classes enfantines et primaires, dans ces établissements, est en hausse sensible. Or, le vice-recteur de l'Académie de Paris attribue ce progrès à la substitution, dans ces classes, des institutrices aux instituteurs.

Les raisons qui justifient l'explication proposée par M. Gréard s'aperçoivent aisément. Quel maître est plus propre qu'une femme à diriger les premiers efforts de l'enfance? Et combien les mères ne se sentent-elles pas, si l'on peut dire, en sécurité, lorsqu'elles savent que les débuts de leur fils, au collège, seront confiés à des femmes? On ne peut qu'approuver la mesure libérale et heureuse qui a ouvert aux institutrices, dont un si grand nombre est en peine de tirer parti de ses diplômes, ce débouché nouveau. Mais il y aurait encore, selon nous, mieux à faire dans le même ordre d'idées. Ce ne sont pas seulement les classes enfantines et primaires, ce sont les classes élémentaires — ou une partie des classes élémentaires — de nos collèges qui pourraient, sans aucun inconvénient, avec tout avantage, être remises aux mains des femmes.

Nul ne trouverait extraordinaire que jusqu'à l'âge de dix ans, par exemple, sinon même un peu plus tard, les petits collégiens fussent ainsi élevés. Notez que l'enseignement public, en adoptant ce système, ne ferait que se rapprocher des modes d'éducation privée les plus en faveur aujourd'hui, auprès des familles qui attachent une sérieuse importance à cette question si grave et si délicate. Il n'est pas rare que jusqu'à cet âge moyen de dix ans, les petits garçons soient instruits par des maîtresses, soit dans les différents cours qui existent à Paris et dans certaines villes, soit à la maison même. Et les résultats sont — nous parlons ici d'après d'assez nombreuses expériences — excellents. Pourquoi ce qui réussit si bien, dans l'éducation privée, ne réussirait-il pas de même, dans l'éducation publique?

En revanche, l'enseignement secondaire des jeunes filles pourrait faire d'utiles emprunts au personnel des lycées de garçons. Si les femmes sont on ne peut mieux préparées à élever et à instruire les petits enfants, les professeurs hommes sont beaucoup plus capables que les femmes — sauf exceptions, et nous en ferons autant qu'il faudra pour ne désobliger personne — de donner les parties élevées de l'enseignement, dans les lycées et les collèges de jeunes filles.

L'uniformité est une belle chose; mais l'art de profiter des aptitudes naturelles, et de les accommoder à la diversité des tâches, en est une plus belle encore. J'admire autant qu'il faut ce collège de garçons où tout, même l'abécédaire, est aux mains d'un monsieur très imposant; et ce collège de filles où tout, même les parties les plus hautes de l'histoire, ou de la littérature, ou de la morale, est aux mains d'une jeune fille, fraîche émoulue de quelque examen, et qui aura, d'ailleurs, besoin de longs mois pour se remettre de la courbature intellectuelle attrapée à cet exercice. Mais j'admirerais beaucoup plus encore le collège de garçons où la première initiation au travail, toujours si morose, serait égayée et comme attendrie par la voix, les manières, le sourire, la douce gronderie d'une maîtresse, qui, souvent mère elle-même, trouverait vite et sûrement le chemin par où l'on accède aux âmes enfantines. Et j'admirerais aussi le collège de filles où les dons propres à un professeur homme, l'autorité, la tournure synthétique de l'esprit, l'expérience même de la vie, trouveraient utilement à s'employer pour achever une éducation commencée, et même, cela va sans dire, poussée assez loin par des professeurs femmes.

Décembre 1894.

UNE PÉRIODE DE STAGNATION

Les projets de M. Goblet.

M. Goblet a prononcé à Bordeaux un grand discours
qui renferme, avec un résumé complet des services
rendus depuis quinze ans à la cause de l'instruction
publique par le gouvernement républicain, la promesse
de réformes nouvelles dans l'enseignement secondaire,
et des vues aussi justes qu'élevées sur le rôle de l'enseignement supérieur. Le ministre a rappelé d'abord tous
les efforts tentés, avec le concours des municipalités et
des départements, pour créer des installations dignes
de la science, et des maîtres qui la font ou qui la pro-
pagent. Le palais des Facultés de Bordeaux suffirait à
attester ces efforts. Mais, grâce aux nouveaux crédits
votés l'année dernière par les Chambres, et au louable
empressement des conseils municipaux et généraux,
d'autres villes de province seront bientôt en possession
d'édifices semblables. A Pàris, la Sorbonne, agrandie
et transformée, offrira à ses professeurs un asile moins
meurtrier que le laboratoire inavouable où un Claude
Bernard a contracté le germe du mal qui l'emportait
naguère. Dépenses fécondes entre toutes, qui ne profitent
pas seulement à la science et aux savants, qui profitent
directement à la patrie elle-même, soit en nous per-

mettant de soutenir la comparaison avec les pays voisins, soit en inspirant aux jeunes générations une plus juste idée de l'importance sociale des hautes études, et un plus vif désir de s'y consacrer.

Mais ce ne sont pas seulement les conditions matérielles, c'est aussi la situation morale de l'enseignement qui a préoccupé les différents ministres de l'Instruction publique, et le décret récent qui réorganise les Facultés en fait foi. M. Goblet, en rappelant ce décret, a très justement répondu aux critiques qui lui ont été adressées dès le début, soit par certains universitaires, soit par la presse. On a taxé la réforme de timidité, parce que le ministre n'allait pas du premier coup jusqu'au bout, et ne créait pas instantanément les grandes Universités, réclamées par tant de bons esprits et de juges compétents. Mais comme on eût protesté, a dit très justement M. Goblet, si la réforme eût été plus radicale! Comme on eût accusé ses auteurs de précipitation et de témérité! Le mieux n'était-il pas de préparer la voie, de donner aux Facultés, par l'usage qu'elles vont faire de leurs prérogatives, le moyen de prouver qu'elles en méritent d'autres; de les appeler ainsi à collaborer à leur propre transformation, au lieu de la leur imposer, par un acte d'autorité gouvernementale?

Mais la partie la plus intéressante du discours de M. Goblet est, sans contredit, celle où, passant à l'enseignement secondaire, il a constaté qu'il restait beaucoup à faire de ce côté, et annoncé que toute la sollicitude de l'administration s'y portait en ce moment même. Tout en déclarant qu'il n'entendait nullement amoindrir les études classiques, pour toute cette partie de la jeunesse qui se destine aux professions dont elles sont la préparation nécessaire, le ministre s'est dit prêt à fonder « un enseignement classique français », destiné à la majorité des élèves, à tous ceux « qui, sans avoir le temps ou le goût d'étudier utilement le grec et le latin, souhaitent cependant d'acquérir une instruction solide et étendue, une éducation vraiment libérale, et prétendent devenir capables à la fois de goûter les jouissances les plus délicates de l'intelligence, et d'aborder plus vite, avec plus de préparation et de compétence, les carrières diverses ouvertes à l'activité des générations nouvelles ».

Cette solution du problème de l'enseignement secondaire, qui consiste non pas à décapiter les études classiques, ni à faire passer toute la jeunesse sous un même niveau, mis de plus en plus à la portée des moins capables, mais à créer des types divers de lycées, vivant et se développant les uns à côté des autres, offrant aux familles, selon leurs situations et leurs vues d'avenir, le choix entre des programmes différents; cette solution, qui est la seule pratique, la seule libérale, et que j'ai maintes fois préconisée, n'avait pas encore reçu la consécration officielle que lui donnent à présent les paroles de M. Goblet. Sans doute, M. Gréard l'avait déjà proposée dans l'un de ces rapports qu'il présente chaque année au conseil académique. Mais c'était une vue personnelle, émise avec l'autorité qui s'attache à tout ce qu'écrit le recteur de l'Académie de Paris, n'engageant que lui, pourtant, et livrée, comme tant d'autres, à la controverse et au choc des systèmes. Il est évident aujourd'hui que le ministre s'y est rangé, qu'il l'a faite sienne, et l'on doit applaudir à cette décision. Non seulement elle est la seule qui satisfasse à toutes les légitimes exigences des familles et de l'opinion, mais elle aura, en outre, comme l'a fait remarquer M. Goblet, l'avantage d'ouvrir un débouché à tous les jeunes maîtres qui se forment auprès des Facultés, grâce aux bourses de licence, et qui sont aujourd'hui si nombreux, qu'il devient difficile de les caser dans les cadres actuels. L'enseignement classique français aura bien vite apporté un remède à ce mal.

Il y a trop à prendre et à louer dans le discours de M. Goblet pour qu'on puisse se flatter de n'en rien omettre. Notons cependant une péroraison éloquente sur l'utilité des études désintéressées. Les Facultés des sciences et des lettres, a dit excellemment l'orateur, ne sont pas, ne doivent pas être simplement des écoles préparatoires, mais des centres de recherches scientifiques, de libre culture intellectuelle. Que les jeunes gens y viennent donc, moins pour conquérir des diplômes qui leur ouvrent une carrière, que pour y chercher un complément utile aux études antérieures, un élargissement général de l'esprit, et comme une nouvelle et plus lointaine perspective d'idées. Sortant des limites étroites de sa spécialité, que l'étudiant en droit ou en médecine vienne fraterniser avec le futur savant, et le futur professeur de lycée. Quoi de meilleur pour chacun d'eux? Quoi de plus propre à favoriser cette union des esprits, toujours si désirable, plus utile dans la France contemporaine que partout ailleurs, précisément parce qu'elle y manque davantage?

Janvier 1886.

La suppression des catégories de lycées.

Un décret [1], préparé de longue main, règle à nouveau
la situation des professeurs et des fonctionnaires de
tout ordre dans les lycées. Jusqu'ici, les lycées autres
que ceux de la Seine et de Seine-et-Oise étaient divisés
en trois catégories; le traitement du personnel dépen-
dait de la résidence. Désormais, il n'y aura plus de
catégories; les traitements seront indépendants de la
résidence, et attachés à la personne. C'est une réforme
plus importante qu'il ne peut sembler au premier
abord. Elle n'intéresse pas seulement le monde universitaire, mais aussi les familles, les villes, et elle aura
son effet sur l'enseignement lui-même. Comme toute
réforme, elle a des adversaires dont il faut écouter les
raisons.

Les inconvénients du système auquel ce décret met
fin sont faciles à discerner. Beaucoup de jeunes professeurs, dès leurs débuts dans la carrière, sont envoyés,
soit en raison de leurs aptitudes, soit grâce à de puissants appuis, dans de grands lycées. Le traitement
étant attaché à la résidence, ils se trouvent obtenir
ainsi, d'emblée, une situation beaucoup plus lucrative
que celle d'un très grand nombre de maîtres plus âgés,
et ayant rendu plus de services, mais que leurs conve-

1. Décret du 16 juillet 1887.

nances personnelles, ou les lenteurs de la justice administrative, retiennent dans des lycées de moindre importance. Il n'y a pas là seulement une inégalité choquante. Il y a, pour les professeurs les plus favorisés en apparence, un péril. Arrivés, du premier coup, à peu près au maximum du traitement qu'ils peuvent atteindre, ils n'ont plus devant eux cette perspective d'avancement régulier qui tient un fonctionnaire en haleine, et qui lui fait paraître le temps moins long. De là des impatiences ou des découragements, qui, à un moment donné, privent l'Université d'hommes dont elle pouvait beaucoup attendre. D'après le nouveau décret, tout fonctionnaire, quelle que soit sa résidence, débutera par la dernière des classes personnelles. Ainsi se trouvent supprimés et le danger, et l'inégalité.

A un point de vue plus élevé, l'ancienne organisation présentait encore un défaut capital. Il n'y avait d'avancement possible que par le passage d'un lycée d'une catégorie moindre à un lycée d'une catégorie supérieure. D'où, une incessante mobilité du personnel, dont les villes et les familles se plaignent à juste titre. Les succès mêmes qu'un professeur remportait dans un établissement devenaient la raison de son départ pour un autre, plus considérable. Les petits lycées en étaient réduits à servir soit de lieu de passage pour les jeunes maîtres, frais émoulus de leurs examens, soit d'asiles et comme de refuges pour les fonctionnaires incapables ou indignes d'avancement. Exception faite, bien entendu, pour quelques excellents maîtres, que des considérations de famille, ou d'autres convenances, fixaient une fois pour toutes dans une maison, dont ils devenaient l'ornement et l'honneur.

On n'aura plus besoin maintenant de changer de lycée pour recevoir l'avancement dû au talent et aux services. Il sera donné sur place, et il est hors de doute que nombre de fonctionnaires profiteront de cette disposition pour s'attacher à un lycée et à une ville. Que l'enseignement doive y gagner, que le prestige même des établissements de l'État doive s'en accroître, c'est ce qu'il est superflu de prouver. L'une des principales causes du succès des établissements ecclésiastiques n'est-elle pas que les familles en connaissent les maîtres, qui ne se déplacent guère, et entre les mains desquels passent souvent, de pères en fils, plusieurs générations d'élèves? Nos lycées participeront à cette stabilité, et ils s'en trouveront bien.

Les objections ne manquent pourtant pas. On peut faire remarquer, d'abord, que les grandes villes garderont pour beaucoup de fonctionnaires tout leur attrait, soit parce qu'elles sont plus agréables à habiter, soit parce qu'elles offrent plus de mouvement intellectuel, et plus de facilités de travail. Il ne faut pas demander aux professeurs de l'Université l'abnégation, l'oubli de soi-même, que certaines congrégations trouvent tout naturellement chez leurs membres. Ceux-ci ont fait vœu de renoncer à Satan et à ses pompes, tandis que ceux-là n'ont nullement juré de ne pas se faire un nom. Il serait donc assez chimérique de croire qu'on tuera chez les professeurs l'amour des grandes villes, et qu'à partir de la promulgation du décret, ils vont rester à leur poste actuel, comme des papillons fixés sur un bouchon de liège dans une boîte, attendant avec calme et sérénité les promotions de classe que l'administration leur octroiera à intervalles capricieux. Nul doute que l'on ne continue en général, dans l'Université, à préférer Marseille et Bordeaux à Pontivy et à Alençon, Paris à Bordeaux ou à Marseille. Pour les jeunes professeurs, cela est de toute évidence. Pour les hommes d'âge, mariés, pères de famille, c'est moins certain. Mais là même, il y a un risque à courir.

La vie matérielle dans une petite ville est évidemment beaucoup plus large, à traitement égal, que dans une grande. Il y aura, par conséquent, des professeurs, qui, mettant une certaine aisance au-dessus de toutes les autres considérations, fuiront nos principaux lycées. Ne sera-t-on pas réduit dès lors à peupler ceux-ci de jeunes gens auxquels l'expérience et la maturité pourront manquer? En sorte que la réforme, tout au profit des petits établissements, des centres de médiocre importance, tournerait en définitive contre les grands lycées? Et comme ce sont ces lycées-là qui se trouvent en évidence, comme c'est sur les résultats qu'ils donnent qu'on juge l'Université, on n'aurait remédié à un mal que pour en créer un autre.

Juillet 1887.

L'enseignement secondaire trouvera-t-il sa voie?

La direction de l'enseignement secondaire est vacante, en ce moment, par suite de la retraite de M. Zévort, qui, après avoir été durant de longues années, et sauf une interruption sous le ministère de M. Paul Bert, le collaborateur dévoué des différents ministres qui se sont succédé rue de Grenelle, se voit contraint par l'état de sa santé, à prendre un repos bien gagné.

L'administration de M. Zévort a été très remplie, surtout pendant les premières années. C'est lui qui a présidé à la revision des programmes, et dirigé la réforme de 1880, non sans se heurter à bien des obstacles, dont les principaux ont été le mauvais vouloir d'une partie du corps enseignant, et l'hostilité latente d'un certain nombre d'inspecteurs généraux. C'est lui qui a créé l'enseignement secondaire des jeunes filles, destiné à prendre chaque jour plus de développement. C'est encore lui qui, par une série de mesures très justes, mais mal accueillies en général dans l'Université, dont elles choquaient les préjugés, a relevé la situation des maîtres de l'enseignement spécial. C'est lui, enfin, qui, sous le ministère de M. Goblet, avait préparé un projet d'organisation de l'enseignement classique français [1], projet

1. Voir plus loin, p. 175 et suivantes.

incomplet, trop timide, à notre avis, mais qui avait le mérite d'attacher le grelot. On se souvient encore de l'accueil inexplicable que ce projet trouva auprès du conseil supérieur : il sortit de la discussion amoindri et décapité. M. Zévort, découragé probablement par cet échec, hésita, depuis lors, à prendre l'initiative hardie que réclame la situation actuelle des études secondaires, bien qu'il en sentît mieux que personne la nécessité.

Nous ne savons quel choix fera M. le ministre de l'Instruction publique pour ces importantes fonctions, mais nous voyons très nettement la tâche qui attend le nouveau directeur. C'est, qu'on ne s'y méprenne pas, une tâche ardue. L'enseignement secondaire traverse une crise. Tandis que les deux autres, le primaire et le supérieur, ont trouvé leur voie, il cherche la sienne. On ne s'en étonnera pas, si l'on songe à la complexité et à la gravité des questions que soulève l'organisation de cet enseignement, mais on reconnaîtra qu'il n'est que temps de se bien orienter. Les vieilles formules sont démodées, les vieux moules se brisent. Il faut à la société moderne autre chose que le plan d'études emprunté par Napoléon aux jésuites. Il faut aux générations nouvelles un autre régime que celui qu'on persiste à leur imposer, combinaison malsaine de la caserne et du couvent. Il faut enfin que notre temps, qui a su façonner à son usage l'art et la politique, la philosophie et la croyance, cesse de se traîner servilement sur les traces du passé pour l'éducation d'une grande partie de la jeunesse, et se crée un enseignement qui lui soit propre, où il se reconnaisse en quelque sorte lui-même, et où on le reconnaisse.

Non qu'il s'agisse de rompre absolument avec la tradition : elle a d'immenses avantages, et on doit en tenir grand compte. Mais il faut aller de l'avant, et donner à des besoins nouveaux la satisfaction qu'ils sont en droit d'exiger. Régime intérieur des lycées et des collèges, plan d'études, système des examens, tout cela est à reprendre et à remanier, non par retouches successives et incohérentes, mais, autant que possible, par une grande réforme organique, dont toutes les parties, bien liées et concertées entre elles, témoignent d'une vue d'ensemble pénétrante et à longue portée.

Ce n'est pas du jour au lendemain qu'une pareille tâche peut être menée à bien, et l'opinion fera certainement crédit au nouveau directeur de l'enseignement secondaire, à la condition qu'il entre aussitôt dans la voie que nous venons d'indiquer, et qu'il marque la volonté de tenter quelque chose. Les premiers points qui devront l'occuper seront évidemment la constitution de cet enseignement classique français, qui doit aboutir, qui aboutira, en dépit des alarmes et des criailleries des esprits routiniers; et la réorganisation parallèle de l'enseignement gréco-latin, qui ne saurait, sans courir les plus graves périls, demeurer dans l'état où on l'a mis.

Il serait difficile de tenter une réforme sérieuse des études, sans toucher du même coup au régime actuel des examens, qui pèsent sur tout le cours des classes, et en faussent la direction. Les difficultés seront d'ailleurs considérables, celles qui tiennent à la nature des choses, comme celles qui tiennent aux personnes. Mais nous en sommes à un point où la difficulté cesse d'être une excuse pour ne rien faire, et devient, au contraire, une raison décisive d'agir.

Octobre 1887.

Les élections au Conseil supérieur et la tâche du nouveau Conseil.

I

Le mandat des membres élus du conseil supérieur touche à son terme, et un récent arrêté fixe la date prochaine du scrutin. La période électorale est ouverte dès à présent. Mais pour qui connaît le tempérament de notre Université, la modestie sincère de la plupart des maîtres, leur peu de goût pour les démarches qui ont quelque air d'ambition, il est certain d'avance que cette période s'écoulera sans agitations. Au dernier moment, on apprendra que les représentants actuels du corps enseignant sollicitent le renouvellement de leur mandat, ou que quelque candidature nouvelle est posée. Et le jour du scrutin, un petit nombre, un trop petit nombre d'électeurs iront jeter leur bulletin dans l'urne. C'est ainsi, du moins, que les choses se sont passées aux élections dernières. Nous avions déploré alors la demi-indifférence dont les professeurs de l'enseignement secondaire avaient fait preuve. Nous la déplorerions bien davantage aujourd'hui, s'ils y persistaient, car la situation leur commande une tout autre attitude.

Il est trop évident, en effet, que la tâche du nouveau conseil supérieur sera de réorganiser cet ordre d'enseignement. De l'enseignement primaire et de l'enseignement supérieur, il n'y a pas à se préoccuper pour le moment. On a beaucoup fait en leur faveur; on a tant fait que le mieux est de laisser les mesures prises porter leurs fruits, et la construction se tasser. Si elle pêche par quelque endroit, on s'en apercevra plus aisément, et on y portera remède. Mais l'enseignement secondaire, je l'ai dit bien des fois, et l'occasion est bonne pour le redire, n'a pas encore trouvé sa voie. Impossible de regarder sa constitution actuelle comme définitive. D'une part les études grecques et latines affaiblies, moins par les modifications de programmes, que par l'application souvent peu consciencieuse des programmes nouveaux; d'autre part, l'ancien enseignement spécial remanié, mais maintenu en tutelle, et à qui l'on n'a pas osé donner, avec une organisation plus large et une méthode plus libérale, le nom qui lui revient d'enseignement classique français; les familles rendues hésitantes par l'incertitude même de l'Université; les classes de nos lycées encombrées d'élèves qui n'y profitent pas, et qui en sortent avec le dégoût du travail et le dédain de la culture intellectuelle; l'opinion publique, enfin, persuadée qu'une réforme est nécessaire, et qu'il faut sacrifier une partie des traditions sur lesquelles on vit pour sauver le reste, mais inquiète de ne trouver nulle part des vues arrêtées et une impulsion ferme : tel est, en somme, l'état de choses actuel. On conviendra qu'il laisse à désirer.

Aussi voudrait-on voir l'Université se remuer davantage, et faire des droits que la loi lui concède un usage plus actif. Pourquoi ne pas employer la période électorale à des discussions, à des réunions d'où sortiraient peut-être, en même temps que des candidatures heureusement choisies, des idées intéressantes, et qui, en tout cas, permettraient à toutes les opinions de s'exprimer, à toutes les tendances de se produire? Il ne m'appartient pas de dire à mes collègues ce qu'ils ont à faire. Mais qu'ils se persuadent bien que le public a les yeux sur eux, et qu'il s'étonnerait de les trouver passifs et comme indifférents dans des questions qui intéressent tout le monde, mais où ils sont, en définitive, les premiers intéressés.

Quant à l'administration, elle n'a pas cru devoir, au moins jusqu'ici, se prononcer, ni fournir une « platform » aux élections prochaines. C'est son droit, à la condition que cette abstention soit simplement de la réserve, et non pas un parti pris d'immobilité.

II

Les élections ont lieu après-demain, et un certain nombre de personnes, qui suivent avec une attention particulière les efforts que je fais pour les tenir au courant des choses de l'Université, s'étonnent que je n'aie encore rien dit des candidatures posées et des professions de foi publiées. La raison de ce silence est assez simple. Pour l'enseignement secondaire, qui me préoccupe par-dessus tout, parce qu'il est le seul à n'avoir pas encore trouvé sa voie, et à se traîner dans la période des tâtonnements, il n'y a pas grand'chose de nouveau à signaler.

En dehors de l'ordre des langues vivantes, où les candidats ne manquent pas, on ne voit guère surgir de compétitions, ni s'accuser de conflits d'idées. Presque tous les membres sortants du conseil se représentent. Il faut dire, à leur décharge, qu'ils ont commencé par faire mine de laisser le champ libre. Puis, après avoir un peu attendu, ne voyant pas paraître de champions, ils ont pris le parti de solliciter le renouvellement de leur mandat; non sans qu'il en coûtât quelque chose à leur modestie. A mon avis, les professeurs de l'enseignement secondaire ont perdu là une excellente occasion de faire acte d'initiative. Elle se retrouvera dans quatre ans. Souhaitons que les mœurs et l'état des esprits dans l'Université aient changé d'ici là.

Toutefois, une candidature nouvelle s'est produite, et dans des circonstances qui la rendent particulièrement intéressante. Un groupe d'agrégés des lettres a demandé à M. Ernest Dupuy, professeur de rhétorique au lycée Henri IV, de se mettre en avant. Et comme il est jeune, comme il a des idées auxquelles il tient, M. Dupuy s'est dévoué. Il a bravement rédigé une circulaire que je n'ai pas grand mérite à louer, car elle reproduit sur quelques points essentiels les idées que je défends depuis longues années.

M. Dupuy regrette l'abus des concours, qui n'indiquent jamais qu'avec une précision très relative la valeur des élèves et les résultats de leur travail. Je le regrette comme lui, et, soit dit en passant, je ne puis m'apitoyer, comme le font bien des gens, sur la suppression du concours général dans les classes de seconde ou de troisième. M. Dupuy déplore « les mœurs scolaires actuelles »; il réclame, en attendant qu'on puisse supprimer l'internat, des « palliatifs » à ses vices. On sait assez ce que nous pensons à ce sujet. M. Dupuy est d'avis qu'au lieu de chercher à restaurer les exercices condamnés en 1880, on fasse un peu plus de place « dans la journée de quinze heures de l'écolier » à la gymnastique, aux jeux, à tous les « sports virils » où se passionnent les jeunes Anglais. Et, ici encore, il me donne pleine satisfaction.

M. Dupuy n'a pas la superstition des programmes. Il ne pense pas que tout doive être réglé jusque dans les moindres minuties. Il croit à la nécessité d'une certaine indépendance, d'une certaine autonomie pour le maître. On nous a entendu maintes fois élever la même protestation, contre la tendance commune à toutes les administrations, mais plus marquée chez nous que partout ailleurs, à tout uniformiser, depuis le régime intérieur des lycées qui devraient pourtant, selon la région et le climat, différer entre eux; jusqu'aux exercices de chaque classe, dont le choix et la répartition proportionnelle devraient être laissés, dans une très large mesure, aux professeurs; jusqu'au plan d'étude lui-même, et au système total d'enseignement. Tout serait-il perdu, le jour où la jeunesse française cesserait d'être coulée dans un moule unique, un moule qui ne donne pas que des exemplaires de choix? Et Dieu sait ce que vaut le rebut!

C'est là, à vrai dire, la question capitale, et le candidat dont nous commentons la circulaire la traite en termes irréprochables. Sans nier la haute valeur de la culture gréco-latine, qui sera toujours nécessaire à certaines professions, qui seule est apte à produire le lettré, l'artiste en fait de style, le connaisseur en matière de goût, M. Dupuy pense qu'on peut, par le français seul, par les langues vivantes, façonner d'excellents esprits, et il verrait sans inquiétude, il verrait même avec satisfaction s'ouvrir, à côté des lycées réservés aux lettres anciennes, des lycées où les lettres modernes serviraient de substance à l'enseignement. On n'ignore pas que tel est aussi mon vœu. Je voudrais voir tenter, ne fût-ce au début que dans une maison, cette expérience qui n'a rien de chimérique ni d'effrayant, puisqu'elle séduit les esprits les plus tempérés, et les moins portés aux extrêmes. Il suffira de citer M. Gréard, qui s'est depuis si longtemps prononcé pour la multiplication des types de lycées.

La circulaire de M. Dupuy touche encore à bien d'autres points, que je ne puis examiner. Il en est un

où je suis plus révolutionnaire que lui : c'est le baccalauréat. Des correctifs, des amendements suffiraient à
M. Dupuy. J'estime, pour ma part, qu'on ne s'en tirera
pas à si bon compte, et qu'il n'y aura pas de vraie
réforme de l'enseignement secondaire, aussi longtemps
que le baccalauréat pèsera sur le cours des études. Le
baccalauréat, voilà l'ennemi! Telle est la formule de
toute vraie et hardie rénovation. Mais il ne faut pas
trop demander à un candidat, qui est obligé de compter
avec la moyenne des opinions de ses électeurs.

Le véritable intérêt de l'élection du 21 avril sera dans
l'accueil fait par les agrégés des lettres à cette candidature [1]. Si la majorité s'y rallie, elle aura donné un
gage très précieux à l'esprit réformiste. Mais, dans le
cas contraire, il ne faudra pas tirer de conclusions précipitées. Il restera vrai d'abord que les agrégés des
lettres ne sont pas tous les électeurs; ensuite, que les
électeurs au conseil supérieur ne sont pas tout le corps
enseignant; enfin, que les élections ne sont jamais
prises complètement au sérieux. Beaucoup s'abstien-
nent; beaucoup votent par camaraderie; bien peu sont
convaincus qu'en votant ils remplissent un devoir.
Indifférence ou scepticisme très blâmable.

Avril 1888.

On ne fera rien....

Le ministre de l'Instruction publique a ouvert hier la
première session du conseil supérieur, renouvelé en
partie par les récentes élections. Il a prononcé à cette
occasion un discours où ne manquent ni les idées
justes, ni les expression heureuses, notamment dans le

1. M. Ernest Dupuy ne fut pas élu.

passage relatif aux réformes de 1880 et au remaniement
de 1885, qui n'a pas été une œuvre de réaction. M. Lockroy a dit encore, avec raison, que là où le zèle et la
méthode n'ont pas manqué, le plan d'études de 1880 a
donné des résultats assez satisfaisants, et que partout où
il a paru échouer, c'est par le vice des hommes autant
que par celui de l'institution. Enfin, bien des membres
du conseil ont dû être agréablement surpris en entendant
le ministre affirmer, avec un accent très personnel, que
les programmes ne sont pas tout, que les méthodes
priment les programmes, et annoncer qu'une grande
commission allait prochainement être saisie de la question des méthodes. N'oublions pas non plus de relever,
dans ce discours, quelques mots sur l'importance singulière de l'éducation. Ils ont été accueillis avec un
applaudissement auquel s'associent tous les amis de
l'Université.

Ceci dit, il faut constater que le conseil supérieur ne
sera pas saisi, cette fois encore, d'un plan de réorganisation de l'enseignement secondaire, et cela est
fâcheux. Non pas que je tienne plus que de raison aux
discussions de principe. Non pas que je veuille tout
bouleverser dans l'Université, comme quelques personnes l'insinuent de temps à autre; ou que le régime
des révolutions perpétuelles, tempérées par les coups
d'État, soit mon idéal en matière d'enseignement. Le
lecteur, qui suit ma discussion sur ce sujet, n'a pas
besoin d'être rassuré; il sait que rien n'est plus loin de
ma pensée. Mais j'estime que la situation actuelle de
l'enseignement secondaire est détestable — il faut bien
oser le mot propre — qu'on traverse une période de
transition, qui ne peut, sans de graves inconvénients,
se prolonger outre mesure, et que l'heure est venue
d'essayer quelque chose. Par exemple, le partage de
nos collèges en collèges d'enseignement français, et

en collèges d'enseignement grec et latin, chacun de ces deux types recevant alors tous les organes qui lui sont nécessaires. A ce prix, l'enseignement des langues mortes pourrait revenir à des pratiques condamnées en 1880, et qui méritaient de l'être, parce qu'elles pesaient alors sur tous les élèves, tandis qu'il n'y aurait aucun inconvénient à les restaurer aujourd'hui, pour un nombre limité de jeunes gens. Quant à l'enseignement français, il ne garderait rien de ce qui justifiait jadis son titre d'enseignement spécial : il serait classique, lui aussi. Tentative qui ne pourrait réussir qu'à la condition de supprimer les examens conduisant aux grades de l'enseignement spécial actuel, et d'établir l'unité d'origine du corps enseignant dans les deux catégories d'établissements. Joignez à cela la suppression du baccalauréat, ou, pour mieux dire, commencez par là : vous aurez fait quelque chose, et quelque chose qui comptera.

Je ne me dissimule pas que, pour mener à bien une réforme de ce genre, il serait utile d'avoir, rue de Grenelle, un grand maître qui ne fût pas soumis à toutes les fluctuations ministérielles, et qui pût apporter quelque esprit de suite. Ici comme partout, et plus même qu'en bien d'autres départements, les affaires souffrent des conditions présentes de la politique. Mais le remède serait chez nous d'une application relativement facile. En attendant, faute de mesures bien concertées, faute d'initiative hardie, on piétine, ce qui serait un médiocre dommage si l'état de choses actuel était passable. Hélas! il est lamentable.

Juillet 1888.

Radical et Révolutionnaire.

Un de mes confrères disait récemment que je suis un radical en matière d'enseignement, peut-être même un révolutionnaire. Il avait tort et raison, selon les points de vue. Il y a tant de manières d'être radical, et on appelle si souvent « révolution » ce qui n'est que réformation ! Expliquons-nous donc à ce sujet. Aussi bien, n'est-il jamais inutile de dire avec précision, dans des questions aussi complexes que celles dont il s'agit ici, ce qu'on veut, et ce dont on ne veut pas.

Si, par le mot révolution, l'on entend une subversion totale de l'Université, une rupture brusque et violente de toutes les traditions, je ne veux pas de cette révolution-là. Si un radical est un homme toujours en quête de changements, jamais satisfait, d'humeur brouillonne et impatiente, je ne suis pas ce radical-là. Il y en a de tels, mais enfin je ne mérite pas d'être rangé parmi eux. Si, en revanche, c'est préparer une révolution que de dénoncer les abus, les insuffisances du système actuel ; si c'est être radical que de souhaiter une réforme assez étendue et assez pénétrante pour atteindre le mal à la racine, alors je suis radical, et même révolutionnaire.

Il n'est pas bon de toucher sans cesse aux programmes et aux méthodes. On risque, à tout le moins, d'éveiller la défiance des familles et celle des élèves, en leur laissant voir qu'on se défie soi-même du plan d'études que l'on applique. Mais le moyen d'éviter ces retouches incessantes, c'est de procéder une fois pour toutes à une réforme. Or, cette réforme sera incomplète, si elle ne porte que sur les programmes, et si elle laisse de côté le régime intérieur des lycées et collèges. Elle sera stérile, si elle ne s'étend pas jusqu'aux examens, et surtout jusqu'au baccalauréat, d'où vient le mal. Enfin, elle sera provisoire si elle ne vise pas résolument à adapter l'enseignement secondaire aux besoins de la société contemporaine.

Il y a là trois *desiderata* également importants, trois parties d'un tout dont on ne me paraît pas toujours reconnaître suffisamment la liaison. C'est une réorganisation générale à tenter, qui demande infiniment de suite dans les idées, d'énergie et de souplesse dans l'exécution. Je ne suis pas assez naïf pour croire que cette réorganisation puisse être conçue et menée à bien, du jour au lendemain, par un ministre étranger le plus souvent aux choses de l'Université, et qui ne se considère que comme un hôte de passage. Mais je voudrais — il y va d'un intérêt assez grave — que l'on préparât du moins cette refonte du système, qu'on l'amorçât, qu'on en mît à l'étude les trois parties. Non pas, comme on l'a fait jusqu'ici, en réunissant des commissions qui s'informent, délibèrent, et rédigent des rapports destinés à pourrir dans les archives. Les commissions ont du bon — les commissions techniques surtout — à la condition qu'on fasse quelque chose de leur travail. On voudrait voir un souffle d'activité pénétrer rue de Grenelle, non cette activité brouillonne, désordonnée, violente, qui y a régné déjà à de certaines heures, et qui y a fait plus de mal que de bien, mais une activité réglée et circonspecte autant que résolue.

Si tant est que la tâche indiquée plus haut puisse se scinder, la partie la plus urgente est la reconstitution de l'ancien enseignement du grec et du latin, dans quelques maisons destinées à recevoir une clientèle spéciale, et la constitution d'un enseignement classique français, dans la plupart des autres.

Sur ce point, je ne saurais trop le répéter, mon radicalisme ne ressemble pas à celui qui veut supprimer les études grecques et latines, sous prétexte qu'elles ont fait leur temps, l'enseignement littéraire, sous prétexte que la science seule vaut la peine d'être cultivée. Je crois, au contraire, qu'il faut à une démocratie un enseignement littéraire solide, nourri, élevé. Je crois aussi que les lettres grecques et latines doivent garder leur place, qui est la première dans l'éducation des futurs professeurs, des futurs magistrats, des futurs avocats et d'une manière générale, dans l'éducation de tous les jeunes gens assez intelligents pour les comprendre, et en situation de poursuivre des études désintéressées. Je dis seulement que, pour la grande masse des jeunes gens pressés de gagner leur vie, et pour la moyenne des intelligences, il y a d'autres procédés d'éducation. Je dis qu'on peut trouver dans le français, dans les langues vivantes — à la condition que l'esprit classique anime cet enseignement — les éléments d'une culture mieux appropriée. Est-ce là du radicalisme et de la révolution?

Juillet 1888.

On continue à ne rien faire.

La nouvelle session du conseil supérieur de l'Instruction publique ne remplira pas encore l'attente de ceux qui croient que l'état actuel des études secondaires appelle certaines améliorations. Aucune grande question n'a été préparée par la section permanente, pour venir en délibération devant cette assemblée. On prêtait, par exemple, à la direction de l'enseignement supérieur un projet de réforme du baccalauréat : ce projet n'a pas été déposé. Le ministre s'est contenté d'y faire une allusion vague. N'en soyons, du reste, pas trop surpris.

S'il est vrai, comme on le dit, que l'administration ait souci de sauver le plus possible du baccalauréat actuel, tout en cherchant des remèdes aux abus et aux misères qu'il comporte, elle a fort à faire, et doit avoir besoin de beaucoup de temps.

La direction de l'enseignement secondaire ne semble pas non plus s'être fort activée. Le ministre a promis, il est vrai, de décharger les professeurs de grammaire de l'enseignement de l'histoire, dans la limite des crédits disponibles. C'est une réforme que ces professeurs attendaient impatiemment, et qu'ils accueilleront avec gratitude. Sera-t-elle aussi favorable aux élèves qu'agréable aux maîtres? Nous n'en sommes pas sûr. Il vaut mieux, pour les enfants de cet âge, n'avoir qu'un professeur, et être le plus possible en contact avec lui. Quant à l'objection tirée de l'incompétence du maître, elle nous touche peu. Nous ne pensons pas que l'enseignement de l'histoire aux élèves de sixième et de cinquième doive avoir un caractère scientifique. En tout cas, et quoi que l'on pense de cette réforme, c'est la seule dont il ait été question dans l'allocution ministérielle. On conviendra que c'est maigre.

M. Lockroy, allant au-devant de la critique, a déclaré qu'il serait très fâcheux de remanier de nouveau les programmes. Là-dessus, nous sommes de son avis. Non que nous les trouvions bons, il s'en faut de beaucoup. Mais nous ne voudrions pas qu'on changeât pour changer. Si l'on y touche, que ce soit avec une vue d'ensemble nette et précise. Ou alors, il vaut mieux n'y pas toucher. Mais, sans parler de la revision des programmes, ni d'une réforme générale de l'enseignement secondaire, qui ne saurait évidemment s'improviser, n'est-il pas des améliorations de détails qu'il vaudrait la peine de tenter?

Je ne crois pas me tromper en disant que l'administration projetait, il y a quelques mois, des essais de ce genre, qu'elle comptait faire dans certains établissements déterminés. Elle songeait, par exemple, à substituer le système des cours à celui des classes, pour l'étude des langues anciennes et du français. On aurait tâté le terrain avant d'édicter une mesure générale. Méthode très sage, et qui ne peut qu'être approuvée. Il n'a pas été parlé de cet essai à la séance d'ouverture du conseil supérieur, ce qui donne à penser qu'on n'a pas encore résolu de le tenter.

On n'a rien dit non plus de l'enseignement classique français. Et pourtant l'organisation de cet enseignement dans une maison à lui, avec un personnel de choix, constituerait un grand progrès. Le jour où il serait prouvé que cet enseignement donne bien les résultats qu'en espèrent ses partisans, on pourrait remanier avec plus de liberté les programmes des études grecques et latines, réservées dès lors aux élèves capables d'en profiter ; on pourrait même rétablir dans leurs antiques honneurs le thème et le vers latin. Pourquoi ne pas inaugurer ces études quelque part, si modestement que ce soit ? Il est peu d'expériences que le public accueillerait avec plus de sympathie.

Décembre 1888.

Encore une session perdue.

A chaque session nouvelle du conseil supérieur, on a le vague espoir que cette assemblée va délibérer sur deux questions qui sont, on peut bien le dire, les questions capitales dans l'ordre des choses universitaires : celle du baccalauréat et celle de l'enseignement classique français. Mais les sessions succèdent aux sessions, sans que rien ne vienne. Le détestable système d'examens, que condamnent tous les esprits libéraux et ouverts de l'Université, fleurit toujours. La prescription s'établirait même à son profit, si nous n'étions quelques-uns, absolument résolus à renouveler nos protestations, et à réclamer périodiquement la destruction du monstre. De même, le triste plan d'études de nos lycées et de nos collèges continue à être appliqué, et à donner des résultats dont rougissent la plupart des maîtres. Quand se décidera-t-on à faire quelque chose?

Pour le baccalauréat, il semble que cela soit relativement aisé. Non pas que je méconnaisse les côtés délicats de la réforme, notamment en ce qui concerne l'enseignement libre; mais il ne paraît pas impossible de triompher de ces difficultés.

Quant à la réforme de l'enseignement secondaire, à la constitution d'un enseignement classique français, à la restauration du vieil enseignement grec et latin dans les maisons qui en conserveraient le dépôt, il faut reconnaître que c'est là une œuvre de longue haleine, et ne pas se montrer trop surpris des atermoiements de l'administration. D'autant que la direction de l'enseignement secondaire a changé de titulaire tout récemment. N'oublions pas, du reste, qu'une « grande commission » a été formée, l'année dernière, pour étudier toutes les questions relatives au plan d'études, et qu'on attend ses décisions. On risque de les attendre encore quelque temps, car les commissions de ce genre sont composées de gros personnages, qui ne peuvent pas faire le sacrifice de tout leur temps, qui sont d'ailleurs obligés de se partager entre des besognes variées. La direction de l'enseignement secondaire assure que la « grande commission » a beaucoup travaillé. Pas assez, en tout cas, pour que le conseil supérieur ait pu être saisi d'un projet quelconque. Et il est bien vraisemblable qu'à la prochaine session, il n'y aura pas non plus de projet, car les vacances vont briser l'élan des commissaires. Le mois de décembre et la session d'hiver arriveront probablement sans qu'ils aient eu le temps de le reprendre. Alors, à quand?

Juillet 1889.

Le tableau d'avancement.

On sait que, depuis la suppression des catégories de lycées, les professeurs sont répartis en classes personnelles. Système infiniment préférable, car il permet l'avancement sur place. Mais le passage d'une classe à l'autre, qui constitue presque tout l'avenir de la plupart des fonctionnaires, demeurait jusqu'ici livré à une sorte d'arbitraire. Il y avait bien les propositions des proviseurs, la sanction du recteur, la discussion des titres devant les diverses sections du comité consultatif : autant de tempéraments à cet arbitraire. Par malheur, quand on n'avançait pas, on ne savait jamais au juste si le proviseur vous avait proposé pour une classe supérieure, si le recteur avait sanctionné la proposition, ni pour quelles raisons le comité consultatif l'avait repoussée. Il fallait s'en remettre à des assurances verbales, qui, en administration, n'ont pas grande valeur, surtout lorsque ceux qui les rendent en sont volontiers prodigues. Et c'est le cas d'un certain nombre de fonctionnaires, qui se font même de cette bonne grâce banale un instrument de popularité. Bref, aucun professeur, à moins d'être dans les secrets des dieux, ne savait jusqu'ici avec certitude pourquoi il n'avançait pas, ni s'il avait des chances de s'élever à une classe supérieure, dans un laps de temps raisonnable.

Cette situation soulevait d'assez vives et naturelles réclamations. A plusieurs reprises, les conseils académiques, les assemblées de professeurs avaient demandé qu'on instituât, pour l'enseignement secondaire, un tableau d'avancement plus ou moins analogue à celui qui existe pour l'armée. L'enseignement supérieur possède le sien depuis quelques années. Le nouveau directeur de l'enseignement secondaire, très favorable en principe à la mesure, en a hâté la réalisation. C'est à présent un résultat acquis, auquel il paraît difficile que l'Université ne se montre pas sensible.

La grande difficulté à vaincre pour organiser ce tableau, c'était de faire à l'ancienneté sa part. D'un côté, il paraît évident que le choix doit être la règle à suivre. Comme le dit très justement M. le directeur de l'enseignement secondaire dans une note jointe au projet de décret : « Les fonctions de l'enseignement sont par excellence un service actif. Pour les bien remplir, ce n'est pas assez de l'exactitude et de la docilité, s'il ne s'y joint un bon vouloir généreux, qui ne compte ni le temps ni la peine. Ce n'est pas assez non plus d'un savoir constaté à l'origine, si ce savoir n'est entretenu et renouvelé par d'incessants efforts personnels. » D'autre part, n'est-il pas juste aussi « qu'un fonctionnaire dont le mérite n'a rien de saillant, mais dont les services sont honnêtes et réguliers, puisse prétendre aux premières classes de son emploi pour la fin d'une carrière, qui, faute de cet espoir, deviendrait pour lui une impasse? » Comment concilier ces deux convenances?

On s'y est appliqué, on y a réussi, dans une mesure qui paraît satisfaisante. Chaque année, il sera publié, au mois de novembre, un tableau du personnel enseignant « par ordre d'ancienneté ». Ancienneté non de service en général, mais de promotion à la classe à laquelle le fonctionnaire appartient actuellement. L'avancement a lieu à l'ancienneté pour la moitié des places dans les cinquième, quatrième et troisième classes; pour le tiers dans la deuxième et la première. Les promotions dites hors classe sont réservées au choix. Une promotion à l'ancienneté peut être ajournée — si le fonctionnaire ne la mérite pas — sur la proposition du recteur, après avis du comité consultatif, pris à la majorité des deux tiers des voix. L'ajournement motivé est notifié à l'intéressé, aux termes du décret. Il va sans dire que l'attribution des résidences est entièrement laissée au choix. Comme le dit encore la direction de l'enseignement secondaire, « on doit à l'ancienneté un traitement convenable : on ne lui doit pas de l'installer, à tout risque, dans des chaires où la médiocrité ressort avec plus de désavantage, pour les élèves et pour le maître lui-même ».

Telle est, dans ses lignes principales, l'économie du décret. Il est possible qu'il ne satisfasse pas tout le monde. L'expérience, d'ailleurs, en fera plus tard corriger certaines dispositions. Si l'on s'attache moins au détail qu'à l'ensemble, on y reconnaîtra un sérieux effort pour porter la lumière et la sincérité dans un domaine où elles ne régnaient pas précisément jusqu'ici. C'est en outre la première fois depuis longtemps que la direction de l'enseignement secondaire aboutit à quelque résultat, met sur ses pieds un projet qui se tient debout. Souhaitons que ce soit un commencement.

Juillet 1889.

LES RÉFORMES DE 1890

I

L'hygiène des lycées.

La grande commission instituée au ministère de l'Instruction publique pour l'étude « des améliorations à
introduire dans le régime des établissements d'enseignement secondaire » est enfin sur le point de donner
de ses nouvelles au public. Elle y a mis le temps. Mais
on pouvait craindre qu'elle n'en mît davantage, et il faut
se féliciter de la voir aboutir.

Cette commission s'est partagée en sous-commissions,
qui ont examiné chacune un point particulier : l'hygiène,
la discipline, l'enseignement des langues anciennes, du
français, de la philosophie, de l'histoire, etc. Les sous-
commissions ont procédé à une enquête, dont les résultats se trouvent consignés, avec les projets de réforme,
dans des rapports fort intéressants. Le conseil supérieur sera convié à discuter ces rapports dans sa prochaine session. Nous ne saurions ni ne voulons préjuger
l'accueil qu'il leur fera. C'est très librement, et au point
de vue de nos propres idées sur la question, que nous
allons étudier ces documents.

Il est tout naturel de commencer par celui qui traite

de l'hygiène, du régime matériel et de l'éducation physique dans les lycées et collèges. L'auteur est M. Maneuvrier, un ancien élève de l'École Normale, agrégé de philosophie, qui, sans servir dans l'Université, a travaillé pour elle, en écrivant un livre qui a fait du bruit et du bien : *l'Éducation de la bourgeoisie sous la République*. L'inspiration de ce livre, hardie, très personnelle, chimérique par endroits, se retrouve dans le rapport de M. Maneuvrier, qui pourtant a dû tenir compte de l'opinion moyenne de ses collègues, et n'exprimer que des vues approuvées par la majorité d'entre eux. Comment, toutefois, ne pas songer à la cité scolaire idéale dont il esquissait le plan dans son livre, quand on lit certains passages tels que ceux-ci :

« Parmi les maladies qui menacent la santé des hommes, et en particulier des jeunes hommes, il en est peu de plus redoutables que l'ennui. Or l'ennui procède le plus souvent, dans la jeunesse, de l'absence des passions honorables. Il faut que le cœur de l'enfant soit occupé. La science y pénètre peu ; elle est trop aride, trop loin de l'imagination et des sens. Si la place n'est pas prise de bonne heure par les passions nobles, religion, art, poésie, etc., elle sera vite souillée par des hôtes grossiers et redoutables. Ils n'épargneront rien, et ruineront le corps aussi bien que le caractère. Et c'est pourquoi, sans entrer dans d'autres détails, et en parlant simplement au nom de l'hygiène, la commission, après avoir demandé de faire de larges loisirs à l'écolier, conseille de partager ces loisirs entre les récréations physiques et les récréations morales. Les unes et les autres tendent au même but, qui est d'élever, c'est-à-dire d'accroître l'être, et de l'accroître par l'attrait d'un idéal de vigueur, de puissance, d'amour et de beauté. Et ce progrès de l'être plus ou moins conscient devient pour la jeunesse, quand elle est saine, la source intime de

cette joie, de cet enthousiasme qui la rendent à la fois
si charmante et si forte contre le vice et la maladie. »

Voilà qui est parfait, et dit d'une manière singulièrement heureuse. Mais que nous sommes loin de nos
lycées et collèges réels, de ces établissements où l'ennui
fleurit comme une plante vivace dans son terrain de
prédilection ! Puis, que peuvent bien être ces « récréations morales », sur lesquelles la commission s'abstient
si sagement de donner aucun éclaircissement ? Nous
avons beau chercher, nous ne trouvons pas grand'chose ;
et peut-être n'y a-t-il, en effet, aucune récréation de
ce genre ailleurs que dans la vie de famille, où les plai-
sirs salubres trouvent leur place naturelle.

Hâtons-nous de dire qu'on se ferait une idée inexacte
du travail de la sous-commission, si l'on croyait que la
chimère y eût trop de part. Loin de là : sur les questions
de l'alimentation, du vêtement, de l'aménagement matériel des cours, des dortoirs, des salles de classe et
d'étude, de toute la maison enfin, la sous-commission
apporte des propositions appuyées aux données les plus
récentes de la science, et aux consultations des hygié-
nistes. Si les lycées et les collèges étaient ainsi trans-
formés, on ne les reconnaîtrait plus.

Je note un point qui m'a frappé : la commission, qui
allonge si libéralement le temps des récréations, et qui
retranche si délibérément sur celui du travail, me paraît
timide, lorsqu'elle se borne à ajouter cinq minutes à
la durée actuelle du déjeuner, du dîner et du souper.
Est-il indispensable que les élèves continuent à engloutir,
au détriment de leur santé et au mépris des bons
usages, qui veulent que tous, même les plus jeunes
gens, sachent manger avec décence ? Pendant qu'elle y
était, la sous-commission aurait pu donner cinq autres
minutes de plus, sans craindre de faire aux collégiens
un régime de sybarites.

La plus importante de toutes les questions que la sous-commission d'hygiène ait eu à examiner est celle de l'organisation de la journée scolaire, de la répartition des heures de travail et des heures de repos. Là, elle s'est montrée franchement, résolument novatrice, et ses propositions effrayeront peut-être le conseil supérieur. Il faut noter cependant, comme le plus favorable et le plus significatif des symptômes, que le recteur de l'académie de Paris accepterait, pour sa part, presque complètement, le tableau dressé par M. Maneuvrier. Entre M. Gréard et la sous-commission, il n'y a qu'une différence d'une heure pour certaines catégories d'élèves. Si l'un ou l'autre chiffre est adopté, ce sera une révolution dans nos mœurs scolaires.

Qu'on en juge. Aujourd'hui, dans les classes primaires, on travaille, études et classes, dix heures par jour. La sous-commission propose de réduire ce temps de moitié. Dans les classes élémentaires, on travaille dix heures. La sous-commission inscrit à son tableau six heures. Elle propose sept heures, au lieu de dix, pour les classes de grammaire; huit heures, au lieu de douze, pour les classes de lettres; huit heures au lieu de douze pour la rhétorique, la philosophie, les mathématiques élémentaires; neuf heures, enfin, au lieu de treize pour les mathématiques spéciales. En un mot, elle demande, et c'est là une des motions auxquelles elle tient le plus, que la journée de travail sédentaire actuellement imposée aux élèves soit réduite, à tous les âges, d'environ quatre heures.

Il est inutile d'examiner en détail ces propositions, et surtout de discuter avec la sous-commission l'emploi des heures ainsi retranchées. Je dirai seulement, d'une manière générale, que la réforme paraît absolument justifiée, mais qu'elle ne deviendra possible (en dehors des classes primaires et élémentaires) que le jour où le baccalauréat et les examens d'entrée des grandes écoles auront été sensiblement modifiés. M. Maneuvrier appelle ce bienheureux jour de tous ses vœux, et il a raison. Mais quand le verrons-nous luire? Et d'ici là, que fera-t-on?

C'est sur cette interrogation passablement sceptique qu'il me paraît naturel de finir, car elle rend bien l'impression que laisse la lecture de la plupart des rapports. Ils attestent le talent des auteurs, le bon vouloir de leurs collègues, mais quels résultats pratiques donneront-ils? Où, quand, comment, dans quelle mesure tant d'excellentes intentions, tant de directions d'idées justes et libérales recevront-elles un commencement d'application?

II

La discipline.

Le rapport que M. Marion a préparé au nom de la sous-commission de discipline n'est ni moins intéressant, ni moins suggestif que celui de M. Maneuvrier. Personne, d'ailleurs, n'était plus qualifié pour traiter de la discipline, entendue au sens le plus élevé du mot, que le professeur qui a si brillamment inauguré, à la Faculté des lettres de Paris, l'enseignement de la pédagogie.

M. Marion a divisé son rapport en deux parties : l'une de considérations générales sur le but à atteindre; l'autre, d'indications pratiques sur les moyens à employer. Quand nous disons pratiques, peut-être est-ce aller bien vite. Il semble que la chimère ait aussi hanté par moments l'esprit, pourtant si précis et si net, du rapporteur. Mais enfin, ce n'est pas moi qui lui ferai la guerre pour s'être, de temps à autre, laissé entraîner par son ardeur, et pour avoir rêvé ce que nous rêvons tous : une éducation parfaite dans les maisons, et par les soins des maîtres de l'Université.

Le but à atteindre selon M. Marion — et qui ne penserait comme lui? — c'est de préparer les jeunes gens de nos collèges et de nos lycées à la vie libre du citoyen, à la vie pleine et active de l'homme vraiment homme. Il est évident tout d'abord que l'internat, encore si en faveur chez nous, crée des difficultés spéciales à cet égard. Toutefois, M. Marion n'estime pas qu'on puisse s'en passer, et, dans le fait, il n'a que trop raison. Les familles qui ne confient pas leurs enfants à l'internat de l'État, les remettent, en général, aux mains de particuliers, dont les entreprises présentent moins de garanties. On conservera donc provisoirement l'internat, puisque les tentatives faites pour acclimater le système tutorial et l'hospitalité familiale n'ont pas donné jusqu'ici de résultats encourageants. On conservera l'internat, mais on s'efforcera de l'amender. Plus de ces lycées qui contiennent 1 200 à 1 500 internes, charge accablante pour ceux qui les dirigent! Le rapporteur propose à la commission « d'émettre le vœu formel que le nombre des élèves à admettre dans les établissements d'enseignement secondaire soit rigoureusement limité : limité à 500 pour les externats, et à 400 pour les établissements mixtes; limité surtout à 300 internes au maximum; la direction étant dédoublée sans retard dans tous les lycées où ces chiffres seraient dépassés de moitié ». Si nous entendons bien M. Marion, ce n'est pas seulement la direction, c'est le lycée lui-même qui doit être, un peu plus tard, dédoublé. Et ici apparaît ce que j'appelais tout à l'heure la chimère. Où sont les établissements, où est le personnel, où est l'argent nécessaire à ces dédoublements?

Il est évident qu'un proviseur qui aurait sous sa

direction 300 ou 400 élèves pourrait les étudier, les connaître, et, par suite, exercer sur eux une action morale infiniment plus sérieuse qu'il n'est loisible de le faire, dans les conditions où ils sont placés, aux chefs de nos grands établissements. La sous-commission et son rapporteur estiment précisément que le proviseur ou principal est l'agent naturel et nécessaire de la transformation qu'ils appellent de leurs vœux. Au proviseur de veiller à l'éducation, d'en parler souvent aux élèves, de se concerter à ce sujet avec les maîtres; d'obtenir, dans la mesure du possible, le concours des familles. Ce concours des familles à la vie intime du collège, quoique infiniment désirable, me laisse pour le moins aussi sceptique que les récréations morales dont parlait M. Manœuvrier. Que peut-on bien vouloir dire par là?

Notons une remarque fort juste au sujet de cette fonction d'éducateur, que M. Marion voudrait voir remplir par les chefs d'établissement. Presque tout, dit-il, dans le régime moral de nos lycées, se passe en sous-entendus, qui deviennent aisément des malentendus. Chacun sent, plutôt qu'il ne sait, ce qu'il a à faire. Combien de professeurs connaissent le règlement de la maison? « J'ai enseigné vingt ans, sans savoir autrement que d'instinct ce qu'il demandait de moi, et je ne sais pas encore à l'heure qu'il est où l'on en trouverait un exemplaire. Quant aux élèves, ils l'apprennent au fur et à mesure qu'ils l'enfreignent. » On comprend qu'il ne s'agit pas dans la pensée de M. Marion, de la lettre même du règlement, mais plutôt de son esprit. Pourquoi n'en parlerait-on pas aux élèves, pourquoi ne leur dirait-on pas quelquefois ce qu'on attend d'eux, et pour quelles raisons? Certains professeurs le font assurément de temps à autre. Mais il n'y a là rien de régulier, de systématique, de traditionnel.

Une fois le proviseur entré dans sa charge d'éducateur, que le régime actuel ne lui permet pas assez souvent d'assumer, il lui sera facile de trouver les occasions de s'expliquer à ce sujet avec ses pupilles.

Il faut venir maintenant aux moyens préconisés par M. Marion pour améliorer la discipline. Les principaux sont : l'abandon des exigences inutiles, telles que le silence au réfectoire ou dans ce qu'on appelle les mouvements; l'attribution du droit de punir au proviseur seul, le professeur et le maître d'études se bornant à signaler l'élève coupable et la nature de la faute. On mettrait ainsi un intervalle entre le délit et la répression, qui y gagnerait en autorité. On éviterait surtout la surcharge des punitions, inévitable tant que chaque maître punit pour son compte. M. Marion distingue encore entre les punitions, et il en proscrit beaucoup, non sans raison. Il voudrait que le système des récompenses fût modifié; qu'aux places dans les compositions, on substituât des groupements par catégories; que les notes données par tous les maîtres prissent une valeur et une importance plus grandes. Toute cette partie du rapport me paraît extrêmement judicieuse et sage; et je ne vois pas quelles objections sérieuses il serait possible d'y opposer. Enfin, M. Marion voudrait, avec M. Gréard, qu'on pût assurer dans des conditions plus sérieuses et plus favorables qu'aujourd'hui le recrutement du personnel chargé de surveiller les élèves, et appelé à se mêler à leur vie. Grosse question, et qui entraînerait loin, si l'on prétendait faire autre chose qu'exprimer un vœu théorique.

Je suis curieux de savoir comment les vues de M. Marion et de ses collègues seront accueillies dans l'Université. On leur a déjà reproché de tendre à l'affaiblissement de la discipline, de désarmer le maître en face de ses élèves. Ces reproches me touchent peu, et la métaphore que l'on vient de lire me paraît des plus malheureuses. Le professeur n'a besoin d'être armé que s'il vit sur le pied de guerre avec ses élèves. Pourquoi ne vivrait-il pas sur le pied de paix? Au reste, ni M. Marion, ni personne ne songe à supprimer toute pénalité pour les jeunes enfants qui apportent souvent, il faut bien l'avouer, des dispositions tout à fait fâcheuses en classe ou à l'étude; ni même pour les élèves les plus avancés en âge, chez qui peut toujours surgir une crise de paresse ou de mauvais vouloir, contre laquelle s'émousserait l'action purement morale. Ce que l'on demande, c'est de bien choisir les punitions, et de n'en pas multiplier à l'excès le nombre.

De grands progrès ont été réalisés déjà sur ce point dans nos lycées et dans nos collèges. Je connais une Académie dont le recteur écrit, avec une satisfaction bien naturelle, car c'est un homme fort intelligent : « Nous avons eu pendant les cinq premiers mois de l'année scolaire 1888-1889, dix mille retenues ou privations de sortie de moins que pendant les cinq mois correspondants de la précédente année scolaire. » Vous avez bien lu : dix mille punitions graves, en moins. Et le recteur ajoute : « Le travail des élèves et la discipline n'en ont nullement souffert; loin de là ». On se demande alors par quelle aberration les mêmes administrateurs et les mêmes maîtres avaient cru devoir, l'année précédente, faire pleuvoir ce déluge de sévérités inutiles? Heureusement, ce sont là des cas exceptionnels. On peut assurer, d'une manière générale, que le progrès est déjà sensible dans nos internats, sur ce point comme sur tant d'autres. L'Université est accessible aux conseils et aux raisons. Elle met beaucoup de bon vouloir à corriger de vieilles et regrettables pratiques. Qu'elle n'en veuille donc pas à ceux de ses amis qui, entrant dans son calcul, lui signalent, parfois avec quelque vivacité, toujours avec les meilleures intentions du monde, une erreur à corriger, ou un nouveau progrès à réaliser.

III

L'enseignement de l'histoire.

Si le conseil supérieur sanctionne tout ou partie des vues exposées dans les rapports de MM. Manœuvrier et Marion; *si* l'administration est mise en mesure de les appliquer; *si* les Chambres votent les crédits qu'entraîneraient nécessairement la transformation matérielle de certains collèges, le dédoublement de nombreuses fonctions, l'aménagement de locaux appropriés aux exercices et aux jeux que la sous-commission de discipline et la sous-commission d'hygiène préconisent; enfin, *si* le corps universitaire accueille favorablement les innovations qu'on lui propose d'introduire dans notre système d'éducation, et se prête de bonne grâce à l'expérience que l'on voudrait tenter, nos internats changeront d'aspect du jour au lendemain, et nous dirons, comme M. Lavisse, qu'on aurait envie de redevenir jeune, ne fût-ce que pour passer quelques bonnes années dans ces maisons modèles. Mais nous craignons fort qu'elles ne s'élèvent pas de sitôt en France, et qu'il ne faille, longtemps encore, faire, en compagnie de M. Manœuvrier et de M. Marion, un voyage, agréable d'ailleurs, au pays d'Utopie pour y rencontrer le collège idéal.

En revanche, la sous-commission qui a étudié les programmes s'est maintenue, en général, dans le domaine moyen des possibilités, et ses travaux tirent de là un caractère pratique qui les recommande à l'attention de l'Université. Je dis : en général, parce qu'il faut peut-être faire exception pour le plus remarquable de ces travaux, pour le rapport que M. Lavisse a rédigé sur l'enseignement de l'histoire. Si je suivais un ordre rigoureux, l'examen de ce rapport ne devrait venir, en réalité, qu'après celui des rapports consacrés au français, au grec, au latin et aux langues vivantes, qui sont le fond même de l'enseignement des lycées. Mais il est impossible, quand on a parcouru ces divers documents, dont plusieurs ne manquent ni d'intérêt ni de mérite, de ne pas mettre à part le rapport de M. Lavisse, de ne pas y courir droit, comme à la maîtresse-pièce de la collection, et de n'y pas signaler une ressemblance frappante avec les deux rapports précédemment analysés. M. Lavisse, lui aussi, nous transporte loin de l'humble réalité. Et l'on se demande combien de professeurs d'histoire, parmi les meilleurs, seraient capables de faire le cours dont il esquisse le programme, dont il détermine l'esprit, dont il analyse la méthode et les procédés?

Avant de quereller M. Lavisse sur ce point, disons que son rapport est un morceau de premier ordre et, quelque éloignement que j'éprouve pour les grands mots, si prodigués aujourd'hui, un véritable petit chef-d'œuvre. On ne saurait faire tenir plus de choses en moins de pages, revêtir d'une forme plus solide et plus brillante des idées plus intéressantes, plus originales et plus neuves. Je ne puis par malheur, ni citer — car il faudrait que les citations fussent longues — ni même résumer ce rapport. Il faut se borner à souhaiter que tous les universitaires le lisent. Il n'est personne qui ne puisse tirer profit des paragraphes intitulés : Considérations sur le rôle de l'enseignement historique; Théorie de l'enseignement historique; Pratique de cet enseignement.

Ah! que l'on aimerait entendre un cours d'histoire

professé selon ces règles! et quelle éclatante lumière il répandrait dans les jeunes intelligences! Quel sens du passé, quelle constante et vivante préoccupation du présent et de l'avenir! Mais aussi quel talent, quelle science il faut au maître pour préparer un tel cours, et pour le faire! M. Lavisse condamne résolument l'abus des détails. Il veut que l'on réduise au strict nécessaire l'étude des faits de guerre et de diplomatie, que l'on s'attache surtout à faire comprendre les événements et leur suite, à peindre par quelques traits caractéristiques les hommes, les milieux, les époques; à préparer le citoyen dans l'enfant.... Mais je renonce à donner en quelques lignes une idée de cette méthode ample et sobre à la fois, essentiellement philosophique, largement humaine, pour en revenir à mon objection de tout à l'heure.

A qui pouvez-vous raisonnablement demander de faire ce cours d'histoire? Sans doute, vous insistez, en terminant, sur l'utilité d'une préparation pédagogique. Mais, en la supposant organisée, combien de professeurs seront assez maîtres de leur science ou auront assez de talent pour s'orienter, même de loin, vers l'idéal que vous leur proposez? Songez aux professeurs de nos collèges, dont beaucoup sont talonnés par quelque examen à passer; qui ont, en outre, toutes les classes d'histoire à faire; qui sont obligés d'enseigner le matin, l'histoire de la Grèce ou de Rome, sinon celle de l'Égypte ou de l'Assyrie; l'après-midi, l'histoire du moyen âge; et le lendemain, l'histoire de la Révolution ou celle de la monarchie de Juillet! C'est à peine s'ils peuvent venir à bout de leur tâche, en préparant hâtivement, à l'aide de manuels, une leçon où le détail indigeste, les menus faits, les dates, les batailles et les traités tiendront toujours plus de place que ces aperçus pénétrants et profonds sur les hommes et les choses dont vous nous donnez le modèle dans votre rapport, mais qui supposent une maîtrise incomparable, et des dons qui ne sont pas ceux du vulgaire. Même dans les lycées de province, le professeur d'histoire, délivré du souci des examens, n'en a pas moins un fardeau énorme à porter, puisqu'il fait, lui aussi, tous les cours. Où ira-t-il, à supposer qu'il ait la volonté et le mérite, prendre le loisir, et chercher la perspective nécessaire pour voir les choses comme vous les voyez, pour les exposer telles qu'il les voit?

Ce n'est pas à dire que M. Lavisse ait eu tort de provoquer, sur ces questions de méthode, la réflexion des maîtres. Si loin du but que la plupart d'entre eux soient condamnés à rester, ce sera déjà quelque chose que d'y tendre, et nous serions surpris si la lecture du rapport n'enflammait pas le zèle des meilleurs d'entre eux. Disons encore, avant de quitter ce document, que les pages consacrées au cours d'histoire de la classe de philosophie — histoire moderne jusqu'à nos jours — nous ont inspiré un vif regret : c'est qu'il ne se soit trouvé personne, dans la commission, pour défendre l'enseignement philosophique lui-même par des arguments du genre de ceux que M. Lavisse emploie pour démontrer l'importance des études historiques [1].

C'est l'histoire, d'après M. Lavisse, qui doit faire de ces élèves des hommes et des citoyens. L'enseignement de la philosophie a précisément cet objet, et il le remplit, là où le maître a quelque sentiment de l'importance de sa tâche La commission ne paraît pas avoir été conviée à examiner ce point quand il s'est agi de la philosophie : on ne peut que le regretter.

---

1. M. Fouillée vient précisément (1901) de faire dans sa *Réforme de l'Enseignement par la philosophie* la démonstration que nous réclamions, il y a onze ans.

IV

L'enseignement des lettres et de la philosophie.

J'aurai achevé l'examen de cette série de rapports, en indiquant l'esprit dans lequel sont conçus ceux de MM. Croiset sur les langues anciennes, Merlet sur le français, Bossert sur les langues vivantes, et en signalant aussi, pour être complet, les quelques pages consacrées par M. Lachelier à la philosophie, le très intéressant travail de M. Jallifier sur la géographie, travail qui est vraiment suggestif, sans rien d'outré ni de chimérique. Mais enfin, les connaissances qui forment le fonds de l'enseignement littéraire sont et seront toujours les langues anciennes ou vivantes. C'est à propos des langues que se posent les questions les plus délicates, et il est curieux de savoir ce que la commission actuelle pense des réformes de 1880 et de 1884.

A vrai dire, la commission n'a pas abordé de front le problème de l'enseignement secondaire ; elle a très scrupuleusement circonscrit son domaine. Étant donné cet enseignement tel qu'il existe, et sans essayer de préjuger l'avenir, quels sont, se demande-t-elle, les meilleures méthodes, les meilleurs programmes pour le grec, le latin, le français, l'allemand ou l'anglais ? On voit que la commission élimine du coup ou, pour mieux dire, ajourne — car il paraît qu'elle s'en occupera plus tard — la question de savoir quelle doit être la part de l'enseignement classique gréco-latin, quelle la part d'un autre enseignement classique encore, quoique purement moderne, dans l'éducation de la jeunesse française. Cette question ajournée — et c'est par malheur la plus importante de toutes — il devient relativement facile de s'entendre. Oui, mais les solutions

préconisées prennent alors un caractère purement transitoire, et, pour dire toute notre pensée, l'œuvre entière
de la commission apparaît comme artificielle. Il est
inévitable que d'ici à un temps plus ou moins court, un
bon nombre de lycées et tous les collèges s'ouvrent à
un enseignement nouveau. A quoi bon, dès lors, insister
aussi abondamment sur l'enseignement actuel, et en
remettre une fois de plus sur le métier les programmes
et les méthodes, s'il doit être, dans quelques années,
une brillante et, à notre avis, nécessaire exception,
mais enfin une exception, réservée à l'élite des jeunes
gens?

Soit, par exemple, le français et les langues vivantes.
Assurément, la commission a conduit son étude dans
un excellent esprit. Mais encore faut-il que le lecteur,
en parcourant les rapports de M. Merlet et de M. Bossert — ce dernier, fort remarquable par la précision de
la forme, et la finesse des aperçus — ne perde jamais
de vue qu'on y traite des langues étrangères et du
français, tels qu'ils peuvent figurer dans un système
d'éducation où le grec et le latin occupent la place
d'honneur. Si la sous-commission avait envisagé le rôle
du français et des langues vivantes dans un enseignement classique tout moderne, il est certain qu'elle
aurait conclu autrement.

On objectera peut-être que ce reproche tombe devant
la remarque que nous faisions nous-même tout à l'heure,
à savoir que la commission étudierait plus tard les
autres formules de l'enseignement secondaire? Oui et
non. Oui, en ce sens que la sous-commission a su ce
qu'elle faisait, et ne saurait, sans injustice, être accusée
de marcher à l'aveuglette. Non, en ce sens qu'elle
présente aujourd'hui, comme absolues et définitives, des
conclusions qu'elle sera obligée de restreindre, et peut-
être d'abandonner dans quelques mois d'ici, si, fidèle à

son plan, elle aborde les autres aspects de la question. Peut-être, après tout, la faute n'en est-elle pas à la commission, justement jalouse de borner sa tâche pour la mieux remplir, et de sérier les difficultés, et le principal coupable est-il le système même des grandes commissions, système qui dans la plupart des cas, est forcément stérile?

Les inconvénients de cette procédure, on a cherché à les atténuer, dans la mesure du possible, en innovant fort peu, en laissant presque partout les choses en l'état. Mais la précaution même tourne ici contre ceux qui la prennent, puisqu'elle est, en somme, l'aveu de leur embarras.

Voyez par exemple, le rapport si distingué de M. Croiset, sur les langues anciennes. Peut-être l'éminent professeur l'eût-il conçu un peu différemment si, au lieu de se préoccuper d'accommoder cet enseignement à toutes les intelligences, comme l'y condamnait la méthode générale suivie par la commission, il se fût appliqué à tracer le plan de cet enseignement tel qu'il le concevrait dans un système d'éducation où l'élite seule serait appelée à la recevoir? M. Croiset estime qu'il faut restreindre la part, déjà si réduite, de la composition latine, et lui donner un caractère facultatif. Et cela est très vrai de nos classes actuelles. Mais M. Croiset penserait-il de même s'il avait à régler l'organisation des études d'une élite? Ne serait-il pas tenté de revenir aux anciennes pratiques — et, à notre avis, il aurait parfaitement raison — s'il ne devait y avoir sur les bancs que de futurs professeurs, de futurs magistrats ou avocats, des jeunes gens, en un mot, qui ne sauront jamais trop de grec ni de latin, et pour qui le temps passé à s'affiner l'esprit dans de délicats exercices littéraires ne saurait être du temps perdu?

Il y a, en somme, dans tous ces rapports nombre d'indications de détail heureuses et intéressantes, mais l'impression d'ensemble est celle que laisse une besogne assez vaine, destinée à être reprise et remaniée d'ici à peu de temps. On se demande à quoi bon une telle dépense d'efforts et de talent, puisque personne n'est dupe, puisque chacun sait fort bien que l'architecte, qui s'est complu à dresser le plan monumental d'un bâtiment unique, sera convié demain à présenter un projet où devront se trouver plusieurs constructions différentes, dont quelques-unes devront avoir des proportions très modestes.

Novembre-Décembre 1889.

Un plan d'action.

Un publiciste, M. Réal, vient d'adresser au ministre de l'Instruction publique une lettre sur la réforme de l'enseignement secondaire. M. Jules Simon a mis une préface à cette lettre et le tout a paru sous forme de brochure. La préface de M. Jules Simon est ce qu'elle peut être, venant d'un tel écrivain, et d'un pédagogue consommé. La lettre de M. Réal — une lettre copieuse et substantielle — traite ou soulève bien des questions, esquisse même quelques solutions.

La réforme sur laquelle il insiste le plus, et qui est, selon lui, la plus pressante, c'est la transformation des classes actuelles en cours diversement gradués.

On connaît les raisons des partisans de la classe. Il faut, disent-ils, un professeur principal, que les élèves voient plus souvent que les autres maîtres, qui ait plus d'autorité et d'action sur eux. Supprimer ce professeur principal, c'est porter une grave atteinte au côté éducatif de notre enseignement secondaire. Les partisans des cours répondent, entre autres choses, qu'il est choquant de soumettre aux mêmes exercices des esprits de valeur inégale, et inégalement développés. L'élève paresseux, suivant eux, est la cause directe de la grande déperdition de temps qui constitue un des vices les plus graves de notre système. C'est pour lui qu'il faut du rabâchage et d'éternels recommencements. Il y a, en effet, beaucoup à dire pour et contre les classes. J'ai, pour ma part, toujours pensé que le système des cours, étendu à toutes les parties de l'enseignement, est impraticable et désastreux pour les enfants jeunes; qu'il peut avoir; au contraire, des avantages dans les classes supérieures; qu'en rhétorique, par exemple, peut-être même en seconde, — mais pas au delà — il pourrait rendre de réels services; enfin, qu'il serait intéressant d'instituer une expérience dans quelque établissement. L'auteur de la lettre à M. Bourgeois revient fréquemment sur cette idée, qu'au lieu de procéder par décisions qui bouleversent de fond en comble l'enseignement secondaire, l'administration devrait procéder par expériences locales et partielles. Rien de plus sage, ni qui mérite mieux d'être appuyé.

M. Réal touche aussi, en passant, à la question du baccalauréat. Il voudrait bien le supprimer. Comme il a raison ! Le baccalauréat serait remplacé par un « casier scolaire », délivré à chaque élève quand il quitterait le lycée. Ce casier mentionnerait les cours suivis par l'élève, et les résultats obtenus pendant ses études, sous la signature de ses professeurs. « Un enfant, dit M. Réal, se destine au commerce. Son casier à la main, il se présente au chef d'une maison. On voit aussitôt ce qu'il a appris en comptabilité, en français, en anglais, etc. On lui donne une occupation en rapport avec les indications fournies par ce casier. De même pour les grandes écoles : le casier dit si l'élève a fait ou non les études préparatoires indispensables. » Le système est bien simple. Il est même, à certains égards, assez séduisant. Toutefois, il soulève d'immenses difficultés. Le casier venant d'un établissement libre ne pourra-t-il pas compromettre le porteur, quand il s'agira de fonctions publiques? A un tout autre point de vue, est-ce que les indications du casier auront toujours une valeur réelle? Est-ce que les attestations délivrées par tels collèges, tels petits lycées, telles maisons libres, où les études sont extrêmement faibles, ne risqueront pas d'égarer ceux qui auront à en prendre connaissance, et à juger d'après cela les aptitudes d'un jeune homme? Il est à craindre que le « casier scolaire » ne dise pas le dernier mot dans la question du baccalauréat.

Citons encore, parmi les points intéressants touchés par cette brochure, la question des bourses de l'enseignement secondaire. Les bourses sont l'institution démocratique par excellence. Elles devraient être réparties et surveillées avec un scrupule infini. Or, il est peu de coins où les abus soient plus nombreux et plus fâcheux. On voit maintenir des bourses, contre toute justice, à des élèves qui en sont indignes. Et que ne voit-on pas? Mais il est probable que, de toutes les réformes, celle-là sera une des plus difficiles à obtenir. L'intérêt électoral est là qui s'y oppose.

Au reste, je me proposais moins d'entrer dans le vif des questions, que de signaler cet appel à l'activité et à la sollicitude du nouveau ministre de l'Instruction publique. Espérons qu'il sera entendu, et qu'on se décidera enfin à aborder sérieusement ce qui est le point de départ nécessaire, indispensable : la multiplication des types d'enseignement secondaire. Tant qu'on n'aura pas essayé quelque chose en ce sens, on n'aura pas fait un pas.

Mai 1890.

Ce qui a manqué aux réformes de 1880, de 1886 et de 1890.

On va disant partout que le baccalauréat est cause de la banqueroute des études. M. Gabriel Monod proteste. Non, dit-il, le baccalauréat n'est pas le seul coupable. Les programmes d'études, et les réformes de 1880, de 1885, de 1890 sont aussi pour quelque chose dans la faiblesse des résultats obtenus. L'instabilité à elle seule est le pire des maux; et si l'on opère une réforme tous les cinq ans, que peut-on espérer de bon?

Il est parfaitement vrai que l'enseignement secondaire traverse une crise. Il est vrai encore que cette crise dure depuis dix ans. Il est vrai, enfin, que l'intervention des hommes de l'art ne s'est pas toujours exercée de la façon la plus heureuse pour le malade. Il y a eu dans le traitement des à-coups, de brusques changements de régime, et si le malade a résisté comme il résiste, cela prouve qu'il a un tempérament plus solide qu'on ne croit. Sur ce point, je suis d'accord avec M. Monod. Je ferai seulement remarquer que, s'il est fâcheux de changer trop souvent, il l'est encore plus de ne pas changer du tout, quand on croit avoir, quand on a de sérieux motifs de le faire.

Or, il est incontestable que les réformes de 1880 appelaient des amendements, et que, sur plusieurs points celles de 1885 les ont améliorées. Il est incontestable que l'œuvre de la commission des programmes de 1889, destinée à être appliquée dès la rentrée prochaine, constitue, sur d'autres points, un progrès. Ces progrès compensent-ils les inconvénients inhérents au changement lui-même? Voilà ce que l'on peut discuter. Il est hors de doute, en tout cas, que les familles devaient être plus rassurées, les élèves plus dociles, et les maîtres plus convaincus, dans les périodes où le système général des études secondaires était entouré du respect qu'obtiennent toujours les institutions immobiles et sacro-saintes. Mais faut-il beaucoup s'étonner qu'un certain scepticisme règne à la fois dans l'Université, et dans les familles? Par quel privilège unique y aurait-on gardé une foi inébranlée, alors que la foi a fait son temps partout ailleurs?

La véritable objection à diriger contre les réformes successives de 1880, de 1885, de 1890, c'est qu'elles ont été des réformes partielles et qu'elles ont ainsi manqué le but, bien qu'elles aient réalisé chacune un certain nombre d'améliorations de détail.

En 1880, on restreint ou on supprime certains exercices difficiles, sans s'apercevoir que ces exercices, inutiles en effet ou nuisibles à la majorité des élèves, sont nécessaires à l'élite. Il eût fallu, dès ce moment, trancher dans le vif, et créer, à côté de l'enseignement grec et latin, un enseignement français. Et de même en 1885, de même en 1890. Au contraire, on s'est efforcé toujours de concilier l'intérêt des élèves forts, des élèves à qui profite réellement la culture par les lettres anciennes, avec celui des élèves médiocres ou faibles, qui n'en retirent aucun bénéfice. Aussi, n'a-t-on contenté personne. Il y a dans nos programmes trop de latin, trop de grec pour les uns, et pas assez pour les autres. Ni en 1880, ni en 1885, ni même en 1890, on n'a osé dire franchement, nettement : Nous aurons deux types d'enseignement secondaire. Dans l'un, nous mettrons tout ce dont ont besoin les jeunes gens qui se destinent aux professions où la connaissance du grec et du latin est nécessaire; dans l'autre, nous trouverons le moyen, à l'aide des langues étrangères et du français, enseignés à la manière classique, de former encore de bons, d'excellents esprits, des esprits libres. Une seule réforme, mais une réforme totale, organique, eût assurément mieux valu que trois réformes fragmentaires et, sur quelques points, contradictoires entre elles.

S'ensuit-il que le baccalauréat mérite d'être défendu, même comme il l'est par M. Monod, c'est-à-dire par un avocat qui reconnaît que, si l'on pouvait supprimer son client, ce serait tout bénéfice, mais que la suppression étant provisoirement impossible, il faut lui faciliter le moyen de vivre? Je répondrai à M. Monod que je ne connais en faveur de la thèse qu'il soutient qu'un seul argument et il est spécieux. Si l'on supprime le baccalauréat, disent un certain nombre de professeurs, les élèves cesseront de travailler, et même ils cesseront de fréquenter les classes supérieures des lycées....

Il s'agit, non pas d'attirer et de retenir des élèves dans nos collèges par la peur du baccalauréat, mais d'y organiser un système d'études assez bon pour que les familles tiennent à envoyer leurs enfants dans ces maisons, et pour qu'il en sorte d'utiles serviteurs de la France et de la civilisation. Là est le problème; et on en méconnaît les termes quand, après avoir passé condamnation sur les torts du baccalauréat, on plaide en sa faveur cette circonstance atténuante, qu'il joue à propos le rôle d'épouvantail ou celui de pourvoyeur.

Juillet 1890.

Les lycées de Paris et la dépopulation scolaire.

Le cri d'alarme jeté par quelques journaux au sujet
« de la dépopulation des lycées de Paris », est sans fon-
dement. Il n'en reste pas moins vrai qu'à la prendre
dans son ensemble, la situation des établissements d'enseignement secondaire laisse à désirer. En province, il
en est qui ont perdu des élèves, durant ces dernières
années. D'autres n'en ont pas gagné suffisamment, et ne
se développent pas en proportion des sacrifices qu'ils
ont coûtés. Où sont les causes de cet état de choses?

Chacun connaît quelques-unes de ces causes : il suffit
d'ouvrir les yeux pour les voir. D'abord, l'instabilité des
programmes, les remaniements trop fréquents qu'ils
ont subis depuis quinze ans. Chaque réforme s'inspirait d'intentions excellentes; mais comme il y en avait
beaucoup, et de contradictoires, force a bien été de
penser que si celle-ci était bonne, celle-là était mauvaise; en sorte qu'une sur deux, au moins, devenait suspecte. Puis, à voir sans cesse retoucher et remanier
le système des études, les familles ont été prises de
doutes généraux. Elles se sont demandé s'il fallait confier leurs enfants à l'Université, quand elle paraissait
aussi peu sûre d'elle-même? Joignez à cela l'indécision
et le manque de vues nettes dont l'administration supérieure a fait preuve dans la question de cet enseigne-

ment français, qui en est encore à attendre son nom, ses méthodes, et, sauf une exception ou deux, ses maisons, à lui, où il pourra — mais là seulement — donner tous ses fruits. Enfin, il faut bien faire son *mea culpa*, et reconnaître que la presse, elle aussi, en discutant avec passion les questions d'enseignement secondaire, en attirant les yeux des familles sur bien des défauts de nos études, sur l'internat, le surmenage, etc., n'a pas été sans contribuer à faire naître certaines inquiétudes et certaines défiances. C'est regrettable; mais comment eût-on évité ce péril? En faisant le silence autour des lacunes, ou des superfluités, ou des vices du système? Le beau service à rendre au pays et à l'Université! Si nous le lui avions rendu, tous tant que nous sommes, nous aurions la conscience beaucoup plus troublée qu'aujourd'hui.

En dehors de ces raisons très générales, et si aisées à discerner, il en est d'autres plus particulières, qui ont fait l'objet d'une série de rapports adressés au ministre de l'Instruction publique, sur sa demande, par tous les recteurs. Ces rapports résument une enquête poursuivie avec diligence. Or, voici quels sont les principaux points visés dans cette collection de documents.

D'abord les raisons que nous énumérions tout à l'heure. Puis d'autres, en partie imprévues. Ainsi, la gratuité de l'enseignement primaire. L'enseignement élémentaire surtout est très bien donné, très bien installé dans certaines écoles. A partir du moment précis où la gratuité a été établie, l'effectif des petites classes des lycées a baissé. De même, les écoles primaires supérieures et professionnelles ont fait du tort à l'enseignement secondaire. Ces écoles sont appropriées souvent aux nécessités régionales; elles conduisent à des emplois ou à des professions déterminées, et

par les chemins les plus courts. Dans le même ordre
d'idées, on peut indiquer encore la disposition des
programmes qui recule le latin jusqu'en sixième.
Nombre de familles mettent leurs enfants dans des
classes enfantines libres, où elles estiment qu'ils reçoivent des soins plus appropriés à leur âge, et les y laissent jusqu'à la première communion. A quoi bon les
envoyer si jeunes au lycée, puisqu'on n'y fait plus ni
grec ni latin ?

Voilà des raisons très positives, très précises, mais,
ajoutons-le, des raisons qui doivent calmer les personnes trop disposées à s'émouvoir. Les enfants qui
vont à l'école primaire, pour y profiter de la gratuité,
s'ils sont perdus pendant quelques années pour le
lycée, y rentrent parfois plus tard, grâce aux bourses,
quand ils ont donné des espérances à leurs premiers
maîtres, et, en tout cas, ils reçoivent ailleurs l'éducation
publique. Si, d'autre part, on a différé jusqu'en sixième
l'étude du latin, c'est qu'on croyait avoir pour le faire
de bonnes raisons pédagogiques. Il ne faut donc pas
se scandaliser des conséquences logiques et naturelles
d'une mesure qui a été prise après examen, et en connaissance de cause.

Venons maintenant à d'autres points, signalés par les
recteurs, et qui comportent des remèdes dont l'administration dispose : la situation de l'aumônerie, et l'attitude d'un certain nombre de maîtres répétiteurs.

On sait quel procédé ont adopté, depuis de longues
années déjà, certains maîtres répétiteurs pour saisir le
public de leurs griefs contre les personnes et les choses.
Ce qu'on sait moins, c'est le parti que les ennemis de
l'Université ont tiré, en province surtout, de la feuille
où ils trouvaient accumulées, jusqu'à ces derniers mois,
les dénonciations parfois les plus baroques contre les
proviseurs, les économes. Comment ! vous mettriez vos

enfants dans une maison dont ceux-là mêmes qui l'habitent racontent de telles horreurs? Ainsi parlent les chefs d'établissements libres aux pères de famille, qui se laissent trop souvent persuader.... Il faudrait, disent plusieurs recteurs, que le ministre réagît là contre, d'autant plus, qu'il ne saurait venir à l'esprit de personne de délaisser la cause, si intéressante, des maîtres répétiteurs en général, et que l'administration actuelle vient de prouver suffisamment, par une série de mesures libérales, qu'elle est disposée à donner satisfaction à toutes les demandes légitimes, compatibles avec le bon ordre des lycées et leurs ressources financières.

Jusqu'ici, les lycées d'internes ont conservé leurs aumôniers. Mais, comme il a été question de les supprimer au cours des discussions du budget, les ennemis de l'Université ne se sont pas fait faute, paraît-il, de prétendre que la chose était faite, ou allait se faire incessamment. La presse locale réactionnaire baptise le lycée du nom de « maison sans Dieu ». Notez que le fait est matériellement faux. Mais les gens n'y regardent pas de si près. Ils croient de bonne foi, surtout quand la passion politique les porte à le croire, ce que leur disent à ce sujet le journal qu'ils lisent, ou les ecclésiastiques qu'ils fréquentent. Enfin, si l'on n'a pas supprimé le service de l'aumônerie, il est vrai que les titulaires se sont trouvés trop souvent exposés à de mesquines taquineries. Ils ont vu leur budget rogné : c'est plus qu'il n'en fallait pour donner quelque créance aux bruits perfides, soigneusement entretenus dans la petite ville. Beaucoup de recteurs, et des moins suspects de complaisance pour l'Église, demandent qu'on mette fin à cet état de choses, qu'on rassure les familles, en leur faisant savoir que l'aumônier reste au lycée, et que, si la présence aux exercices religieux est devenue facultative pour les élèves, nul de ceux qui y prennent part ne se trouve exposé, de ce fait, à la malveillance ou à la raillerie.

Il faut, enfin, tenir compte et grand compte de la crise économique; motif capital, au dire de beaucoup de recteurs, de l'abaissement du chiffre de la population scolaire. C'est parce que les ressources ont diminué, parce que beaucoup de gens ont réduit leurs dépenses, qu'il y a moins d'élèves dans les lycées. Est-il bien sûr que l'enseignement libre, lui-même, n'en ait pas perdu? Nous ne pouvons pas bien entendu, risquer de conjectures générales à cet égard, mais on nous signale un fait curieux. Dans l'une de nos plus grandes académies, les calculs du recteur établissent que, si les lycées et collèges ont perdu, de fin 1882 à fin 1889, 16 p. 100 de leurs élèves, la proportion est exactement la même pour les établissements libres du ressort.

Si l'on considère l'externat isolément, la perte des lycées, dans cette même académie, pendant la même période, est de 8 p. 100; celle des établissements libres, de 27 p. 100. En revanche, si l'on considère l'internat isolément, la perte des lycées est de 26 p. 100; celle des établissements libres, de 8 p. 100.

Ce renversement des proportions n'est-il pas singulièrement instructif?

Octobre 1890.

Pour le maintien des collèges.

Les traités qui lient les municipalités à l'État pour
l'entretien des collèges communaux expirent presque
tous le 1er janvier 1891. Comme le renouvellement de
ces traités peut offrir l'occasion d'introduire des réformes
importantes, le ministère de l'Instruction publique a
convié, dès le 9 novembre de l'année dernière, les
recteurs à instituer une enquête dans leur académie,
afin de répondre, avec documents et chiffres à l'appui,
à quelques questions générales comme celles-ci : Faut-il
maintenir tous les collèges existants? Faut-il laisser
subsister, dans tous les collèges, l'enseignement du grec
et du latin? Les recteurs sont également priés de
répondre à un certain nombre de questions particulières, que soulèvent l'administration intérieure de ces
établissements, la situation des maîtres répétiteurs, la
répartition des crédits entre les académies, etc.

De ces questions deux au moins, les deux que j'ai
appelées générales, ont une portée politique et sociale
qui n'échappe à personne, et relèvent, à ce titre, de
la discussion publique. Il est d'autant plus naturel
de les examiner, qu'elles partagent les hommes compétents. Ainsi, pour nous borner aujourd'hui à la première de ces questions — s'il faut ou non maintenir
tous les collèges communaux — certains recteurs

inclinent à la négative, tandis que la plupart penchent pour l'affirmative. Les uns et les autres ont de bonnes raisons à produire. Encore faut-il choisir. Selon nous, il n'y a guère lieu d'hésiter. Mais avant de dire pourquoi nous ne sommes pas partisan des suppressions, rappelons les arguments de ceux qui les réclament.

Il y a, disent-ils, un certain nombre de colléges très peu peuplés et qui coûtent, tant aux municipalités qu'à l'État, des sacrifices hors de proportion avec les services rendus. Quelques-uns de ces colléges se justifiaient autrefois, quand il y avait peu de lycées. A présent qu'on en a créé beaucoup, et que les communications sont devenues faciles, pourquoi maintenir des maisons qui ne peuvent que végéter, ou faire du tort à d'autres plus importantes? Ne vaudrait-il pas mieux appliquer à une dépense plus productive des crédits qui ne servent qu'à prolonger non la vie, mais l'agonie d'un établissement condamné?

Il ne faut pas se dissimuler que ces arguments ont du poids. On a grande envie, à première vue, de s'y rendre. Toutefois, lorsqu'on y réfléchit davantage, on aperçoit des difficultés. D'abord, que ferez-vous du personnel enseignant, si vous supprimez beaucoup de colléges? Cette difficulté-là n'est certes pas insurmontable : elle a pourtant son importance, si l'on songe que, depuis dix ans, les Facultés des lettres et des sciences ont fourni une énorme quantité de licenciés, qui ne trouvent déjà plus de chaires, et qui sont obligés d'accepter les fonctions de maîtres répétiteurs, mais qui ne les acceptent qu'à regret, et attendent en frémissant qu'on leur ouvre enfin les rangs du professorat. Déjà ces impatiences sont malaisées à contenir; elles le deviendront davantage, n'en doutez pas, si les « débouchés » se restreignent.

Ce n'est là qu'un petit côté de la question. En voici

un autre : Gardons-nous d'attacher trop de valeur à la statistique et, parce qu'un collège a décliné pendant plusieurs années, de le croire incapable de rebondir et de se relever. C'est souvent affaire de direction, affaire de personnes ou de circonstances. On pourrait citer, par exemple, tel collège de l'académie de Paris, qui semblait frappé à mort, et qui a eu, cette année-ci, une rentrée exceptionnelle. Puis, qu'on ne s'y trompe pas, le collège n'a pas besoin de garder ses élèves jusqu'au bout de leurs études, pour rendre de très réels services au pays et à l'Université. Souvent, on y met un enfant pour les petites classes, parce qu'on ne sait pas s'il mordra aux études. Une fois qu'il a fait preuve d'intelligence, d'application, qu'il sait travailler et qu'il veut apprendre, cet enfant quitte le collège pour passer au lycée. Il n'y aurait peut-être jamais mis le pied, s'il n'avait pu faire, sous l'œil de ses parents et dans des conditions moins onéreuses, cet heureux apprentissage. Enfin, n'y a-t-il pas quelque contradiction entre la campagne qu'on mène de tous côtés contre l'internat, sous prétexte qu'il sépare l'enfant de sa famille, qu'il l'enlève à son milieu naturel; et des menaces de suppression, dont le premier effet serait de forcer les familles qui habitent les petites villes à éloigner leurs fils, à les envoyer au lycée du chef-lieu, et à les y mettre internes, pour peu qu'elles voulussent leur faire faire des études?

Ce n'est pas tout. Si l'on supprime des collèges, on affaiblit au point de vue social la culture moyenne des esprits : on risque de porter préjudice, au point de vue politique, à l'idée libérale. On affaiblit la culture moyenne, parce qu'on ne laisse plus à la portée des populations que l'école primaire ou l'école primaire supérieure, ou l'école professionnelle, qui recueilleront alors bon nombre de jeunes gens dont le collège eût été la destination naturelle. Sans vouloir médire de l'enseignement primaire, ni de l'enseignement professionnel, dont la large diffusion est à nos yeux un des titres d'honneur de la République, nous ne verrions qu'avec regret diminuer encore la portion de la société française qui s'élève au-dessus de ce niveau, qui tâche d'acquérir une éducation de l'esprit plus complète, moins immédiatement pratique, plus entièrement humaine. Le suffrage universel a besoin de chefs et de guides. Ce n'est pas en diminuant les moyens qu'il a de s'élever davantage, qu'on le mettra en mesure de s'en procurer.

Au point de vue purement politique (et il est tout à fait à propos de s'y placer en pareille matière), les collèges comme les lycées sont des foyers d'idées libérales. N'est-il pas à craindre qu'on ne se repente un jour d'en avoir éteint plusieurs?

Non pas seulement parce que l'enseignement libre — lisez les maisons religieuses — n'auront rien de plus pressé que d'ouvrir un établissement, là où l'État et la commune auront fermé le leur; mais parce que la participation des conseils municipaux, des maires, des notabilités de la petite ville à la direction du collège y entretient soit le goût, soit au moins le respect des choses de l'intelligence, et que ce sont là de puissants agents d'émancipation, de bons ouvriers de liberté. Voilà quel est, selon nous, l'argument décisif, celui qui doit frapper les esprits dans une assemblée, et l'emporter même sur les calculs des financiers.

On peut encore présenter cet argument sous une autre forme : l'enseignement en général, l'enseignement secondaire en particulier, est-il simplement un service comme les autres, auquel l'État se croit tenu de pourvoir dans la stricte limite des besoins locaux; ou bien a-t-il, dans une démocratie, sa vertu propre, est-il un instrument de propagande pour les idées auxquelles la démocratie tient à bon droit, auxquelles elle attache justement son avenir?

Ainsi, pas de créations nouvelles, ni même de nouvelles transformations de collèges en lycées; on n'en a que trop réalisé dans ces dernières années. Mais pas non plus de suppressions systématiques. Il n'est que deux cas où l'hésitation soit permise : c'est d'abord celui où il existe à côté du collège, trop près, une école professionnelle supérieure; si bien, que l'une pompe la substance de l'autre. C'est ensuite le cas où la municipalité veut absolument supprimer son collège, où l'on se heurte à un parti pris.

Dans le premier cas, il est sage, en effet, de choisir; mais pourquoi décider, *a priori*, que ce sera le collège qui devra disparaître? Qu'on étudie sur place la situation, et qu'on ferme celui des deux établissements qui réussit le moins, et qui a le moins d'avenir, non sans se défier du calcul assez naturel des municipalités, très portées à favoriser l'enseignement primaire, parce qu'il ne leur coûte pas grand'chose, et que tous les frais, ou peu s'en faut, retombent à la charge de l'État. Dans le second cas, qu'on invite encore les municipalités à réfléchir, à songer aux regrets qu'elles se préparent peut-être, si la disparition du collège enlève à la ville un peu de son importance et de son mouvement; mais qu'on les laisse libres, en somme, de statuer sous leur pleine et entière responsabilité. Il est bien probable que, placées en face de cette responsabilité, et n'étant influencées en aucun sens par l'État, la plupart des municipalités pour qui la question se posera reculeront devant la suppression de leur collège, et, pour toutes les raisons qui précèdent, ni l'Université ni la République n'auront à le regretter.

Novembre 1890.

Quel enseignement faut-il donner
dans les collèges?

Si l'on maintient tous les collèges — à quelques rares exceptions près, dans les cas particuliers que nous venons de dire — quel enseignement faut-il y donner? C'est la seconde des questions générales qui se posent à propos du renouvellement des traités avec les villes. Ici encore, deux opinions bien tranchées, entre lesquelles il n'est pas facile, ni peut-être nécessaire de prendre un parti unique, intransigeant.

Selon les uns, il convient de supprimer l'enseignement du grec et du latin dans la plupart des collèges, sinon dans tous, pour y laisser subsister seulement soit l'enseignement spécial qui existe aujourd'hui, soit l'enseignement français, dont on attend toujours la prochaine organisation. Raisons à l'appui : d'abord, si l'enseignement du latin est à peu près bien donné dans beaucoup de collèges, celui du grec, déjà si faible dans les lycées, doit être, dans les collèges, plus faible encore; toutes réserves faites, bien entendu, pour tel ou tel maître qui se tourne de préférence vers cette étude, ou pour tels élèves, qui ont des dispositions particulières. Ensuite, la clientèle des collèges est le plus souvent composée en majorité de jeunes gens qui ne se destinent pas aux carrières libérales, où la connaissance des langues anciennes est indispensable. Beaucoup de parents de la campagne ou des petites villes mettent leurs enfants au collège, pour qu'ils y reçoivent un commencement d'éducation générale, et les en retirent quand ils ont l'âge de la quatrième ou de la cinquième. Quel inconvénient y aurait-il à ce que ces élèves-là ne fissent pas de latin? Enfin, si l'enseigne-

ment du grec et du latin doit disparaître, même de beaucoup de lycées, à plus forte raison ne doit-on pas le
maintenir dans les collèges. L'enseignement spécial
actuel, ou mieux encore l'enseignement classique français, suffit à la moyenne des intelligences et sert mieux
les intérêts du grand nombre.

Ces raisons sont sérieuses. Mais n'en peut-on dire
autant de celles qu'y opposent les partisans du maintien des langues anciennes?

D'après eux, les familles ont un critérium unique pour
décider si un enseignement est secondaire ou primaire :
c'est la présence ou l'absence du latin. Si le collège
cesse d'enseigner le latin, le paysan, le négociant de
la petite ville se dira aussitôt : Autant mettre mon fils
à l'école primaire, qui ne coûte rien, qu'au collège qui
coûte cher. Passe encore pour la dépense, si on apprend
au collège autre chose qu'à l'école! Mais si c'est la
même chose, nous serions bien sots d'ouvrir les cordons
de notre bourse! Or, pour les motifs indiqués dans un
précédent article, et sur lesquels je n'ai pas à revenir,
il serait fâcheux, à tous les points de vue, que l'enseignement primaire et l'enseignement primaire supérieur
tirassent à eux trop de jeunes gens, et fussent en possession de former ainsi, à peu près seuls, l'esprit public.
Il doit prendre sa source plus haut.

Mais il y a plus : si l'on supprime les langues anciennes,
le collège cesse d'être la pépinière du lycée, et c'est là
pourtant, au point de vue social comme au point de vue
purement universitaire, l'une de ses fonctions naturelles, et non la moindre. L'enfant qui aura fait ses
classes de grammaire au collège, ne pourra plus être
envoyé au lycée pour y faire ses classes de lettres. Conséquence : il faudra qu'on le mette tout de suite au lycée,
c'est-à-dire qu'on l'éloigne de sa famille, et qu'il soit
interne, si l'on veut qu'il tente la chance des carrières

libérales, ou bien qu'on le confie aux maisons religieuses pour y faire son noviciat intellectuel. Seulement, si la maison religieuse prend l'enfant, elle gardera le jeune homme.

Dernière objection — ou du moins dernière objection essentielle, car il n'en manque pas d'autres, moins importantes, qu'on néglige pour ne pas alourdir et compliquer la discussion — de même qu'on aura fourni à l'avarice de certains parents, peu éclairés, un prétexte pour substituer l'enseignement gratuit de l'école primaire à l'enseignement payant du collège, on aura désaffectionné de cette institution la partie la plus cultivée de la population des petites villes. Si l'on ne fait plus de latin du tout, cette petite élite intellectuelle et sociale qui, à tort ou à raison, tient aux langues anciennes comme à un élément, et même comme à un signe de culture supérieure, se désintéressera tout à fait des destinées du collège. Il y aura dans ce milieu des mécontents, qui ne se borneront pas à pester contre le ministre de l'Instruction publique, mais chez qui les habitudes rompues, les préjugés froissés susciteront un mauvais vouloir général contre le régime, et se traduiront en hostilités et en rancunes politiques plus ou moins redoutables.

On le voit : il est difficile de choisir, c'est-à-dire d'éliminer complètement l'une des deux séries d'arguments. Mais est-ce indispensable ? Nous ne le croyons pas, à la condition toutefois qu'on prenne un certain nombre de mesures urgentes.

Pourquoi, au lieu de trancher la question par des principes généraux et une réglementation uniforme, ne la trancherait-on pas par des décisions particulières, appropriées à chaque académie, et dans chaque académie, à chaque collège ? Tel recteur déclare au ministre que jamais, dans son académie à lui, des maisons con-

sacrées uniquement à l'enseignement spécial ne réussi-
ront. Si ce recteur voit juste, qu'on l'écoute, et qu'on
ne change rien à ses collèges. Tel autre est d'un avis
opposé : il voudrait bannir les langues anciennes des
collèges de son ressort. S'il a raison, qu'on l'écoute
encore. Mais alors, qu'on crée au plus tôt l'enseignement classique français, animé de l'esprit que nous
avons tant de fois défini, dirigé par ces méthodes éprou-
vées qui font la force des vieilles humanités, et qui
feront encore celle des humanités modernes.

En outre, est-il indispensable, là où l'on laissera l'enseignement des langues anciennes, d'entretenir des
cadres complets? Le même professeur ne peut-il pas
être chargé, au besoin, de deux classes, de ces classes'
qui comptent parfois trois ou quatre élèves? Un certain
nombre de recteurs proposent de supprimer les emplois
spéciaux, et de ne plus nommer que des professeurs de
lettres, qui feraient indifféremment telle classe une
année, telle autre l'année suivante, selon les fluctuations
de la population scolaire. Appliquée surtout aux petits
collèges, et de préférence aux classes supérieures, rarement très peuplées, cette réforme toute pratique don-
nerait certainement de bons résultats.

Ainsi, la création à bref délai de l'enseignement classique français, dont on tâchera de faire comprendre
aux familles la haute valeur éducatrice, voilà pour compenser les inconvénients de la suppression des langues
anciennes, là où il paraîtrait à propos de les supprimer;
une organisation des cadres plus simple, voilà pour
aider au maintien de ce même enseignement, partout où
il semblerait nécessaire de le conserver.

Notre conclusion sur ce second point est la même
que sur le premier, ou, du moins, elle s'inspire du
même esprit : respecter autant que possible l'initiative des municipalités, consulter les convenances régio-

nales, se défier des théories et des systèmes, appliquer des solutions spéciales à des cas individuels, et profiter de l'occasion qui se présente pour se dégager, au moins sur un point, de cet attachement superstitieux aux règlements uniformes que l'Université républicaine tient de l'Université du premier Empire, et qu'elle ne paraît pas, hélas! très pressée de répudier.

Novembre 1890.

L'ère des réformes va s'ouvrir.

La discussion du budget de l'Instruction publique a fourni à M. Bourgeois l'occasion d'indiquer ses vues, et d'annoncer des projets en préparation sur deux questions essentielles, celle des maîtres répétiteurs et celle de l'enseignement classique français.

La question des répétiteurs a été introduite devant la Chambre par un amendement qui la liait au crédit des bourses de licence. Le ministre a commencé par défendre l'institution des bourses de licence, en quoi il a eu pleinement raison. Il a ensuite accepté la réduction proposée par M. Maurice Faure, en quoi il n'a pas eu tort, car, même réduit, le crédit demeure suffisant; et il n'y a pas grand inconvénient à ce qu'il offre une certaine élasticité, à ce qu'il soit tantôt élevé, tantôt réduit, selon les besoins du service, selon le nombre des postes de professeurs vacants dans les collèges. Le ministre aurait pu, d'ailleurs, rappeler à M. Faure que le concours des bourses de licence est ouvert aux maîtres répétiteurs, qu'il dépend d'eux d'échanger leur situation contre celle de boursier, s'ils la trouvent plus favorable au progrès de leurs études, et que, par conséquent, il est tout à fait inexact de considérer l'une de deux institutions comme la rivale de l'autre, le boursier de licence comme l'ennemi naturel et nécessaire du maître répétiteur.

Prise en elle-même, la question du répétitorat présente un curieux exemple de ces déplacements de points de vue qui se produisent parfois dans l'intervalle de quelques années. Lorsqu'en 1883 on a modifié les règlements et notablement amélioré déjà la situation des maîtres, presque toutes les personnes compétentes étaient d'accord pour reconnaître que le répétitorat ne devait pas constituer une carrière, que le meilleur maître est celui qui ne fait que traverser ces fonctions pour en occuper d'autres ensuite, et qui donne aux élèves confiés à ses soins l'exemple du travail personnel. Le fléau, disait-on alors, du collège et du lycée, c'est le maître légendaire, qui ne travaille pas, n'arrive à rien, et s'encroûte. Pour proscrire à jamais ce type, on tournait la réforme du répétitorat dans le sens que nous venons de rappeler. On s'attachait plutôt à en ouvrir au large les portes de sortie, qu'à rendre l'aménagement intérieur très confortable.

Aujourd'hui, l'impression générale est toute différente. On veut faire du répétitorat une carrière. On espère décider des hommes de valeur à s'en contenter toute leur vie, et alors il est logique d'élever les traitements, de permettre la vie de famille, etc. Au fond, il n'y a pas contradiction, mais plutôt, comme je le disais tout à l'heure, déplacement de point de vue. Comme toutes les questions complexes, celle du répétitorat a des aspects multiples. C'est tantôt l'un, tantôt l'autre qui frappe. Va donc pour la nouvelle réforme : j'y assisterai, pour ma part, avec un mélange de sympathie et de scepticisme. Beaucoup de sympathie, car il est évident que, si l'on parvient à créer un corps d'éducateurs, au sens le meilleur du mot, on aura donné une grande force à nos lycées et à nos collèges, et la force qui leur manquait le plus jusqu'ici. Un peu de scepticisme, car il me paraît bien difficile qu'on rende ces situations assez importantes pour que ceux qui les occuperont, surtout s'ils ont des charges de famille, ne tendent pas naturellement à en conquérir de plus lucratives.

On a fait hier un pas en avant, et un pas qui compte, vers la création de l'enseignement classique français. De même que la question du répétitorat, celle-ci s'est trouvée introduite latéralement, en quelque sorte, par l'amendement que M. Lasserre, et M. Sarrien après lui, ont déposé et soutenu en faveur du maintien de l'école de Cluny. A vrai dire, le ministre de l'Instruction publique a pris le bon biais, quand il a montré que la question de Cluny s'absorbait et se fondait dans celle de la réforme de l'enseignement secondaire. On a beaucoup polémiqué, depuis quelques mois, sur le point de savoir si Cluny était une fondation heureuse, si elle donnait de bons résultats, si elle rapportait en proportion de ce qu'elle coûte, etc., et l'écho de ces polémiques s'est fait entendre hier à la tribune. Bien inutilement, selon nous. Cluny représente un type d'enseignement qui a fait son temps, et qui doit céder la place à un type nouveau [1].

M. Bourgeois a renouvelé devant la Chambre l'engagement qu'il avait déjà pris devant le Sénat, de soumettre au conseil supérieur un projet portant création des humanités modernes. Il a ajouté qu'à côté, ou si l'on aime mieux, au-dessous des deux formes de l'enseignement classique, la forme gréco-latine et la forme française, distribuées désormais par des maîtres formés dans les mêmes concours, et rompus aux mêmes méthodes, il y aurait place encore pour un enseignement professionnel, déjà contenu en germe dans l'enseignement spécial. Seulement, a-t-il ajouté — et on ne sau-

____

1. Voir plus loin, p. 216 et suivantes.

rait trop approuver cette vue — l'enseignement professionnel a pour caractère essentiel de s'adapter aux convenances locales. Il doit être autre dans le Midi et autre dans le Nord, autre dans les régions agricoles, autre dans les grands ports, autre dans les villes de l'intérieur. L'État s'en mêlera le moins possible : c'est affaire aux départements et aux municipalités de développer cet enseignement là où il existe, et de le créer, là où il n'existe pas.

C'est là un langage excellent, qu'on n'est pas habitué à entendre tenir par les ministres. Il reste à souhaiter d'abord que les départements et les communes prennent au mot M. Bourgeois; ensuite, que l'administration supérieure ne paralyse pas, par d'inutiles formalités et une paperasserie interminable, le bon vouloir des pouvoirs locaux; enfin, que le conseil supérieur prête une oreille favorable aux projets du ministre lorsqu'il en sera saisi, et que le Parlement lui-même fasse diligence, si, comme il y a lieu de le croire — mais la question est controversée — il faut une loi pour permettre à la réforme projetée d'aboutir.

On le voit, nous ne touchons pas encore le but, mais nous nous en sommes rapprochés hier. Et la sagesse des nations offre une foule d'aphorismes propres à donner confiance dans l'avenir, tels que celui-ci : qui va lentement va sûrement.

Il ne faudrait pourtant pas aller trop lentement.

Novembre 1890.

VERS L'ENSEIGNEMENT CLASSIQUE FRANÇAIS

Le baccalauréat de l'enseignement spécial.

On sait qu'il a été récemment institué un baccalauréat de l'enseignement secondaire spécial[1]. Cette création semblait nécessaire pour mettre l'enseignement spécial sur le même pied que l'enseignement classique. Le préjugé des familles et la gloriole y trouvaient leur compte. Je ne chicanerai point sur le mot, bien qu'on pût faire remarquer qu'il n'a pas déjà tellement porté bonheur aux études classiques. Restait à savoir ce que serait la chose? Un simple examen de fin d'études, permettant de présumer que le candidat avait acquis une certaine moyenne de connaissances, comme devait être, à l'origine, le baccalauréat de l'enseignement classique? Ou un diplôme ouvrant les portes de certaines carrières, et conférant à tous ceux qui l'obtiennent une sorte de droit aux places et fonctions de l'État, comme est devenu, par la plus déplorable des révolutions, le baccalauréat de l'enseignement classique?

Tout porte à craindre, malheureusement, que la

---

1. Décret du 28 juillet 1882.

seconde solution ne l'emporte sur la première. Dans sa sollicitude pour l'enseignement spécial, qui lui paraît à juste titre devoir recueillir le plus grand nombre de nos lycéens, l'administration de l'Instruction publique a pris des mesures aussi fâcheuses par leurs conséquences, que louables si l'on songe aux motifs qui les ont dictées.

Une commission mixte, composée de hauts fonctionnaires des différents ministères, a été formée pour dresser la liste des fonctions auxquelles conduirait dorénavant le baccalauréat spécial. On vient de décider, sur la proposition de cette commission, que ce baccalauréat serait assimilé au baccalauréat ès lettres pour nombre d'emplois ressortissant aux ministères de l'Agriculture, du Commerce, des Finances, de la Guerre, de la Justice, de la Marine et des Colonies, des Postes et des Télégraphes. Peu importe le nombre ou la nature de ces emplois. Il suffit, pour que le danger saute aux yeux, que le principe même de l'assimilation soit admis.

Qu'on y réfléchisse un moment. De quoi se plaint-on, quand on fait le procès de l'enseignement classique? De la quantité de déclassés qui en sortent. Par déclassés, il faut entendre les jeunes gens qui, ayant donné dix ou douze années de leur vie à des études dont ils n'ont pu ou voulu tirer tout le profit que d'autres, mieux doués ou plus laborieux, en retirent, sortent du lycée aussi impropres aux carrières où cette préparation est nécessaire, qu'aux carrières où elle est absolument inutile; et, sous le mauvais prétexte qu'ils se sont frottés de grec et de latin, dédaignent le commerce, l'industrie, l'agriculture. Ils sont bacheliers, ou ils ont failli l'être, mais d'autant plus incapables de gagner leur vie, et de se rendre utiles à la société.

C'est un des fléaux de notre temps et de notre pays.

La poursuite du diplôme abêtit ces jeunes gens; sa possession les rend plus bêtes encore, puisqu'elle leur persuade qu'ils ont droit à tout, que leur existence est désormais assurée, que l'État les casera, qu'ils mangeront à un râtelier un peu maigre, mais toujours garni. Tout le monde reconnaît le mal; tout le monde s'en plaint. On rend l'enseignement classique responsable. On le mutile, on le victime, on le tue, ou peu s'en faut. Puis, lorsque l'occasion s'offre de faire du nouveau; lorsqu'il s'agit de réformer l'enseignement spécial — un enseignement incomparable, celui-là, qui n'aura aucun des défauts ou des vices du classique — la première mesure que l'on prend est de l'affliger d'un baccalauréat conférant à peu près les mêmes droits que l'autre. On le rive au même boulet; on lui inocule le même microbe, mais un microbe non cultivé, un microbe sauvage et mortel! Toujours l'ingénieux système, qui consiste à ne faire du neuf qu'avec du vieux, à tailler sur des mesures toutes faites et démodées.

Oh! sans doute, il est facile de justifier les mesures prises, et d'expliquer le plan de l'administration. Elle a cru assurer plus de crédit à l'enseignement spécial, plus de considération. Il se rencontre des familles qui restent en défiance, précisément parce que cet enseignement ne conduit à rien. Montrez-leur de loin des places, des appointements, une livrée, le fonctionnarisme, elles viendront à l'enseignement spécial! — Nous ne le contestons pas. C'est bien là, en effet, un moyen d'attirer le public. Mais d'abord le public ne serait-il pas venu sans cela? Ensuite, tout n'était-il pas préférable à un pareil moyen?

Le public serait venu à l'enseignement spécial, même sans baccalauréat, et sans l'assimilation de ce baccalauréat à l'autre, par cette excellente raison qu'il y est déjà venu. A l'heure présente, la population de l'enseignement spécial est considérable dans nos collèges. Ne suffirait-il pas, pour la rendre plus considérable encore, de la croisade entreprise en sa faveur par la presse, les municipalités intelligentes, l'administration? Qu'on eût nommé, comme on vient de le faire, une commission pour reviser les programmes, les alléger ou les étendre, rien de mieux. Qu'on eût mis le plus d'argent possible et les meilleurs maîtres possibles dans ce service, à merveille! Mais, de toutes les choses à faire, la pire est celle qui vient d'être faite. Que si l'on avait peur — et cette peur est chimérique — de la comparaison avec le baccalauréat classique et ses avantages sociaux, il y avait un excellent moyen de la rendre moins défavorable au baccalauréat spécial : c'était de décider que le baccalauréat classique cesserait de conduire à la plupart des fonctions auxquelles il conduit à présent; qu'il faudrait, pour occuper ces fonctions, des examens particuliers. Le mot d'ordre devrait être : Guerre au baccalauréat! Étrange tactique, que d'élever de ses propres mains, à l'ennemi, un nouveau fort retranché, d'où il fera le plus de mal possible!

L'enseignement spécial doit donner à la société française ce dont elle a le plus urgent besoin : des recrues pour l'industrie, le négoce, les entreprises aux colonies, l'agriculture raisonnée et scientifique. Il ne doit pas lui donner de petits budgétivores, ou des gens qui ne demandent qu'à l'être, ayant même un parchemin *ad hoc*; et qui, s'ils n'y réussissent pas, se consolent de ne point être à la place des autres, en faisant un perpétuel effort pour chasser les autres de leurs places. D'où la plupart des misères dont souffre le temps présent, et quelques-unes de nos révolutions.

Mars 1880.

Enseignement spécial et enseignement français.

On a vu les dangers que présente l'assimilation du baccalauréat spécial au baccalauréat classique, pour l'accès à un trop grand nombre de fonctions de l'État. L'erreur commise par l'administration part d'un bon sentiment; mais c'est une erreur. En la dénonçant, j'ai cru répondre au vœu exprimé par le directeur de l'enseignement secondaire dans son récent rapport au ministre. Avec un libéralisme auquel on se reprocherait de ne pas rendre hommage, car il est assez rare chez les administrateurs, M. Zévort fait appel à la discussion et à la critique. Il convie tous ceux qui s'intéressent aux progrès des études, à faciliter par leurs observations la tâche de la commission qui vient d'être créée pour reviser les programmes de l'enseignement spécial. Les idées qu'il exprime lui-même à ce propos sont simplement, dit-il, une esquisse de nature à guider la commission dans son travail.

Sans doute, celle-ci demeure libre de les suivre ou de s'en écarter, mais elle ferait bien de prendre le premier parti. L'aveu nous coûte d'autant moins à faire, que nous ne sommes pas suspect — on en a eu la preuve — de complaisance pour les vues de l'administration. En désaccord absolu avec elle sur les sanctions à donner à l'enseignement spécial, nous devons convenir qu'elle comprend bien le caractère et les nécessités de cet enseignement.

D'abord, il ne doit à aucun degré ni sous aucun rapport singer l'enseignement classique. Il faut qu'il conserve son originalité. C'est le cas de se défier des amis trop ambitieux et maladroitement ambitieux, qui se persuadent que l'enseignement spécial doit s'approprier les procédés, et jusqu'aux matières de l'autre. Ne faut-il pas, disent-ils, effacer toute différence de niveau? Question de dignité autant que d'intérêt. — Intérêt et dignité fort mal entendus, répliquerons-nous. La véritable dignité consiste à demeurer soi-même, à ne point se mettre à la remorque. Le véritable intérêt, à poursuivre des améliorations judicieuses dans la voie où l'on a déjà trouvé le succès. Or, l'enseignement spécial, placé dans les plus fâcheuses conditions, a réussi au delà de toute espérance. Le mieux est l'ennemi du bien. Qu'on ne le modifie pas trop, sous prétexte de le réformer, mais surtout qu'il ne se guinde pas à paraître un enseignement classique au petit pied, sous prétexte de s'élever. On a gâté déjà l'enseignement classique, qui n'est guère plus qu'un enseignement spécial supérieur. Il ne manquerait plus que de gâter l'enseignement spécial, sous prétexte d'en faire un enseignement classique inférieur. Va pour l'égalité entre les deux, mais l'égalité dans la différence.

La langue et la littérature françaises, les langues étrangères, l'histoire, surtout l'histoire nationale, et celle-là même considérée au point de vue de l'évolution des institutions sociales, la géographie, les notions d'économie politique, les principes et les applications des sciences, le dessin; telles sont les matières naturelles en quelque sorte de l'enseignement spécial. N'y a-t-il pas là tout ce qu'il faut pour former des hommes, des citoyens, industriels, commerçants, agriculteurs?

M. Frary a montré dans *la Question du latin*, ce livre qui est mieux qu'un recueil de paradoxes, et qui côtoie souvent la vérité, M. Charles Bigot avait montré avant lui, tout le parti qu'on peut tirer de la littérature française, de l'étude de nos grands écrivains, même sans le secours du grec et du latin, pour la culture des facultés, et le progrès de l'esprit. La commission chargée de reviser les programmes de l'enseignement spécial fera bien de s'inspirer des idées de M. Frary, et surtout de celles de M. Bigot, celles-ci n'étant en définitive que celles-là, passées au crible du sens pratique, et mises au point pour l'application.

L'enseignement spécial doit recueillir tous ceux d'entre les élèves des lycées qui n'ont pas de temps à perdre pour se créer une situation dans le monde, ou qui ne se destinent pas aux carrières où une très forte préparation, soit scientifique, soit littéraire, est indispensable. Débarrassé de son trop-plein, l'enseignement classique recouvrera une indépendance et une liberté d'allure qu'il a perdues. En sorte que la réforme du voisin lui aura servi à lui-même, et que nous aurons fait d'une pierre deux coups. Il est même probable qu'on admirera combien certaines questions relatives à l'enseignement classique, qui paraissent difficiles à résoudre aujourd'hui, deviendront simples et aisées, par le seul fait que cet enseignement ne s'adressera plus qu'à ceux qui en auront vraiment besoin.

L'enseignement spécial, devenu l'enseignement français, est l'enseignement de l'avenir; mais à une condition : c'est qu'en s'efforçant de le rendre aussi utile que possible, on évite de le rendre utilitaire.

Pour mériter de jouer le rôle qui l'attend, l'enseignement spécial doit avoir, lui aussi, une valeur esthétique. Il doit tendre à bien façonner, plus encore qu'à bien remplir les têtes. La méthode n'importe pas moins que les programmes. Mais la méthode elle-même ne vaut que ce que valent ceux qui l'appliquent. Si bien que le corollaire d'une refonte des programmes, c'est une vigilance plus grande, un progrès dans la préparation des maîtres. Le rapport du directeur de l'enseignement secondaire mentionne, en passant, cette question, qui devra faire aussi l'objet des travaux de la commission. Là, tout est à faire. Les programmes sont imparfaits, assurément, mais il y en a. Au contraire, la préparation du personnel enseignant n'est pas seulement défectueuse, elle est tout à fait insuffisante. On n'aura fait œuvre qui dure et qui vaille, que le jour où l'on aura donné à cet enseignement des maîtres d'une réelle valeur.

Mars 1886.

Comment faire de l'enseignement spécial
un enseignement français?

La commission qui revise les programmes de l'enseignement spécial n'est pas encore au bout de sa tâche. Mais on connaît dès à présent quelques-unes des décisions qu'elle a prises, et le tableau de répartition des heures entre les diverses matières. Ce tableau prête à la critique, notamment en ce qui concerne les langues vivantes et les sciences. Peut-être n'est-il pas définitif. Aussi vaut-il mieux ajourner la discussion, jusqu'à ce que la commission ait terminé ses travaux, et livré au public des résultats d'ensemble. D'ailleurs, si son œuvre ne pèche que par les détails, eussent-ils même, comme c'est ici le cas, une réelle importance, tout sera bien. Il est malheureusement à craindre qu'elle ne prête .

le flanc à des objections plus graves, de méthode et de principe.

Il y a deux partis à prendre : ou bien remanier timidement les cadres de l'enseignement spécial, en retranchant sur tel point, en ajoutant sur tel autre, mais en laissant subsister, avec le gros des anciens programmes, l'esprit qui inspirait jusqu'ici cet enseignement; ou bien se mettre à l'aise, secouer le joug de la tradition, animer d'un esprit nouveau une conception nouvelle. Dans la première hypothèse, on n'aboutit à rien de vivace ni de fécond. On tente une réforme partielle, comme il y en a déjà eu beaucoup dans l'ordre des études classiques, réforme dont le bénéfice sera vite épuisé, et qui, au bout d'un temps plus ou moins long, en appellera d'autres. Si bien que ce sera toujours à recommencer.

Dans la seconde hypothèse, on peut arriver à une organisation nouvelle des études secondaires, plus que jamais nécessaire, et même indispensable. L'enseignement classique, auquel on restituerait quelques-uns des exercices supprimés par la réforme de 1880, subsisterait dans certains lycées, et continuerait à recruter l'enseignement, la magistrature, le barreau, etc. Un enseignement français, non plus spécial, mais classique lui aussi, profondément classique par la méthode et la doctrine, avec un personnel de professeurs fortement préparé, prendrait dans la plupart des lycées la place des études classiques actuelles, qui, après les modifications qu'on leur a fait subir, ne répondent plus à l'ancien idéal, sans répondre pour cela davantage aux nécessités du temps présent. Ainsi s'effectuerait une séparation entre les jeunes gens destinés aux carrières où la connaissance des langues anciennes est utile, et ceux qui se destinent aux carrières où elle est inutile. Cette séparation ne serait pas une sélection, en ce sens que beaucoup d'entre les jeunes gens les plus intelligents et les mieux doués iraient à l'enseignement français, si cet enseignement est vraiment classique. Chacun de ces deux ordres d'enseignement, dégagé de la clientèle qui peut lui nuire, s'avancerait alors d'un pas plus rapide et plus égal dans sa voie.

Le rapport de M. Zévort, qui sert de base aux travaux de la commission, est assurément très net sur l'un des points que nous venons de viser. Il réclame avec force pour le nouvel enseignement un caractère classique. Mais il faut s'entendre sur le sens de ce mot. L'enseignement classique n'est-il pas, par excellence, celui qui tend à former l'esprit, à en développer les naturelles qualités d'ordre et de mesure; qui a pour but moins d'apprendre à connaître et à retenir, que d'apprendre à penser? Et y a-t-il une autre culture que celle des lettres, lettres françaises et étrangères, qui soit propre à cela? Les sciences ont-elles cette vertu éducatrice? Plus d'un savant le conteste, et nous en doutons, pour notre part. On ne fera un enseignement classique, que si l'on fait un enseignement très littéraire. Voilà l'un des points sur lesquels la commission ne nous paraît pas aussi résolue que nous le souhaiterions.

La pire des solutions serait de demeurer entre les deux, de ne pas renoncer à la première, sans abonder franchement dans le sens de la seconde

Avril 1886.

La réforme de l'enseignement spécial devant le Conseil supérieur.

I

Le conseil supérieur est saisi en ce moment même du projet de réforme de l'enseignement spécial, qu'il serait plus juste d'appeler le projet d'organisation de l'enseignement classique français.

La commission qui était chargée de l'élaborer a conduit rapidement son travail. Malgré certaines hésitations au début, la section permanente du conseil supérieur, après avoir examiné l'œuvre de la commission, l'a approuvée sur presque tous les points. Au conseil maintenant de se prononcer. Si, comme il paraît bien probable, le conseil ratifie les décisions de sa section permanente, le nouvel enseignement pourra être inauguré dès la rentrée prochaine. Rarement aussi lourde tâche aura été menée à bien avec plus de vigueur et de décision.

Le discours que M. Goblet a prononcé, en ouvrant la session du conseil supérieur, marque avec force et précision le caractère du nouvel enseignement. Ce sera un enseignement large, général, libéral, classique au meilleur sens du mot. Un instant, on avait pu craindre que la commission n'inclinât dans un sens différent; qu'elle ne voulût abaisser cet enseignement, en faire une préparation trop utilitaire aux carrières commerciales et industrielles. L'avis contraire a fini par prévaloir, en partie, grâce au concours de quelques-uns des représentants du commerce et de l'industrie que M. Goblet a eu si grande raison d'appeler à partager les travaux de la commission, et qui ont soutenu, avec une hauteur de vues dont on ne saurait trop les féliciter, toutes les mesures propres à relever le niveau du nouvel enseignement, à en élargir la portée. Tel qu'il sera institué, tel que le définissait hier M. Goblet, cet enseignement sera l'égal de l'enseignement gréco-latin. Et il fallait qu'il le fût.

Retenir indéfiniment toute la population scolaire dans les cadres actuels des études secondaires, est un rêve dont on peut regretter les perspectives, mais dont il n'est plus permis aujourd'hui de se bercer. On aura beau faire et beau se lamenter : le branle est donné. Si l'on s'obstine à ne pas faire de concessions, le vieil édifice universitaire croulera de toutes parts. Il faut absolument sacrifier quelque chose pour sauver le reste. Le grec et le latin, pour les élèves qui se destinent à des carrières dont ces études constituent la préparation indispensable; le français, les langues vivantes, l'histoire, pour le reste de la jeunesse. Et qu'on ne crie pas à la division des générations nouvelles. Qu'on n'affecte pas d'y distinguer une aristocratie, éduquée selon les vieilles maximes, et une plèbe, dévouée à des études inférieures. La division ne se fera pas, l'inégalité n'existera pas, parce que, si les deux ordres d'enseignement comportent des matières différentes, ils s'inspireront des mêmes méthodes, et la méthode est tout. Comme l'enseignement gréco-latin, l'enseignement français aspire à former des esprits ouverts, des âmes éprises du beau, et il y réussira.

Quelle solution plus heureuse d'un problème auquel

tant d'intérêts si graves sont suspendus, que le dédoublement de notre enseignement secondaire, laissant à chacun le choix des moyens de culture, garantissant à tous l'unité de principe, de méthode, d'idéal? La réforme de 1886, si on l'applique dans l'esprit où elle a été conçue, servira même la cause des fortes études grécolatines. Une fois délivré des élèves qui l'encombrent sans en tirer profit, l'enseignement du grec et du latin, paralysé jusqu'ici, retrouvera toute sa souplesse. Il pourra, sans inconvénient, reprendre certains exercices stériles pour la masse, utiles à une élite. Il redeviendra lui-même, pour le plus grand honneur de l'Université et de notre pays.

Si j'adressais un reproche au projet actuellement soumis au conseil supérieur, ce ne serait pas d'empiéter sur le domaine du grec et du latin, bien au contraire; ni d'être une réforme trop aventureuse. Ce serait plutôt d'être, dans quelques-unes de ses parties, une réforme trop timide. On ne s'est pas assez résolument dégagé de l'ancien programme de l'enseignement spécial. On en a conservé trop d'éléments dans le programme nouveau, qui, par suite, est chargé à l'excès, surtout du côté des sciences. Ou je me trompe fort, ou la pratique aura bientôt montré qu'il faut en rabattre. On élaguera, on simplifiera, et alors, on aura fait œuvre durable. Mais ce qui importe pour le moment, c'est moins de critiquer certains détails du projet, que d'en louer l'ensemble et l'esprit général. En l'adoptant dans ses grandes lignes, quitte à y retoucher plus tard, le conseil supérieur rendra un grand service à l'Université, et un service plus grand encore à la société française.

II

La session du conseil supérieur a été courte, mais mouvementée. On sait que le ministre soumettait à cette assemblée un projet d'organisation de l'enseignement secondaire classique français, projet élaboré par une commission spéciale, revu et approuvé par la section permanente. Il semblait que la discussion devant le conseil dût être une simple formalité. Tout au contraire, des objections ont été soulevées, des résistances se sont produites, singulièrement imprévues, malaisément explicables, qui ont failli arrêter au passage une réforme nécessaire, et qui, en fin de compte, vont rendre plus difficile la tâche des hommes d'initiative et de progrès qui l'ont conçue, et qui seront chargés de l'exécuter. Voici au juste en quoi a consisté le différend.

Le projet du ministre portait sur trois points essentiels : le nom du nouvel enseignement, ses programmes, ses sanctions. Le dernier des trois points échappait à la compétence du conseil supérieur; c'est une question de gouvernement. Le second n'a pas provoqué d'objections graves. C'est sur le premier que s'est concentrée la mauvaise humeur des adversaires de la réforme.

On leur proposait de donner à cet enseignement, si renouvelé qu'il en est presque nouveau, le nom d'enseignement classique français. Ils ont préféré conserver la vieille dénomination d'enseignement spécial, qui n'a jamais eu de sens bien net, et qui est plus déplacée aujourd'hui que jamais, puisque, de l'aveu de tous, l'esprit de cet enseignement devra être large, libéral et classique. D'ailleurs, le conseil s'est contredit lui-même : après avoir repoussé le nom, il a accepté la chose, en votant tels quels les programmes qu'on lui soumettait. Comme il eût été mieux avisé, s'il eût fait porter la minutie de son examen et la rigueur de sa critique sur ces programmes, s'il les eût simplifiés, allégés; s'il en eût signalé le défaut principal, qui est de faire tenir dans le cadre d'un seul et même enseignement presque toutes les matières qui en alimentent deux à présent, et d'aboutir à un baccalauréat qui, prétendant remplacer tantôt le baccalauréat ès lettres, et tantôt le baccalauréat ès sciences, est censé attester une quantité et une diversité de connaissances qui ne se rencontreront sans doute pas souvent chez tous les bacheliers!

Mais l'étude attentive des programmes était bien le moindre souci du conseil : la question du nom passait pour lui en première ligne. L'enseignement français pouvait-il être appelé classique, et, par conséquent, marcher de pair avec l'enseignement gréco-latin? N'y avait-il pas là, pour ce dernier, une diminution de dignité en même temps qu'une menace? Voilà ce qui a ému le conseil. Il a vu, ou affecté de voir dans la réforme une concession périlleuse aux adversaires des vieilles études classiques, aux iconoclastes. Si tel était le dessein avoué ou secret des réformateurs, je serais, pour ma part, le premier à les combattre.

Il me paraît essentiel que l'on continue d'enseigner, dans beaucoup de nos lycées, ce qu'on y a enseigné jusqu'ici. Mais ni M. Goblet, qui a fait à maintes reprises le panégyrique convaincu des fortes études littéraires, ni M. Zévort ou M. Gréard ne sont des hommes à livrer, de propos délibéré ou inconsciemment, la jeunesse française à la barbarie. L'absurdité d'un tel soupçon est manifeste. Il reste à se demander comment on sert le mieux les humanités, si c'est en défendant contre toute rivalité le type unique du lycée classique actuel, ou en créant un second type de lycée, en laissant aux familles le choix entre deux programmes d'éducation différents, mais réglés sur les mêmes méthodes, et inspirés du même esprit?

Le ministre et ses collaborateurs avaient pensé, très sagement, que la seconde solution était plus libérale et plus prudente que la première. Le conseil — sans s'y opposer, puisqu'il a voté les programmes — a atténué autant qu'il était en lui la portée sociale de cette solution, en repoussant un nom qui établissait l'égalité de l'enseignement français et de l'enseignement gréco-latin; un nom clair et complet, disant bien tout ce qu'il fallait dire, et déjà consacré par l'opinion. C'est plus qu'une erreur, c'est une faute. Qu'arrivera-t-il si l'Université perd, un jour ou l'autre, la direction du mouvement réformateur? si d'autres font sans elle, peut-être contre elle, ce qu'elle-même eût fait avec plus de compétence, de tact et de modération?

On dira qu'après tout c'est une simple question de mots, puisque, avec les programmes approuvés par le conseil, le ministre est libre d'instituer un enseignement qui n'aura plus de spécial que le titre. Mais les mots ont leur importance. Et le nom d'enseignement spécial, qui a déjà son histoire et même sa légende, n'est fait ni pour flatter l'amour-propre des maitres, ni pour désarmer les préventions des familles.

III

La lecture du rapport présenté au conseil supérieur par la commission chargée de prendre connaissance du projet d'organisation de l'enseignement français, n'est pas pour diminuer l'étonnement que la résistance de cette assemblée aura causé partout où l'on s'intéresse à l'idée nouvelle.

On chercherait en vain dans ce document, rédigé d'ailleurs avec beaucoup de soin et d'impartialité, un argument vraiment fort et décisif contre la réforme. Tout ce que ses adversaires allèguent de plus topique, c'est que l'enseignement spécial devait être vraiment « spécial » dans la pensée du fondateur. D'où ils concluent que spécial il doit rester jusqu'à la fin des siècles, ce qui est, pour le moins, une étrange façon de raisonner. Car enfin les circonstances changent, et aussi les besoins des sociétés. Quelque légitime gratitude qu'un pays puisse avoir pour un libre esprit qui, à un moment donné, lui a rendu service en innovant, rien ne l'oblige à demeurer éternellement emprisonné dans le cercle plus ou moins étroit des conceptions de cet initiateur, dont les disciples ou les émules élargissent à leur tour les vues.

Le second argument ne paraît pas meilleur. Prenez garde, dit-on! Vous allez faire le vide dans les cadres actuels de l'enseignement spécial, car la plupart des élèves qui s'y adonnent y cherchent moins une culture générale qu'une culture professionnelle. D'abord, rien ne prouve qu'un certain nombre d'entre eux ne seront pas bien aises de recevoir cette culture générale, qui leur est inabordable aujourd'hui, à cause du grec et du latin. Puis, si quelques-uns n'osent porter si haut leurs visées, l'enseignement primaire supérieur, qui fonctionne aujourd'hui, l'enseignement professionnel, qui s'organise, sont là pour les recueillir. Enfin, la principale recrue de l'enseignement français, c'est évidemment, dans la pensée de tous ceux qui le jugent indispensable, ce nombre énorme d'élèves qui, dans presque tous les collèges communaux, dans la plupart des lycées de province, dans beaucoup de lycées de Paris, suivent sans profit et sans nécessité des classes de grec et de latin. Nous y voilà donc, répliquent à leur tour les adversaires du lycée français! Offrir aux familles un baccalauréat français qui confère à peu près autant d'avantages que l'ancien, c'est les détourner des vieilles humanités. La paresse des jeunes gens, la faiblesse des parents auront bien vite raison des derniers scrupules du goût, et des suprêmes résistances de la tradition agonisante. Aussi, « la suppression, ou tout au moins l'extinction graduelle de l'enseignement classique actuel, voilà la fin où tend, qu'on le veuille ou non, qu'on se l'avoue ou non, la réforme proposée ».

C'est évidemment là le nœud du débat. On me permettra de négliger la dernière raison, à savoir qu'il n'est pas sûr que le français et les langues modernes suffisent pour faire un enseignement digne du nom de « classique ». Que beaucoup d'universitaires, même distingués, pensent ainsi, c'est fort explicable, tant la routine a de puissance, et aussi tant est naturel l'attachement aux vieilles méthodes qui ont fait de chacun de nous ce qu'il est. Mais que ces craintes soient le moins du monde fondées en raison, je ne puis vraiment l'admettre. Comment! l'âme française, l'âme anglaise ou allemande, s'exprimant par les plus grands écrivains des trois langues, par tant de chefs-d'œuvre auprès desquels les plus renommés monuments de l'antiquité paraissent — la question de forme et d'architecture mise à part — quelque peu fragiles, et bâtis de matériaux bien usés, tout cela, l'âme moderne en un mot, ne suffirait pas à nourrir un enseignement qui ferait, lui aussi, de bons et solides esprits? On croit rêver en voyant ce nouvel avatar de la fameuse « Querelle des anciens et des modernes » qui, après avoir troublé de ses éclats académiques la paisible existence des lettrés du xviiᵉ siècle, semblait plutôt faite pour intéresser le critique — j'allais dire l'archéologue — que pour défrayer la polémique entre gens du xixᵉ siècle, cherchant la solution de ce qu'on appelle une question d'actualité.

Revenons au point capital, au point de savoir si, oui ou non, la réforme conduit à la suppression des études grecques ou latines? S'il en était ainsi, elle n'aurait pas trouvé dans l'Université les patrons qui en ont pris l'initiative, ni dans la presse, les avocats qui la défendent. On peut penser et dire que nous sommes bien aveugle, mais, de grâce, qu'on nous croie sincère. Eh bien! la réforme nous apparaît, en conscience, comme le meilleur moyen de sauver les études grecques et latines. Car elle comporte évidemment une contre-partie. Une fois le lycée français constitué, il faudra retoucher les programmes grecs et latins, y réintroduire des exercices, qui, ne devant plus être suivis que par des élèves intéressés à les bien exécuter, reprendront du même coup toute leur valeur. Qu'on redemande jusqu'à des vers latins aux futurs professeurs, aux futurs élèves de l'École de droit, et à tous les jeunes gens qui, sans viser aucune profession particulière, cherchent à se donner une culture aussi complète et aussi élevée que possible, je ne ferai qu'y applaudir. Tout se ramène, en fin de compte, à accepter deux types d'enseignements au lieu d'un, deux types entre lesquels les familles choisiront librement, entre lesquels l'Université tiendra, de son côté, la balance égale.

Mais, objectera-t-on encore, l'un de ces types finira par absorber, par dévorer l'autre. — Pourquoi? Notre pays serait le seul où deux systèmes d'enseignement ne pourraient pas vivre côte à côte. Puis, si vous avez tellement peur pour l'avenir du grec et du latin, si vous les croyez si incapables de résister et de se défendre, sera-ce votre protectionnisme féroce qui les sauvera? Quelque temps encore, vous contiendrez dans vos barrières le flot montant. Mais un beau jour il les rompra, et alors ce sera l'inondation et la dévastation totale. Pourquoi ces terreurs outrées? Nous avons plus de foi, nous autres, dans la vitalité des études grecques et latines. Nous croyons qu'elles garderont leur place, la première, et qu'elles ne risquent rien à laisser le français et les langues vivantes s'en faire une modeste, à côté d'elles.

C'est pourquoi il nous paraît désirable que le ministre de l'Instruction publique use de tous les moyens que la loi et les règlements lui donnent pour organiser, dès à présent, un enseignement qui a la faveur de l'opinion, qui a ses programmes, ses sanctions, et auquel il ne manque qu'une chose : son vrai nom. Il le conquerra tôt ou tard.

L'essentiel est que cet enseignement soit bien donné, c'est-à-dire par des maîtres qui sachent plus que ce qu'ils ont à enseigner. La première mesure à prendre, c'est de favoriser l'unité d'origine du corps enseignant. Les meilleurs professeurs de français, d'histoire, de morale, de mathématiques seront toujours les agrégés et les licenciés de l'enseignement classique actuel. Que le ministre fasse appel à leur dévouement, pour l'aider à inaugurer dans de bonnes conditions l'enseignement nouveau. Puis, aussitôt que cela sera possible, qu'il supprime le concours pour les agrégations de l'enseignement spécial. La réforme ne sera vraiment accomplie que le jour où des maîtres d'égal mérite, munis de la même forte préparation, professeront dans les deux catégories de lycées.

Juillet-Août 1886.

L'École alsacienne et l'enseignement français.

La *Question du latin* de M. Frary n'a pas fait seulement du bruit, mais aussi du bien : double et rare fortune pour un écrit. L'Université a commencé par regimber; les répliques ont plu de tous côtés. Puis, elle s'est mise en mouvement, ce qui valait mieux que de se mettre en colère. Une commission a été constituée pour métamorphoser l'enseignement spécial en un enseignement français, vaguement conforme aux vues de M. Frary. Ce n'est pas tout : depuis quelque temps, des personnes, très compétentes en ces matières, se réunissent pour échanger leurs idées, et chercher ensemble ce qu'il pouvait y avoir de pratique dans le système préconisé par ce hardi réformateur. Il y a là l'embryon d'une association, ou d'une ligue, qui pourrait bien faire parler d'elle.

Le livre de M. Frary en est l'âme : nouvel honneur, et très mérité. Enfin, voici l'enseignement libre qui s'ébranle à son tour. Un établissement dont on connaît l'esprit d'initiative et de progrès, l'École alsacienne, inaugure, à côté des classes de grec et de latin, des classes de français et de langues vivantes. Y entreront tous ceux d'entre ses élèves qui ne se destinent pas aux professions où la connaissance des langues anciennes est indispensable.

J'ai sous les yeux un rapport présenté aux actionnaires de cette école, et au comité des études, par le directeur, M. Rieder, à propos de cette innovation. Avec une sûreté de coup d'œil remarquable, et avec une décision qui ne l'est pas moins, M. Rieder a discerné le mal dont souffre l'enseignement secondaire, et indiqué le remède. Le mal, dit-il, est moins dans l'organisation des études gréco-latines, que dans le nombre excessif de jeunes gens qui s'y adonnent sans goût, sans besoin, et sans profit. Le jour où il existera un enseignement français bien constitué, pouvu de bons maîtres et le bons programmes, la plupart de ces élèves en sauront vite le chemin. Délivré de cette excédent de population, l'enseignement gréco-latin, au lieu de s'amoindrir par des concessions de plus en plus regrettables, se relèvera. Il ne s'adressera plus qu'à des jeunes gens résolus à en profiter, et à prendre de la peine.

Déjà l'École alsacienne a fait une tentative en ce sens, et n'a eu qu'à s'en louer. Elle a créé une classe de français. « Parmi les élèves sortis de sixième, dit M. Rieder, quelques-uns n'avaient montré qu'un goût et des aptitudes médiocres pour ces études latines, qui allaient devenir le fond même de leur éducation. Déjà même se manifestaient quelques symptômes de lassitude et de découragement... Rendus à la direction naturelle de leur esprit, ils ont repris un élan nouveau. Ils se sont développés, ils ont acquis des connaissances et des qualités que ne possèdent pas leurs camarades de l'enseignement classique; ils sont différents d'eux, ils ne leur sont plus inférieurs. » D'année en année, de nouvelles classes s'établiront, et bientôt l'École alsacienne verra fonctionner côte à côte les deux types d'enseignement, tous deux complets, pourvus de tous leurs organes, inspirés du même esprit, et suivant les mêmes méthodes, quoique visant des buts différents.

Il faut féliciter la direction de l'École alsacienne d'avoir ici encore donné l'exemple à l'Université, et témoigné qu'elle comprend le rôle de l'enseignement libre. Cet enseignement est fait pour instituer des expériences, et frayer la route aux progrès. L'Université ne doit opérer de réformes qu'autant qu'elle est sûre du succès, car tout échec y prendrait une gravité extrême. L'enseignement libre peut et doit aller de l'avant. Tâche honorable, mais pénible, onéreuse, et digne à tous égards de la reconnaissance du public.

Dans le cas présent, l'essai fait à l'École alsacienne ne servira pas seulement à montrer ce que peut et ce que vaut l'enseignement français. Il donnera aussi d'utiles indications sur deux questions très délicates : l'une, qui est de savoir si cet enseignement et l'enseignement gréco-latin doivent vivre parallèlement, dans une même maison, ou s'il ne vaut pas mieux les séparer. Beaucoup de bons juges pensent que la solution la plus simple, pour l'Université, serait de réserver certains lycées à l'étude des langues anciennes, et d'ouvrir tous les autres à celle du français et des langues vivantes. Leur opinion est assez vivement attaquée par d'autres personnes, qui préfèrent la cohabitation. Des arguments sérieux militent en faveur des deux solutions. Peut-être l'épreuve tentée à l'École alsacienne mettra-t-elle en lumière des points nouveaux. La seconde question est de savoir si les deux enseignements doivent être distincts dès le début, avoir chacun sa division élémentaire, ou s'il vaut mieux que les élèves destinés aux études françaises et les élèves destinés aux études grecques et latines fraternisent d'abord, dans les petites classes, pour se partager plus tard, et, comme on l'a dit autrefois, bifurquer. A supposer que ce système prévalût, il resterait encore à déterminer à quel âge, et après combien de classes communes, la bifurcation devrait s'opérer.

Questions de détail, dira-t-on. Non : questions de principe, fort importantes. Il est facile de les trancher par des partis pris. Mais, si l'on veut faire œuvre sérieuse et durable, rien de meilleur que de consulter l'expérience. Voilà pourquoi celle qui se poursuit en ce moment à l'École alsacienne est si digne de fixer l'attention.

Mai 1886.

Ce que l'enseignement français a donné
à l'École alsacienne.

On sait qu'à la rentrée prochaine, le nouvel enseignement secondaire français — qu'il nous soit permis de lui donner son vrai nom — fonctionnera dans deux lycées de Paris. Comme il existe encore des doutes chez beaucoup de bons esprits sur la valeur et la portée de cet enseignement, sur les résultats qu'on en peut attendre, nous accueillons avec empressement une communication que nous adresse M. Rieder, le directeur de l'École alsacienne. M. Rieder, j'ai eu déjà l'occasion de le dire, a inauguré cette année, dans son établissement, l'enseignement nouveau. Il en a surveillé les premiers pas avec une sollicitude extrême, et il a obtenu des résultats dont il est fier à bon droit. C'est le témoignage d'un humaniste fervent, que nous soumettons ainsi aux adversaires de la réforme. Si ce témoignage ne les convainc pas, il les éclairera, et ce sera toujours autant de gagné.

M. Rieder indique d'abord les origines et les circonstances de son innovation :

« Depuis longtemps nous désirions créer, à côté de notre enseignement classique, un enseignement français qui devait réussir par l'application des principes de travail et de discipline qui nous ont valu, depuis l'origine de l'École alsacienne, la confiance des familles. L'occasion s'en est présentée, et à la rentrée de l'année scolaire 1885-1886, à propos du dédoublement d'une classe de sixième assez nombreuse, comptant, dans des divisions parallèles, une quarantaine d'élèves. Nous avons formé une classe de cinquième, première de notre enseignement classique proprement dit, composée de vingt à vingt-cinq élèves, et une première classe d'enseignement français, en comptant à peu près le même nombre. Ainsi se sont trouvées tranchées tout d'abord, et par la force des choses, deux importantes questions, celle de la préparation commune dans les classes précédant la division des deux enseignements, et celle de leur juxtaposition dans le même établissement. »

Notre correspondant tranche ici, en passant, une question des plus compliquées, celle de la juxtaposition des deux ordres d'enseignement dans la même maison. Nous y reviendrons plus tard, et nos conclusions différeront des siennes en ce point. Mais nous laissons cela de côté pour le moment, et nous recueillons les résultats de la scission opérée par l'École alsacienne, entre les deux groupes d'élèves sortis de sixième.

« Les uns ont fait plus de latin, ont commencé le grec, ont appris plus en détail l'histoire de la Grèce, ont approfondi l'étude du français à l'aide des premières indications de l'étymologie latine ; les autres, par contre, se sont livrés à une étude plus étendue des mathématiques, où quelques vocations se sont révélées, ont assisté à un plus grand nombre d'expériences de sciences physiques et naturelles, se sont essayés de préférence à la pratique des langues vivantes, à la pratique de la langue maternelle, dont certains chefs-d'œuvre ont été pour eux l'objet d'une étude intéressante et animée, d'une récitation pleine de vie et de mouvement. Tous ont compris, et nous les avons encouragés dans cette opinion que nous partageons, que c'étaient des facultés différentes plutôt qu'inégales qui s'étaient développées dans les deux sections. Nous sommes bien persuadés d'ailleurs qu'à mesure que nous avancerons, et qu'un plus grand nombre de parents se décideront pour le nouvel enseignement, et y enverront des enfants de plus en plus intelligents, ce parallélisme s'établira d'une façon encore plus sensible et plus complète.

« Pour le moment nous avons dû constater que les familles n'ont pas encore pleine confiance dans ce nouvel enseignement, qu'elles ne connaissent pas assez. Elles veulent bien sacrifier le grec, les exercices de style latin ; elles ne consentent pas à renoncer tout à fait à cette tradition classique qui est représentée en France par l'étude, bien ou mal faite, du latin. Nous avons dû céder à ce sentiment, qui n'est pas spécial, sans doute, au public qui forme la clientèle de l'École alsacienne. Nous avons, loyalement et sans arrière-pensée, laissé à nos élèves le moyen de rentrer plus tard dans le cercle des études traditionnelles, à l'aide du baccalauréat ès sciences.

« A ces enfants sortant de sixième, qui ont fait par conséquent l'effort assez sérieux de latin qui leur est demandé dans cette classe, nous offrons donc le moyen de continuer dans la section française, à l'aide de trois heures complémentaires, l'étude du latin qu'ils ont commencée, et de la poursuivre jusqu'au degré exigé pour le baccalauréat des sciences. Nous n'avons éprouvé aucun scrupule à prendre cette mesure, qui pourrait sembler une concession. Nous y trouvons, au contraire, un double avantage. D'abord la vocation des enfants a été éprouvée d'une manière un peu rapide, il est vrai, assez complète cependant, pour que nous ayons pu reconnaître s'ils possèdent ces facultés d'analyse, de finesse grammaticale et littéraire, sans lesquelles ils ne réussiraient pas dans l'enseignement gréco-latin. De plus, ce commencement d'études latines leur a été utile à tous; il a aiguisé leur esprit et les a mis à même de retirer plus tard de l'étude des langues vivantes, au point de vue de la culture intellectuelle, une partie des services que rend celle du latin.

« C'est donc une expérience intéressante, qui nous a réussi et que nous nous décidons à continuer. Elle est conforme, d'ailleurs, à ce qui se fait dans les pays étrangers, en particulier en Allemagne, où le latin n'a jamais cessé de jouer un rôle important dans les « Real Gymnasien », qui correspondent assez exactement au nouvel enseignement que nous cherchons à créer. »

La concession, si concession il y a, ne serait que sage, et l'exemple est bon à retenir. La principale objection que l'on puisse alléguer contre la réforme, c'est, en effet, la difficulté de se rendre un compte exact des réelles aptitudes de l'élève, à l'âge où la bifurcation doit se faire. S'il y a un moyen de ménager, en quelque sorte, pour l'avenir, une volte-face, il faut s'en servir. L'École alsacienne l'a compris, et on doit l'en féliciter.

Voyons maintenant ce que dit M. Rieder de la division gréco-latine, débarrassée des « impedimenta » qui auraient entravé sa marche :

« Pendant que nos élèves de l'enseignement français, rendus à la direction naturelle de leur esprit, reprenaient un élan nouveau, et se développaient dans un milieu mieux approprié à leur nature, ceux de leurs camarades qui avaient passé en cinquième dans la section classique nous donnaient le spectacle d'une petite classe ardente, convaincue, unie, sauf de bien rares exceptions, dans un effort commun de travail et d'intelligence. Les examens généraux du mois de juillet ont constaté ce réjouissant progrès, en présence des familles appelées à y assister.

« Ces enfants nous donnent donc les meilleures espérances pour l'avenir. Avec quelques-uns de leurs camarades, déjà arrivés dans les classes supérieures, ils nous aideront à travailler au relèvement des études classiques, atteintes non par les réformes de 1881, comme on le répète trop souvent, mais par l'état général des esprits et de la société moderne.

« Quand le partage sera fait, et que tous auront trouvé leur véritable voie, les classes supérieures des lettres ne seront plus « encombrées de ces indifférents, de ces ennuyés » dont parle quelque part M. Frary, « que les lois et la mode contraignent à défiler devant l'autel des muses »; celles-ci, pour continuer à employer les expressions de l'auteur de la *Question du Latin* « recevront un hommage plus délicat lorsqu'on ne poussera plus dans leur temple une foule trop nombreuse pour n'être pas profane ».

« De ce milieu d'études littéraires plus convaincues et plus désintéressées, sortira plus facilement, et sans laisser en arrière autant de non-valeurs, cette brillante élite des vétérans de rhétorique, des bons élèves de mathématiques spéciales de nos grands lycées, pépinière féconde de professeurs et d'écrivains, d'ingénieurs, d'officiers, de savants. »

Que ce soit là le résultat désirable de la réforme, c'est ce dont tout le monde conviendra, même nos adversaires. Mais il n'était pas inutile de montrer que ce résultat est en train de se préparer, dans un établissement qui a sagement devancé l'Université. Je n'ajoute aucun commentaire aux paroles de M. Rieder. Ce n'est pas de la théorie, ce sont des faits qu'il avance. Et les faits déposent en faveur de notre thèse commune.

Septembre 1886.

Faut-il juxtaposer l'enseignement gréco-latin et l'enseignement français?

On a vu les efforts tentés par l'École alsacienne et son directeur pour devancer l'Université dans l'institution d'un enseignement secondaire français. J'y applaudis sans réserves. Il est, toutefois, un point où je ne puis partager le sentiment de M. Rieder. L'épreuve qu'il vient de faire tranche, dit-il, la question de savoir s'il faut, ou non, que les élèves de l'enseignement gréco-latin et ceux de l'enseignement français soient réunis dans un même établissement. A l'École alsacienne, on n'a eu qu'à se louer du voisinage. Les enfants ont compris qu'ils pratiquaient des exercices différents, non inégaux, et les relations entre camarades des deux sections ont été excellentes. Du fait certifié par M. Rieder, je ne doute pas. Mais il me paraît bien difficile de conclure sur un seul exemple, et de donner dès à présent cause gagnée à ceux qui prétendent que les deux enseignements ont tout intérêt à vivre côte à côte, dans la même maison.

Il n'y aura pas lieu de redouter pour l'enseignement français les dédains que l'enseignement spécial a trop souvent, trop longtemps subis. Quand on verra d'excellents maîtres, ayant passé par la même filière que les professeurs actuels des classes de grec et de latin, donner cet enseignement nouveau; quand on verra les élèves qui l'auront reçu entrer de plain-pied avec les autres dans presque toutes les carrières libérales, et leur disputer les premiers rangs dans quelques-unes de nos écoles les plus renommées, il n'y aura plus de place pour les airs transcendants, pour l'appellation de « bestiaux », ni pour d'autres aménités du même genre. Si donc nous pensons qu'il vaut mieux séparer — autant et aussitôt que faire se pourra — les deux enseignements, c'est pour un tout autre motif. Il est essentiel qu'au début du moins, et pour tenter l'expérience dans des conditions d'absolue sincérité, l'enseignement nouveau ait *son chez lui*.

S'il demeure le voisin et, pour ainsi dire, le commensal de l'enseignement grec et latin. On ne le jugera pas en lui-même, pour et par ce qu'il sera ; on le jugera toujours par comparaison, et c'est ce qu'il faut éviter. Il ne s'agit pas d'interdire la balance des résultats. Une aussi sotte idée ne saurait venir à l'esprit de personne. Il s'agit seulement d'empêcher qu'aux débuts du nouvel enseignement, et dans ses premiers progrès, qui comporteront peut-être des tâtonnements, on ne lui objecte sans cesse les traditions déjà vieilles, la marche certaine et assurée de l'enseignement gréco-latin. Il s'agit surtout de prouver aux familles que l'enseignement français est un assez grand personnage pour se loger à part, et ne pas demander asile jusqu'au bout à son frère aîné, même si celui-ci devait toujours se conduire en bon frère.

Ces deux considérations nous paraissent primer toutes les autres. Le ministre veut-il établir sur de solides fondements la réforme qu'il a si sagement décidée? Alors, qu'il se hâte d'ouvrir des lycées exclusivement réservés aux études classiques françaises. Je sais que ce n'est pas là une mesure qui puisse s'improviser, et je ne trouve pas surprenant qu'à la rentrée prochaine, le nouvel enseignement soit inauguré à Rollin et à Lakanal, c'est-à-dire dans des établissements où il sera forcément à la portion congrue. Mais ce qui n'a pas été possible dans le court intervalle de temps qui aura séparé la session du conseil supérieur de la rentrée des classes, le deviendra plus tard. A l'administration d'agir, et d'agir résolument, si elle veut aller jusqu'au bout de ses propres vues, et assurer à l'enseignement qu'elle crée le moyen de vivre et de grandir.

On dira peut-être que la cohabitation a ses avantages, qu'elle stimulera maîtres et élèves? Rien de plus faux. D'abord, le principe de l'émulation est d'une valeur pédagogique fort contestable. On en abuse dans nos lycées : trait de caractère national. Il serait au moins maladroit de favoriser une nouvelle application de ce principe. Puis, à supposer qu'on en dénie les périls, si souvent signalés par tant de bons juges, l'émulation n'est possible qu'entre gens qui visent le même but, et emploient pour l'atteindre les mêmes moyens. L'Université n'en a-t-elle pas un exemple mémorable? L'un des défauts essentiels du système, désavantageusement connu dans l'histoire de l'enseignement sous le nom de bifurcation, était de réunir, pour certains exercices, dans certaines classes, les littéraires et les scientifiques. Mieux préparés à ces exercices communs par l'ensemble de leurs études, les littéraires y écrasaient les scientifiques, qui se désintéressaient bientôt d'une lutte inégale. Ce n'est qu'une comparaison, mais que je crois assez propre à faire saisir le vice du raisonnement de mes contradicteurs.

Plus tard, quand l'enseignement français sera tout à fait entré dans nos mœurs, quand il aura sa place dans l'estime des familles, la question pourrait être reprise. Pour le moment, il faut courir au plus pressé. Puisqu'on

vient de donner à l'enseignement français ses programmes, ses méthodes, ses sanctions; puisqu'on est
en train de lui recruter un personnel de choix, qu'on
lui ouvre aussi des maisons où il soit le maître. L'enseignement gréco-latin a tout intérêt à garder, de son
côté, des établissements où il régnera sans partage, et
prendra toutes ses aises.

Peut-être, en raison de nécessités matérielles, ou de
convenances locales impérieuses, le plus grand nombre
de nos collèges et de nos lycées réuniront-ils les deux
enseignements. Qu'il y ait au moins quelques maisons
modèles, quelques lycées-types pour les études gréco-
latines, et d'autres pour les études françaises.

Septembre 1886.

L'esprit de l'enseignement français.

Une circulaire aux recteurs indique les conditions dans lesquelles devra être inauguré l'enseignement français[1].

Cette circulaire était attendue de tous les chefs d'établissement et de tous les professeurs, qui, dans la confusion des polémiques soulevées, ne savaient, à la veille de la rentrée des classes, quelle direction précise ils auraient à suivre. Elle était nécessaire, car l'admi-'nistration, violemment attaquée des deux côtés à la fois, par les détracteurs systématiques de l'enseignement nouveau, et par les ennemis acharnés des vieilles humanités, prise ainsi entre deux feux, se devait à elle-même d'expliquer nettement ce qu'elle veut, et ce dont elle ne veut pas. Tâche malaisée à remplir, sans s'exposer à mécontenter de nouveau tout le monde. Il faut féliciter l'auteur de ce document de l'habileté avec laquelle il a manœuvré à travers tant d'écueils, et de la précision délicate avec laquelle il a caractérisé la réforme.

Ce n'est pas, en effet, dans un esprit d'hostilité contre le vieil enseignement classique, que l'enseignement nouveau s'organise. On l'a dit maintes fois, mais on ne sau-

---

1. 29 sept. 1886, cf. *Circulaires et instructions officielles*, t. IX, p. 769 et suivantes.

rait trop le répéter, puisqu'il se trouve des hommes distingués, et même des hommes éminents, pour refuser de l'entendre. L'enseignement gréco-latin doit garder sa place, qui est la première. On le débarrasse de la multitude de non-valeurs qui l'encombrent, et on prépare en même temps des modifications de programmes destinées à rendre plus fortes les études grecques et latines. La circulaire ministérielle est très nette sur ce point. Elle annonce en propres termes des instructions nouvelles, que l'Université et le public vont attendre avec une légitime impatience.

C'est, d'ailleurs, la contre-partie nécessaire de la réforme. Dès le premier jour, il a été entendu que, si l'on ouvrait à la masse des élèves un enseignement nouveau, on restaurerait dans les parties qui ont souffert le vieil enseignement classique, destiné désormais à une catégorie de jeunes gens qui ont du loisir, et qui ne sont pas obligés de sacrifier le luxe de l'intelligence aux âpres et pressantes nécessités de la lutte pour la vie. Donc, nulle menace contre l'enseignement gréco-latin. Il avait été question, lors de la discussion devant le conseil supérieur, de l'égalité des deux enseignements. La circulaire reconnaît hautement la « prépondérance légitime » du grec et du latin. Les adversaires de la réforme trouveront, il faut l'espérer, la concession suffisante, et ils désarmeront devant tant de bonne grâce verbale.

. Quant aux amis de la réforme, à ceux qui la jugeaient indispensable et qui l'ont saluée comme un progrès, peut-être trouveront-ils que M. le ministre de l'Instruction publique en a parlé trop modestement, et qu'il aurait pu, sans inconvénient, se montrer plus fier de son œuvre, plus ambitieux pour elle? Mais l'auteur de la circulaire a probablement pensé que le plus habile était de calmer les passions, d'éviter surtout de leur fournir un nouvel aliment, et de laisser faire au temps. En quoi il ne s'est pas trompé, car, si les familles donnent leur confiance au nouvel enseignement, si les professeurs et les chefs d'établissement secondent de tout leur zèle le dessein des réformateurs, les protestations des adversaires se perdront bientôt dans le vague, et n'empêcheront pas le succès.

Seulement, il faut qu'il soit bien entendu qu'en dépit des votes contraires, l'enseignement français sera classique et non spécial. Là est le point capital, et je me demande si, dans son souci de n'effaroucher personne et de calmer toutes les susceptibilités, le ministre n'a pas eu tort de laisser se perdre cette occasion d'affirmer une fois de plus le principe? D'ailleurs, si la circulaire fait à cet égard de grandes concessions de forme, l'esprit qui l'a inspirée n'a rien d'ambigu, et les professeurs sont invités à « faire une large part à la culture intellectuelle proprement dite, à emprunter à l'ancien enseignement classique, dans la limite du possible, les procédés et les méthodes auxquels celui-ci a dû sa puissance et son éclat ».

Je n'entrerai pas dans la discussion de la partie technique de la circulaire. Il me suffit d'en avoir indiqué le caractère général et les grandes lignes. Si les adversaires de l'enseignement français, ceux qui l'accusent de préparer, par la ruine des lettres grecques et latines, la décadence intellectuelle de la France, sont tous de bonne foi, ils reconnaîtront certainement que, dans les termes où le ministre le présente, cet enseignement ne fait courir aucun péril à la jeunesse. Mais la circulaire, il ne faut pas se le dissimuler, soulèvera la critique en sens inverse des esprits absolus, qui demandent le tout ou rien, et qui, sous prétexte que la réforme n'est pas révolutionnaire, la déclarent insignifiante et stérile.

Pour ma part, je me suis déjà expliqué à ce sujet. Il

ne m'aurait pas déplu qu'on fît davantage, qu'on allât plus résolument en avant. Mais, à défaut d'une rénovation plus radicale, qui ne m'eût pas fait peur, loin de là, j'accepte la réforme actuelle comme un progrès qui est lui-même le gage de progrès ultérieurs. La réalisation de ces progrès, facilitée par l'expérience qu'on inaugure, ne sera plus, en dépit de tous les mauvais vouloirs, de toutes les pusillanimités, comme des appréhensions les plus sincères, qu'une question de temps.

Octobre 1886,

Fortifions les études gréco-latines.

Les adversaires de l'enseignement français ont pris
texte, pour renouveler leurs attaques, d'un discours
prononcé à l'inauguration du collège Michel-de-l'Hôpital,
à Riom, par M. Eugène Manuel, inspecteur général de
l'Instruction publique, délégué du ministre. A les
entendre, l'enseignement français ne viserait à rien
moins qu'à déposséder les études classiques actuelles.
Les fins lettrés comme M. Eugène Manuel, qui se laissent
induire à le patronner devant l'opinion, réchauffent dans
leur sein un serpent dont tôt ou tard ils sentiront la
morsure.

Qu'adviendra-t-il, dans un siècle, de nos méthodes,
de nos programmes, de notre organisation universitaire tout entière? Bien malin serait celui qui le dirait.
On n'oblige que soi-même, et l'Université de 1886
aurait mauvaise grâce à prendre pour celle de l'an 2000
des engagements qui ne l'engageraient guère. Si l'on veut
dire qu'il se pourrait faire qu'un jour ou l'autre, le grec
et le latin cessassent d'être enseignés, ce n'est vraiment
pas la peine de disputer à ce sujet. Nous avouons n'en
rien savoir, et nos contradicteurs n'en savent pas davantage. Qu'ils s'en remettent, comme nous, au génie de
l'avenir, lequel saura bien trouver sa voie : *fata viam
invenient....*

Que si les adversaires de l'enseignement français

redoutent une expropriation à brève échéance des études gréco-latines; que s'ils affectent de voir, dans la nouvelle création, une machine de guerre destinée à battre en brèche d'ores et déjà les humanités, en dépit des intentions pacifiques de ses inventeurs, la question change d'aspect. Il devient opportun de discuter. Laissons de côté, cela va sans dire, les personnes et les consciences, et ne regardons qu'aux choses. L'enseignement français ne peut-il vivre côte à côte avec l'enseignement gréco-latin? N'y a-t-il pas place pour deux systèmes d'études secondaires dans une société comme la société française actuelle?

M. Eugène Manuel l'a dit avec infiniment de raison : « Les littératures modernes ont ajouté leurs chefs-d'œuvre incontestés aux littératures anciennes; le champ de l'activité humaine s'est prodigieusement élargi.... » De là, des besoins nouveaux et la nécessité d'y satisfaire. Par quel moyen? en grossissant sans cesse les anciens programmes? Ils sont déjà bourrés à éclater. Ne vaut-il pas mieux faire deux séries de programmes, inspirés du même esprit, tendant tous deux à un but commun : la culture des plus hautes parties de l'intelligence, le développement du sens critique, esthétique et moral, mais par des procédés différents, entre lesquels les familles, éclairées par la discussion même que cette réforme soulève, pourront librement choisir? Sur le navire universitaire — la comparaison est de M. Manuel, et, sans prétendre à la nouveauté, elle a l'avantage d'être expressive — l'arrimage devenait impossible : l'encombrement des passagers gênait toute manœuvre. Qu'a-t-on fait? Au lieu de compromettre la cargaison, on a armé deux navires qui vogueront parallèlement et sous même pavillon. Il faut, en vérité, que le tour d'esprit simpliste, qui a déjà fait tant de mal en France, y soit encore bien enraciné, pour que tant de gens éclairés se refusent à admettre ce dédoublement des études secondaires, et croient tout perdu parce que les jeunes générations cesseront d'entrer dans le même moule, parce qu'il y aura désormais deux types du collégien français.

Ce n'est pas que deux nous suffisent; nous voudrions, pour notre part, en voir trois ou quatre. Nous ne plaçons pas notre idéal dans cette centralisation à toute outrance, qui en arrive à faire dicter le même jour, à la même heure, dans tous les lycées, par tous les maîtres, à tous leurs élèves, le même texte de thème ou de version, sur lequel s'escriment quelques milliers de malheureux enfants aux inaptitudes inégales, dont les uns entreront plus tard à l'Institut, tandis que les autres seront expéditionnaires dans un bureau. A moins que, sous prétexte qu'ils ont fait les mêmes thèmes et les mêmes versions, ils ne jugent les fonctions subalternes incompatibles avec leurs antécédents universitaires, et, par impuissance de devenir des citoyens utiles, ne deviennent purement et simplement des déclassés redoutables? Non, tel n'est pas notre idéal, et les mesures qui semblent de nature à atténuer ce péril social ont d'avance notre sympathie.

Les études grecques et latines ne seront plus seules à former les têtes françaises, mais elles resteront certainement le plus efficace procédé de culture pour tous les jeunes gens que leurs goûts portent vers certaines professions, et dont les aptitudes favorisent les goûts. Il s'agira seulement, une fois qu'elles seront débarrassées des élèves incapables qui les encombrent, de leur rendre toute leur liberté d'allure, toute leur indépendance. Des engagements formels ont été pris à cet égard par l'administration de l'Instruction publique, et je n'hésite pas, en ce qui me concerne, ni n'hésiterai, par la suite, à les lui rappeler.

D'ailleurs, l'intérêt même de la réforme commande qu'on agisse promptement en ce sens. Puisqu'elle porte ombrage à beaucoup de bons esprits, qui craignent surtout que les lettres classiques n'en soient les victimes, le meilleur moyen de rassurer tout le monde, de dissiper les préventions sincères, et de mettre les autres au pied du mur, c'est de tenir les promesses faites, et de fortifier les programmes de l'enseignement gréco-latin.

Novembre 1886.

L'opposition de l'Université à l'enseignement français.

La récente élection au conseil supérieur de l'Instruction publique est un témoignage qu'on ne saurait négliger des dispositions et tendances actuelles de l'Université. Les agrégés des lettres avaient le choix entre deux candidats, tous deux hommes de talent, bien connus de leurs collègues, également dévoués à la cause des études classiques, dont ils désiraient le relèvement, mais divisés d'opinion sur la question de l'enseignement français. L'un [1] déclarait avoir confiance dans cet enseignement, dont il voulait élargir les cadres et agrandir le rôle. L'autre [2] demandait qu'on lui laissât son caractère technique et pratique, et qu'on le maintînt au rang de *minus habens* qui lui a été assigné dès l'origine. C'est ce candidat que les agrégés des lettres ont élu, faisant ainsi, pourquoi ne pas l'avouer? une sorte de manifestation hostile à la réforme que le conseil supérieur a sanctionnée partiellement dans sa dernière session. Il vaut la peine de rechercher les causes qui ont pu produire ce résultat.

Tout d'abord, il faut reconnaître que les idées nouvelles ont quelque peine à faire leur chemin dans l'Uni-

1. M. Dupré, professeur de rhétorique à Condorcet.
2. M. Merlet, professeur de rhétorique à Louis-le-Grand.

versité. Comme la plupart des corps constitués, elle a un vif attachement à la tradition. Des hommes distingués, qui doivent tout ce qu'ils sont à un système d'éducation, hésitent beaucoup à admettre qu'il puisse y en avoir un autre qui le vaille, surtout quand, après s'y être formés eux-mêmes, ils ont passé de longues années à y soumettre la jeunesse. Sentiment respectable, cela va sans dire, en son principe, mais qui peut avoir, et qui a dans le cas présent, de fâcheux effets. En outre, il en est des questions d'enseignement comme de tant d'autres. Tout s'y fait par flux et reflux d'opinion. A un mouvement en avant succède, en général, un temps d'arrêt ou de recul. On a beaucoup réformé depuis quelques années, d'où une tendance à revenir en arrière. Quand cette tendance aura obtenu quelque satisfaction, l'élan brisé renaîtra de lui-même, et la marche en avant reprendra.

Enfin, notons encore deux causes d'ordre moins général. La première, c'est un mécontentement assez vif, et fort peu justifié, qui s'est produit dans beaucoup de lycées et de collèges de province lorsque, dans ces dernières années, des mesures libérales ont relevé la situation personnelle des maîtres de l'enseignement spécial. Les professeurs de l'enseignement classique se sont indignés qu'on accordât les avantages dont ils jouissaient à des collègues qui n'avaient pas passé par la même filière d'examens, et dont les titres n'équivalent pas aux leurs. De là, des froissements d'amour-propre et un mauvais vouloir, qui a saisi cette occasion de s'épancher. La seconde cause, c'est tout ce qu'il y avait de défectueux dans le projet de réorganisation de l'enseignement spécial, discuté cet été par le conseil supérieur. J'ai cru devoir, à ce moment, faire d'assez nombreuses réserves. Il me semblait que la réforme manquait de netteté et de décision, qu'on n'y sentait pas une pensée directrice assez sûre d'elle-même. Mais comme ce projet, tel quel, constituait un progrès ; comme, d'autre part, il était violemment attaqué, j'avais pris le parti de fermer les yeux sur ses imperfections, et je l'acceptais, faute de mieux. Peut-être certains universitaires ont-ils été frappés du caractère timide et comme embarrassé de ce projet, et y a-t-il lieu d'expliquer par là le peu d'accueil qu'il a trouvé auprès d'eux ? Je propose cette explication, à valoir ce que de raison, et sans me dissimuler qu'il est possible qu'une réforme plus accentuée, plus radicale, eût soulevé une opposition encore plus vive.

Toujours est-il que l'enseignement français demeure suspect à un bon nombre de professeurs. Je le regrette sans m'en étonner outre mesure, vu les raisons qui précèdent, et sans m'en alarmer. Je le regrette, parce qu'il aurait été digne de l'Université de prendre la tête d'un mouvement qui finira par emporter toutes les résistances. Je ne suis pas inquiet, précisément parce que je sens que l'avenir, et un avenir très prochain, tranchera la question dans le sens qui me paraît le meilleur. Il est impossible qu'on s'en tienne longtemps encore à un seul type de lycée, qu'on persiste à garder dans les classes cette masse d'élèves incapables de tirer le moindre parti de l'enseignement qu'ils reçoivent, et qui sortent de là aussi ignorants qu'ils y sont entrés. Le premier coup de pioche a été donné. Bien des pans de mur, qui se maintiennent à grand'peine, tomberont la prochaine fois.

Pourquoi un même moule pour tous les esprits ? une même préparation pour toutes les carrières ? les mêmes exercices pour des organismes inégaux ? Est-ce qu'on fait faire la même gymnastique à des enfants robustes, et à de malheureux rachitiques qui ont peine à se tenir debout ? Est-ce qu'on entraîne, selon les mêmes procédés, le cheval de course et le cheval d'omnibus? C'est pourtant là l'idéal que l'on caresse dans l'éducation, sous prétexte que les choses se passent ainsi depuis des siècles. On oublie tout simplement que jadis l'enseignement gréco-latin s'adressait à une clientèle tout à fait restreinte, tandis qu'à présent, c'est une portion immense de la jeunesse française qui le reçoit. Il est vrai que les trois quarts le rejettent aussitôt.

Il faut reconnaître que l'Université n'est pas tout entière fermée aux nouveautés. Ces jours derniers, dans une conférence faite à la Sorbonne, M. H. Dietz a plaidé avec infiniment de chaleur et de conviction la cause de ce qu'il appelle les humanités modernes, l'allemand et l'anglais, aussi propres, dit-il, que le grec et le latin à donner une culture classique aux esprits. Je ne partage pas toutes les idées de détail émises par M. Dietz, mais je suis d'accord avec lui sur un point essentiel. Je ne saurais me faire, de l'unité de système et de l'unité de programme, en matière d'enseignement, l'idée que Louis XIV se faisait de l'unité de foi.

Mars 1887.

La fermeture de l'École de Cluny.

I

La commission du budget propose la suppression de l'École normale de Cluny, destinée à former des professeurs pour l'enseignement secondaire spécial. Ce serait une économie de 200 000 francs, mais, en la suggérant, la commission ne paraît pas avoir envisagé surtout la question d'argent. Elle a voulu permettre à la Chambre de se prononcer sur une réforme très délicate et très importante. Il s'agirait, comme l'a indiqué le rapporteur, M. Charles Dupuy, de s'acheminer vers l'unification du personnel de l'enseignement secondaire, afin de relever, par ce moyen, l'enseignement spécial, et d'en faire un véritable enseignement classique français.

Nul n'ignore que dans la plupart de nos lycées et collèges l'enseignement fondé par M. Duruy continue à végéter tristement. En vain a-t-on remanié les divisions des classes, retouché à diverses reprises les programmes ; on n'a point réussi à le rendre viable. Il a gardé son caractère bâtard. Ce n'est ni de l'enseignement primaire, ni de l'enseignement professionnel, ni de l'enseignement classique, mais un mélange assez incohérent de tout cela. Aussi reste-t-il discrédité, et apparaît-il le plus souvent aux familles et aux chefs d'établissement comme le refuge des élèves paresseux ou incapables, le déversoir où s'accumule le rebut de l'enseignement classique.

Comment remédier à ce déplorable état de choses? Il y aurait encore beaucoup à dire sur les programmes, et même, selon nous, le mieux serait de procéder à leur refonte complète. Cependant, en matière d'études secondaires, où l'influence du maître se fait si vivement sentir, on peut soutenir que tant vaut le professeur, tant vaut l'enseignement. Exigez de tous les professeurs de l'enseignement spécial les grades et les titres que vous demandez à leurs collègues de l'enseignement classique, et vous verrez aussitôt le niveau des études s'élever, la défaveur disparaître. Loin de nous la pensée de déprécier la valeur des agrégations de l'enseignement spécial. Seulement il est bien clair qu'elles ne sauraient être mises sur le rang des agrégations classiques, ni conférer la même autorité. Pour rehausser leur prestige, on a décidé, il y a peu d'années, d'accorder aux agrégés de l'enseignement spécial, pourvus d'une licence ou âgés de plus de quarante ans, un traitement égal à celui des agrégés de l'enseignement classique. Mais cette mesure ne pouvait améliorer que la situation matérielle des maîtres, et elle ne manqua pas de soulever certaines réclamations dans le corps des professeurs de l'enseignement classique, surpris de voir rétribuer d'une façon identique des diplômes n'exigeant ni les mêmes études préparatoires, ni les mêmes aptitudes.

Il semble donc que le système du dédoublement soit définitivement condamné par l'expérience et la raison, et que l'on doive tendre à l'unification absolue du personnel des deux enseignements. On y parviendra en supprimant d'abord l'École de Cluny, puis les certificats d'aptitude et les agrégations de l'enseignement spécial. Il faudra, sans doute, ménager des transitions, et tenir compte des droits acquis. Mais des intérêts particuliers ou locaux ne sauraient évidemment prévaloir contre un intérêt général de premier ordre, d'où dépend l'avenir du futur enseignement classique français.

II

Quelques personnes dévouées à la cause de l'enseignement spécial se sont émues, paraît-il, du vote de la commission du budget relatif à la suppression de l'école de Cluny. On se souvient que, d'après les déclarations du rapporteur, il ne s'agit pas simplement de fermer une école, dont les résultats sont de moins en moins brillants, mais de s'acheminer vers l'unification complète du personnel, dans nos établissements d'instruction secondaire. Or, en visant ce but, n'a-t-on pas l'arrière-pensée d'absorber l'enseignement spécial lui-même dans l'enseignement classique, et ne médite-t-on pas la ruine définitive de l'œuvre de M. Duruy, œuvre que les Parlements républicains se sont jusqu'ici efforcés de soutenir et de développer? Bref, la réforme projetée ne constitue-t-elle pas une réforme à rebours, comme une dangereuse concession à l'esprit de réaction et de routine?

Rien de moins justifié que de telles inquiétudes. Ni le rapporteur, M. Charles Dupuy, ni la commission du budget n'ont eu les intentions qu'on leur prête, et si j'ai applaudi à la décision prise, c'est qu'elle m'a paru de nature à réjouir les partisans les plus convaincus de l'enseignement secondaire français.

Contestera-t-on, en effet, que l'enseignement spécial, tel qu'il se donne actuellement dans la plupart des lycées et collèges, soit loin de répondre aux sacrifices que les Chambres ont consentis pour favoriser son développement? On pourra sans doute citer deux ou trois établissements dans lesquels les classes de français sont très prospères. Mais, outre que ces classes sont confiées à des maîtres dont beaucoup possèdent des diplômes classiques, elles forment, hélas! une rare, une très rare exception. Presque partout, l'enseignement spécial se trouve délaissé, et ses élèves ne se recrutent guère que parmi les non-valeurs de l'enseignement classique. Les rapports des recteurs et des inspecteurs généraux sont unanimes à le constater. Croirait-on, par exemple, que dans une grande ville industrielle et commerciale comme Bordeaux, où l'enseignement spécial devrait être assuré d'une nombreuse clientèle, ses classes restent à peu désertes, alors que celles de l'enseignement rival regorgent d'écoliers : trente élèves en troisième année; vingt en quatrième année; huit seulement en cinquième année; moins encore en sixième année. Il semble que la majorité des familles, découragées, retirent leurs enfants à partir de la troisième et de la quatrième année, c'est-à-dire au moment même où les esprits, préparés par des études élémentaires, deviennent aptes à recevoir une culture plus relevée, et véritablement secondaire.

Ne sait-on pas, d'autre part, que les municipalités des petites villes opposent une résistance obstinée à ceux qui leur conseillent de consacrer entièrement leur collège ou leur lycée à l'enseignement nouveau? Elles allèguent constamment la médiocrité des résultats obtenus dans les classes de français, et elles préfèrent un embryon d'instruction classique à une instruction trop peu différente de celle des écoles primaires.

Veut-on relever l'enseignement français de ce discrédit, veut-on en rendre possible l'extension, le mettre en état de soutenir la concurrence avec l'enseignement classique et même (comme la chose paraît souhaitable à beaucoup d'excellents esprits) de s'y substituer dans un grand nombre de lycées et de collèges? Il faut alors, de toute nécessité, rechercher les causes de son infériorité, et les faire disparaître au plus tôt.

Or la principale, sans contredit, c'est le mode de recrutement des professeurs. Pour obtenir les certificats d'aptitude et les agrégations de l'enseignement spécial, il n'est besoin ni d'avoir suivi les cours d'une faculté, ni d'avoir conquis un diplôme de licencié. Et pourtant les agrégations de l'enseignement spécial ont un caractère encyclopédique. Ainsi, l'agrégation littéraire suppose la connaissance des littératures, de la grammaire, de l'histoire, de l'économie politique, du droit, etc., etc., tandis qu'il existe, dans le classique, une agrégation particulière pour chacune de ces matières. Exiger des candidats qu'ils soient capables de disserter *de omni re scibili*, n'est-ce pas condamner la moyenne à ne rien savoir à fond? Que quelques sujets d'élite atteignent cette maîtrise universelle, cela serait déjà très beau! Mais il est clair que les autres n'ont pas une compétence équivalant à celle des spécialistes de l'enseignement classique, tous pourvus, en outre, d'une ou plusieurs licences. Comment veut-on, dès lors, que des titres d'une valeur si inégale confèrent à ceux qui les possèdent la même autorité et le même prestige aux yeux des chefs d'établissement, des familles et des élèves? N'est-il pas fatal que l'un des deux enseignements soit considéré comme un enseignement inférieur?

Aussi les comités consultatifs de l'Université, composés en grande partie de délégués élus par les professeurs des établissements d'instruction supérieure et secondaire, ont-ils depuis longtemps signalé comme la plus urgente des réformes cette unification du personnel, sur laquelle la commission du budget appelle aujourd'hui l'attention du Parlement. Les conseils académiques de Bordeaux, de Lyon et d'autres régions encore, ont émis dans ce sens les vœux les plus précis. Ira-t-on les soupçonner d'une hostilité systématique à l'égard de l'enseignement spécial? Ajoutons que le rapporteur de la commission de l'enseignement spécial au conseil supérieur de l'Instruction publique, dont le travail, adopté le 27 juillet 1886, a servi de base à l'organisation présente des classes de français, M. E. Rabier, actuellement directeur de l'enseignement secondaire, s'est déclaré, dans la circulaire publiée en 1888, « partisan de l'unification du personnel par l'unité des grades et des titres », afin de mettre un terme à des rivalités « autrement inévitables ».

On le voit, ce ne sont pas les adversaires de l'enseignement spécial, mais ses défenseurs les plus sincères qui réclament une mesure dont l'importance a frappé la commission du budget. Tout le monde est d'accord, d'ailleurs, pour reconnaître la nécessité de ne pas aller trop vite, de ménager les personnes, et de respecter les droits acquis. L'essentiel est de proclamer le principe, quitte à apporter dans l'application tous les tempéraments qu'appellent l'équité et le bon sens. Mais, encore une fois, de la victoire de ce principe dépendent les progrès du futur enseignement classique français. Espérons que le gouvernement et les Chambres auront la sagesse de le comprendre.

Juin 1890.

LA CRÉATION
DE L'ENSEIGNEMENT MODERNE

Un réquisitoire contre l'enseignement français.

M. Fouillée vient de publier un livre[1], qui, comme tous les ouvrages de cet écrivain, abonde en indications suggestives et en vues originales. On ne saurait, sans excéder les limites d'un article, aborder toutes les questions importantes traitées par M. Fouillée dans ces pages si nourries. L'idée maîtresse est que dans les discussions relatives aux choses de l'enseignement, on ne s'élève pas à un point de vue assez général, à « un point de vue national, international, ethnique ».

Séduisante à bien des égards, cette théorie comporte plus d'une objection. Il ne me paraît pas établi que la « race » soit le facteur principal de l'évolution des peuples, ni surtout un facteur qui conserve une importance toujours égale, à mesure que l'évolution se développe. Cela fût-il scientifiquement démontré, il resterait encore à savoir si l'éducation doit être tournée de préférence dans le sens des données ethniques, ou si l'idéal de la culture ne doit pas être essentiellement humain,

1. *L'Enseignement au point de vue national.*

plus fait pour abolir que pour accentuer les divergences de race? L'auteur donne la première de ces
opinions comme hors de conteste. Il doit s'attendre,
néanmoins, à la voir contester. Mais, sans poursuivre
ce débat, allons au plus pressé, au plus pratique, et
dégageons de ce livre deux points, l'un pour l'approuver
complètement, l'autre pour le discuter. Le premier de
ces points, c'est la nécessité de donner à l'éducation, en
France, un caractère essentiellement philosophique.
Le second, c'est l'idée que M. Fouillée se fait de l'enseignement français.

M. Fouillée a entièrement raison lorsqu'il prend la
défense des études philosophiques dans l'enseignement
secondaire, lorsqu'il montre qu'elles sont les plus
vivantes et les plus fécondes; lorsqu'il tire de là cette
conclusion, qu'au lieu de les désorganiser et de les
réduire, il convient, si l'on veut faire vivre nos collèges,
de chercher dans ces études la base de l'éducation
publique. « Il faut, dit-il, compenser l'évidente diminution des croyances religieuses dans notre pays par la
culture croissante du sens esthétique, du sens moral et
social. L'éducation, de moins en moins théologique en
France, sera philosophique ou ne sera pas[1]. »

Ce sont les dernières lignes du livre. Elles frapperont,
nous n'en doutons pas, tous les esprits réfléchis. Ni la
philologie (et il faut entendre, par ce mot, l'ensemble
des études qui portent sur la forme et l'expression de la
pensée) ni les sciences positives n'ont une valeur éducatrice suffisante. Éléments de plus en plus nécessaires
de la culture humaine, elles n'en sont pas, elles n'en
peuvent pas devenir le principe essentiel, encore moins
l'unique principe. Bien qu'il n'y fasse pas expressément
allusion, on sent que M. Fouillée a pensé, en écrivant

1. *L'Enseignement au point de vue national*, p. 401.

son livre, aux menaces qui, récemment encore, planaient sur l'enseignement philosophique [1], et qu'il a voulu apporter l'appui de son autorité personnelle à ceux qui ont entrepris de conjurer ces menaces. On devra désormais, si la discussion se rouvre, tenir grand compte des arguments produits par M. Fouillée.

L'enseignement classique français, dont nous sommes le partisan résolu, compte bien des adversaires. Aucun d'entre eux n'a jamais dressé contre cet enseignement un réquisitoire aussi formidable que celui de M. Fouillée. Non pas qu'il méconnaisse la nécessité de remanier profondément les cadres de l'enseignement secondaire actuel, et de créer de nouveaux ystèmes d'études, appropriés aux exigences du temps présent, aux besoins de la démocratie. Il se complaît même à tracer des programmes pour ces enseignements nouveaux. Mais l'idée contre laquelle il s'élève avec force, c'est qu'un enseignement qui exclura le grec et le latin puisse prétendre au titre de classique, et à être mis sur le pied d'égalité avec les vieilles humanités. L'enseignement classique français, dit M. Fouillée, c'est « un monceau de contradictions », c'est « un enseignement général-spécial, un enseignement désintéressé-utilitaire.... Votre instruction, continue-t-il, prétendue classique, comme la chauve-souris de la fable, peut dire : je suis générale, libérale, littéraire et poétique : voyez mes ailes. Je suis spéciale, industrielle, commerciale et agricole : voyez mes pattes. »

Tout dépend, répliquerons-nous, de la manière dont sera conçu, rempli et dirigé l'enseignement français. Certes, si l'on se borne à remanier une fois de plus les programmes de l'enseignement spécial, sans prendre résolument parti sur la question de principe, sans

----

1. Voir plus loin, p. 286, et suivantes.

décider que l'on va faire du nouveau, et sans rompre en visière à ce qui existe; si, sous prétexte de mettre de tout dans l'enseignement nouveau, on en livre successivement les élèves, au cours de leurs années d'études, à une multitude de maîtres, dont aucun ne les aura jamais sous sa direction à titre principal, dont aucun ne pourra, par conséquent, exercer sur eux une influence sérieuse; si l'on ne pénètre pas cet enseignement d'un esprit esthétique et moral; s'il doit être, en un mot, une création mal venue, quelque chose qui n'aura ni corps, ni âme, oh! alors, toutes les objections de M. Fouillée prendront une force saisissante, et nous serons le premier à les rétorquer contre ce que l'on nous offrira sous le nom d'enseignement classique français, ou d'humanités modernes.

Mais si, au contraire, on se dégage des souvenirs de l'enseignement spécial, si on fait résolument du nouveau, si l'on s'oriente dans le sens que nous venons de marquer tout à l'heure, nous persisterons à penser, malgré M. Fouillée, que le titre de classique ne sera pas usurpé. L'organe pourra remplir la fonction sociale à laquelle il est destiné.

Mars 1891.

Le système de M. Berthelot.

La question de l'enseignement secondaire « moderne »
est à l'ordre du jour. Mais si tout le monde s'accorde à
la poser, les opinions sur la manière de la résoudre
varient singulièrement. On sent qu'il faut faire quelque
chose; mais quoi? L'idée, à première vue la plus naturelle, consiste à rajeunir les traditionnelles humanités,
à demander aux langues vivantes, et aux littératures
qu'elles ont produites, exactement le même genre de service qu'on avait demandé jusqu'ici aux langues mortes,
aux littératures grecque et latine. Mais aussitôt on se
heurte à des objections graves. Hier, c'était M. Fouillée
qui soutenait qu'on ne saurait organiser, dans ces
conditions, un enseignement digne du nom de classique. Aujourd'hui, c'est M. Berthelot qui assure que les
langues vivantes et les littératures modernes ne peuvent
fournir qu'une copie affaiblie du vieil enseignement
classique, et que, si l'on veut créer un enseignement
approprié aux exigences du temps présent, il faut que
les sciences en soient la base et l'élément essentiel.

L'étude de M. Berthelot [1] est considérable, non pas
seulement à cause du nom de l'auteur, mais parce
qu'elle est remplie de faits et d'idées. M. Berthelot procède d'une manière positive. Il se demande à combien

1. Voir *Revue des Deux Mondes*, 15 mars 1891.

de jeunes gens, et à quelle sorte de jeunes gens, l'enseignement secondaire est aujourd'hui distribué. Il se
demande quel est le vœu des familles qui confient leurs
fils à nos lycées et à nos collèges, et la réforme qu'il
préconise a pour objet de répondre à ce vœu des familles.
Elle est donc avant tout utilitaire. Utilitaire au sens
élevé du mot, car M. Berthelot veut faire des ingénieurs,
des professeurs, des médecins, et non pas des contre-
maîtres. Mais utilitaire tout de même, en ce sens que
l'enseignement secondaire doit conduire, selon lui, le
plus directement et le plus promptement possible, aux
diverses carrières. Il va sans dire, pour qui connaît le
moins du monde les idées de M. Berthelot, que l'organisation actuelle des concours, et de ce qu'il nomme
lui-même le « mandarinat français » est fort défectueuse ; que le mieux à faire serait de la transformer
entièrement. Mais c'est là le rêve de l'avenir. La tâche
du présent consiste à accepter l'état des choses, et
à y adapter le plus exactement possible l'éducation
nationale.

Si l'on en croyait M. Berthelot, on laisserait subsister tel quel le vieil enseignement du grec et du latin,
pour les familles qui veulent en assurer encore le bénéfice à leurs enfants. A côté de cet enseignement, on en
créerait un autre où, jusqu'à l'âge de quatorze à quinze
ans, les élèves feraient du français et des langues étrangères, de l'histoire, de la géographie, un peu de sciences.
A partir de cet âge, les lettres deviendraient l'acces-
soire, les sciences le principal. Seuls, les jeunes gens
qui ont du loisir, ou ceux qui se destinent aux écoles
scientifiques, accompliraient ces dernières années du
cours d'études. Les autres, ceux qui se destinent au
commerce, quitteraient le collège vers quinze ans,
munis d'une culture telle quelle, suffisante, en somme,
pour l'exercice de leur profession.

Peut-être aurons-nous donné une idée du système de
M. Berthelot, en ajoutant qu'il établit avec force la
valeur éducatrice de la science, bien plus capable, selon
lui, que les lettres pures, de former et des hommes
utiles, et des esprits libres, dégagés de toute superstition. Il y aurait à discuter sur ce dernier point. Cette
thèse, communément reçue depuis la fin du xviiie siècle
jusqu'à nos jours, paraît se heurter à de graves objections de fait.

Ce qui est plus grave encore, c'est qu'il ne reste plus
rien dans le système de M. Berthelot — sauf, bien
entendu, pour les jeunes gens qui continueront à faire
du grec et du latin — qui réponde à la notion d'enseignement secondaire. Si l'illustre savant se piquait d'une
logique rigoureuse, il demanderait tout de suite la suppression absolue de cet ordre d'enseignement. Des
écoles primaires, des écoles primaires supérieures, des
écoles professionnelles et des Universités, voilà qui suffirait parfaitement, d'abord, pour donner les éléments
de la culture humaine à tous les citoyens d'une démocratie; puis, pour faire d'habiles ouvriers et de bons
industriels; enfin, pour faire des ingénieurs, des chimistes, des médecins, des professeurs. Il se peut que
tel soit le terme ultime du progrès démocratique.
Mais, de ce côté-ci de l'Atlantique, du moins, nous ne
sommes pas encore aussi avancés, et nous continuons
à nous former de l'enseignement secondaire une idée
qui est à peu près celle-ci.

Les années de collège nous paraissent surtout destinées
à former le jeune homme, qui s'initiera plus tard à tel
art particulier ou à telle science, mais qui a besoin, avant
d'appartenir à sa profession, de recevoir ce qu'on peut
appeler la révélation de son humanité. De là, l'importance
des choses esthétiques et morales, qui nous semblent
devoir garder, jusqu'à la fin des études, le premier rang.

Mais, dira-t-on, le collège ainsi compris, c'est du temps perdu. Ce serait, en effet, du temps noblement perdu, que nous n'y verrions pas grand inconvénient. Non pourtant : ce n'est pas du temps perdu, car c'est le temps pendant lequel l'esprit de l'élève se cherche, et trouve le plus souvent sa voie. On finit ses classes aujourd'hui à seize ou dix-sept ans. De quelles études spéciales l'écolier est-il donc capable — sauf exception — avant cet âge? Et quel profit à l'y jeter plus tôt, s'il doit les aborder sans le degré de maturité voulue? Laissons-le devenir lui-même, et quelque chose, et s'il se peut, quelqu'un. Il n'en travaillera par la suite que mieux, et davantage.

M. Berthelot répliquera que nous sommes en retard, que le temps est plus précieux aujourd'hui que jamais; que les beaux loisirs sont du fruit défendu dans une démocratie, et qu'à supposer qu'on réussisse à maintenir, pendant un certain nombre d'années, le système d'enseignement secondaire actuel, plus ou moins amendé, les nécessités sociales l'emporteront en fin de compte. Si bien qu'alors, c'est lui qui aura raison et gain de cause. Peut-être. Mais en ce cas, souhaitons que ce soit le plus tard possible.

Il ne nous paraît pas établi que l'esprit français ne doive pas subir une diminution notable, le jour où la grande majorité de la jeunesse française passerait, à peu près sans transition, des *éléments* de l'école primaire aux *spécialités* de l'enseignement supérieur. Cette transition, ce sont les *généralités* de l'enseignement secondaire qui la ménagent. Le mot a souvent été rétorqué contre cet enseignement. Il me paraît cependant topique, et très propre à en marquer la nature et la fonction.

Mars 1891.

Le projet de M. Bourgeois. — Discussion.

I

Les projets de décrets et d'arrêtés relatifs à une modi_
fication nouvelle de l'enseignement secondaire spécial,
et du baccalauréat de cet enseignement, dont le texte
vient d'être publié, ont pour objet de dégager la
parole du ministre. M. Bourgeois avait promis, à la
tribune du Sénat, au cours de l'année dernière, d'organiser les humanités modernes. Si tel était le but, qu'y
avait-il à faire, et qu'a-t-on fait? Ces deux questions se
tiennent étroitement. Nous posons d'abord la question
de principe, afin de juger ensuite plus sûrement les
propositions dont le conseil supérieur va se trouver
saisi.

Il faut écarter tout d'abord une objection de méthode,
plus spécieuse que réellement solide. Quoi! dira-t-on,
au lieu de prendre en elles-mêmes, et pour elles-mêmes,
les propositions du ministre, vous allez les confronter
avec une sorte d'idéal dont vous vous serez plu à
esquisser librement les traits? Quelle valeur auront
alors les critiques que vous serez conduit à diriger
contre ces propositions? Tout au plus, réussirez-vous à
démontrer qu'elles ne sont pas d'accord avec vos propres conceptions, ce qui, en une matière controversable
et controversée, ne prouve pas grand'chose. — L'objection aurait du poids, si nous avions en effet dessein

d'exposer un système, et de condamner ensuite tout ce qui s'en écarterait, si peu que ce fût. Mais telle n'est pas notre pensée. En dehors de toute vue systématique, il y a, je le crois, un certain nombre de points sur lesquels tous les partisans d'une réforme organique de l'enseignement secondaire peuvent et doivent être d'accord, attendu que ces points expriment des vérités de fait, dont le caractère propre est d'exclure toute divergence d'appréciation.

Par exemple, il est possible, et même facile, de déterminer les catégories de jeunes gens auxquels les humanités modernes sont destinées. Il est possible, et même facile, de déterminer un certain nombre de conditions sans lesquelles il n'y a pas, il ne saurait y avoir d'enseignement vraiment classique, vraiment humain. Cela suffit, et nous n'irons pas plus loin, car on ne saurait précisément s'avancer davantage, sans soulever les difficultés qui mettent aux prises les meilleurs esprits, et sans avoir un choix à faire entre les systèmes. Quelles sont donc, de l'aveu de tous, et les conditions d'un enseignement digne du nom de classique, et les catégories de jeunes gens qui se trouveront appelées à recevoir cet enseignement?

Un enseignement classique, humain, c'est avant tout un enseignement qui vise à exciter, puis à développer et à mûrir les facultés essentielles de l'esprit; un enseignement qui vise à tirer des intelligences tout le parti possible, à la fois en portant les facultés à leur plus haut degré de puissance, et en établissant entre elles cet équilibre heureux, sans lequel, et à part l'exception du génie — dont les programmes d'enseignement n'ont pas à s'occuper, attendu qu'ils ne contribuent pas à le former — l'homme, même doué de réelles aptitudes, est dans un état manifeste d'infériorité. C'est un enseignement qui doit être très général, qui doit prendre du temps, beaucoup de temps, car on ne devance pas impunément la nature; qui doit exiger des efforts, beaucoup d'efforts, car l'esprit ne se forme qu'en s'exerçant. C'est, en outre, un enseignement à tendance nécessairement esthétique : le maître se propose de faire, des intelligences qui lui sont confiées, quelque chose de beau et de noble. Il a besoin, pour cela, qu'on lui facilite les moyens d'agir sur elles, ce qui n'est possible que s'il dispose de longues heures, si on lui permet de ne pas disperser indéfiniment, pendant ces longues heures, l'attention et les forces de l'élève sur des travaux de tout genre. En un mot, il faut, pour qu'un enseignement mérite le nom de classique, qu'il comporte un professeur principal, une étude principale, à laquelle les autres soient subordonnées, une étude qui soit à la fois, si bizarre que puisse paraître cette comparaison, comme le corps et l'âme de l'enseignement.

L'ancien enseignement classique, avant toutes les réformes qu'il a subies, réunissait toutes ces conditions. Il était éminemment général et esthétique. Il comportait et du temps et de l'effort. Il reposait sur un professeur principal dans chaque classe; et, d'un bout à l'autre des classes, sur une étude principale, celle des langues et des littératures anciennes. Les réformes qui se sont succédé, depuis 1880, ont amélioré à certains égards cet enseignement, en élaguant des exercices stériles, mais elles l'ont aussi gâté et énervé en le dispersant, et en le surchargeant. On veut enseigner aujourd'hui trop de choses, et, quoiqu'on les enseigne bien chacune, le résultat total est mauvais. Si l'on veut rendre toute sa vertu à l'enseignement du grec et du latin, comme on le devra faire, le jour où il ne s'adressera plus qu'à une élite, comme on a même promis de le faire, il faudra émonder, simplifier, et accroître la part de l'effort. En attendant, si l'on veut constituer, sans le grec ni le latin, un enseignement classique, ce que nous croyons possible, et ce que doivent croire possible également, dans la sincérité de leur conscience, les auteurs du projet qui nous occupe, il faut respecter cette condition vitale.

A quels élèves s'adresse l'enseignement des humanités modernes? A tous ceux qui reçoivent aujourd'hui l'enseignement spécial? Non, certes, car il en est beaucoup dans le nombre qui se destinent à des carrières où une préparation professionnelle est largement suffisante, et même plus utile qu'une culture générale, ou prétendue telle. Ces jeunes gens devront tout naturellement aller, le jour où l'enseignement spécial actuel serait transmuté en enseignement classique, aux écoles primaires supérieures et professionnelles, d'où ils sortiraient plus tôt, ce qui n'est pas un mal. Un petit nombre seulement de leurs camarades devraient rester fidèles à l'enseignement nouveau, ceux qui ont vraiment besoin d'une culture générale, ceux qui entreprendront de se préparer, sans grec ni latin, à tout ou partie des carrières libérales. A ceux-là, devront venir se joindre un certain nombre de jeunes gens, qui font aujourd'hui sans goût, sans conviction, et sans profit, des études grecques et latines. Pourquoi en font-ils? Parce que leurs familles se défient, à juste titre, de l'enseignement spécial actuel, qu'elles regardent comme étant, sinon de qualité inférieure, du moins de portée et d'action médiocres, et parce qu'elles n'en ont pas d'autre à leur disposition. Le jour où l'enseignement classique français existerait, ces familles y trouveraient naturellement ce qu'elles cherchent.

Ainsi, une large diffusion, dans le pays, de l'enseignement primaire supérieur et professionnel; une forte organisation de l'enseignement secondaire français; et au sommet, pour l'élite, élite non de la fortune, mais de l'intelligence, la restauration des vieilles humanités grecques et latines. Telle est la distribution, non pas seulement normale et rationnelle, mais naturelle, en quelque sorte, et nécessaire des moyens de culture dans une démocratie comme la nôtre. Qu'on s'en afflige ou qu'on s'en réjouisse, peu importe. C'est là qu'on en viendra, qu'il en faudra venir tôt ou tard.

Encore une fois, nous n'avons, dans tout ce qui précède, ni pris parti entre les systèmes opposés, ni introduit d'autre hypothèse initiale que celle qui nous est commune avec les auteurs du projet en discussion : à savoir, la possibilité, niée par quelques-uns, admise avec une égale confiance par le ministre et par nous, d'obtenir, sans l'étude directe du grec et du latin, la plupart des résultats, et, à l'exception peut-être d'une certaine fleur de délicatesse littéraire, les résultats les plus importants et les plus désirables que donnaient jadis, que donnaient il y a dix ans encore, les études secondaires. Cette hypothèse posée, nous avons simplement énoncé quelques vérités, de doctrine ou de fait, que nous croyons indéniables. Il reste à voir dans quelle mesure les projets, sur lesquels le conseil supérieur est appelé à délibérer, tiennent compte de ces vérités.

II

La première critique qu'il y ait lieu d'adresser au projet sur la réforme de l'enseignement spécial, c'est précisément que ses auteurs ne semblent pas s'être posé, avec insistance, les questions que nous considérons comme les plus urgentes à résoudre.

Au lieu de se demander à quelles conditions il est possible d'établir un enseignement classique français, et ce que doit être cet enseignement pour mériter son

nom, ils sont partis de cette idée que le plus gros était
fait, que l'ancien enseignement spécial avait d'ores et
déjà les principales qualités requises, et qu'il ne s'agissait plus, en lui faisant subir quelques modifications de
détail, que d'en changer l'appellation. Ils ont présenté
leur projet comme un simple corollaire de la nouvelle
organisation du baccalauréat. Un certain nombre
d'élèves qui se destinent aux carrières scientifiques,
et qui sont pressés par la limite d'âge, ont besoin
d'une voie plus courte que celle qui passe par les
classes de seconde et de rhétorique. Qu'ils la cherchent
dans l'enseignement spécial, baptisé, après quelques
retouches, d'enseignement classique français.

Ainsi, suivant une méthode qui n'a été que trop souvent appliquée, et à laquelle sont imputables la plupart
des vices de notre enseignement secondaire, c'est le
baccalauréat qui, une fois de plus, commande et détermine le plan d'études, au lieu d'être lui-même la très
simple sanction d'un plan d'études concerté d'après les
principes d'une saine pédagogie, et d'une sociologie
intelligente. Ainsi encore, l'enseignement français est
introduit d'une manière latérale et oblique, au lieu de
se présenter de face, franchement et nettement. Qu'il y
ait eu des raisons, en quelque sorte domestiques, de
procéder ainsi, cela est possible. Il s'agissait d'obtenir
que la section permanente, et le conseil supérieur
après elle, acceptassent ce nom même d'enseignement
classique français, repoussé, on s'en souvient, sous le
ministère de M. Goblet. Mais si l'adoption de la formule
a son importance, et une importance réelle, la chose
même est plus importante encore. Et nous aimerions
mieux, à tout prendre, avoir la chose sans le nom, que
le nom sans la chose.

Est-il vrai que la chose n'y soit pas? Nous le craignons
fort, et voici nos raisons de le craindre.

Il faut du temps, disions-nous hier, à un enseignement vraiment classique. Or, le projet en discussion
aura pour premier effet d'abréger le temps des études
secondaires, puisqu'il assigne une année de moins à la
durée totale de l'enseignement français; et surtout
puisqu'il réduit la part des études générales, en favo-
risant, pour les candidats aux écoles, une spécialisation prématurée. Sans doute, on peut concevoir un
enseignement qui livre les jeunes gens à la vie pratique, à l'industrie et au commerce, vers quinze ans,
laissant alors à l'existence et à ses luttes le soin de les
mûrir. Mais c'est là le rôle de l'enseignement primaire
supérieur, de l'enseignement professionnel. Un enseignement classique a la prétention de mûrir les intelligences par les travaux mêmes qu'il leur impose, et,
s'il est trop court, s'il n'est pas fondé à nourrir cette
prétention, il n'est pas classique.

La part de l'effort intellectuel, des exercices vraiment difficiles, est aussi bien modeste dans ce projet.
Les exercices purement français ont l'inconvénient de
présenter une facilité apparente, qui n'excite pas toujours autant qu'il faudrait à la recherche, et à la peine.
On fera sans doute beaucoup d'allemand et d'anglais,
et ce sera excellent. Mais pourquoi ne pas chercher,
dans la traduction des vieux textes français, un exercice
plus malaisé que la version ou le thème de langues
vivantes, et partant, singulièrement profitable? Il est
fait une mention de ces exercices dans le programme
de la classe de quatrième, puis on n'y revient plus. Il y
aurait lieu certainement d'en tirer meilleur parti. C'est
un moyen, entre plusieurs autres; et, quoiqu'il ne
constitue qu'un détail, nous le mentionnons, car ce
détail est caractéristique.

Ce qui fait craindre encore que l'enseignement dont
il s'agit ne réponde pas au nom qu'on lui donne, c'est

qu'il ne comporte pas une étude principale, la même de l'origine à la fin des classes; ni un professeur principal, puissant et peut-être incomparable agent de culture classique. Beaucoup de langues vivantes, dans les premières années, ce qui est loin d'être un mal, mais ce qui ne suffit pas; beaucoup de sciences, dans les dernières; et, tout le temps, un peu, trop peu de français; tout le temps aussi, trop de maîtres, trop de visages différents, trop de directions qui ne seront peut-être pas toujours harmoniques, voilà l'un des vices essentiels du projet.

Il y avait un moyen d'y échapper : c'était, en laissant à l'enseignement des langues vivantes un caractère purement pratique, de réserver au professeur de français l'étude des littératures anglaise et allemande, l'explication des auteurs anglais et allemands dans la traduction; tout comme on le charge d'expliquer, dans la traduction aussi (et, en cela, on a grandement raison) les principaux écrivains grecs et latins. Il est évident que le professeur de l'avenir, le professeur type des humanités modernes, devra être un homme capable d'enseigner à la fois le français, l'allemand et l'anglais : ce qui ne paraît pas plus difficile à obtenir, avec une préparation appropriée, que le professeur des vieilles humanités, enseignant le français, le grec et le latin.

En attendant que ce type de professeur ait été formé et soit éclos, il y avait nécessité pressante, dès lors que l'on visait à faire un enseignement classique, de constituer, sous la forme que nous venons d'indiquer, un enseignement principal et ample, suffisamment diversifié au cours des classes, et confié à un maître, qui eût été *le maître*, celui dont on se souvient après les années de collège; celui qui, distingué ou ordinaire, imprime sa marque sur l'esprit de l'enfant, et le cultive, à force de s'y reprendre, toujours avec les mêmes exigences et les mêmes soins, comme un bon laboureur féconde son champ.

On le voit : c'est en vain qu'on chercherait, dans le projet actuel, soit l'application de la méthode que je considère comme nécessaire, soit les traits distinctifs de la culture classique. Tel qu'on nous le présente, cet enseignement risque fort de demeurer spécial. Et c'est là ce qui fait qu'au lieu de regretter qu'on ne lui ait pas accordé des sanctions équivalentes à celles des vieilles humanités, nous nous consolons d'une inégalité dont nous voudrions n'avoir pas à penser qu'elle est trop justifiée. Cependant, il faudra bien, le jour où l'on parviendra à constituer un enseignement vraiment classique, et vraiment français, aborder la question de l'identité des sanctions.

Ce serait être injuste que de ne pas l'avouer, en terminant : sur un point, un seul, un résultat précieux est acquis. Le projet comporte la suppression des grades de l'enseignement spécial. Désormais (après une période nécessaire de mesures transitoires) les mêmes grades, ceux de l'enseignement classique, seront exigés de tous les maîtres. C'est beaucoup, car il est incontestable que ces grades sont d'un accès difficile. Ils élèveront d'une manière sensible (et toutes exceptions faites pour les individus) le niveau général de l'enseignement. D'excellents maîtres, même avec des programmes défectueux, peuvent faire de bonne besogne; et nous espérons qu'il en ira ainsi.

Mai 1891.

Le projet devant le Conseil supérieur.

La commission du conseil supérieur, chargée d'étudier le projet de réforme de l'enseignement spécial, a substitué au nom « d'enseignement classique français », proposé par l'administration, celui « d'enseignement secondaire moderne ». Le conseil aura à statuer demain, en séance plénière, sur cette formule, qui appelle quelques observations.

Déjà, une première fois, sous le ministère de M. Goblet, le conseil avait refusé d'appeler « enseignement classique » un plan d'études qui n'était qu'une refonte de l'enseignement spécial. La majorité, hostile aux propositions du ministre, se composait, alors, des partisans intraitables des études grecques et latines, n'admettant pas qu'un enseignement pût être qualifié de classique, du moment qu'il excluait les langues mortes. Cette fois, à côté d'un certain nombre de personnes professant la même opinion, il s'est trouvé, parmi les adversaires de la formule proposée à nouveau, quelques membres du conseil qui estiment, comme nous le pensons nous-même, qu'un enseignement reposant sur le français et les langues vivantes peut avoir toutes les qualités désignées par le mot classique, mais qu'il ne les a pas nécessairement, et que le plan d'études proposé se trouve dans ce cas.

Les membres du conseil auxquels je fais allusion ne repoussent donc pas, *a priori*, l'idée d'appeler classique un enseignement sans grec ni latin. Ils se bornent à attendre, pour sanctionner de leur vote cette désignation, que la chose à désigner leur paraisse en valoir la peine. Bien que la bataille se soit engagée sur le même terrain, la situation n'est plus tout à fait la même, on le voit, que du temps de M. Goblet.

Selon moi, la commission n'a pas eu tort d'écarter le nom d'enseignement classique, et de le réserver pour une meilleure occasion. A-t-elle aussi bien fait d'y substituer le nom d'enseignement secondaire moderne?

Je ne le pense pas, et voici pourquoi. Si l'on a deux enseignements secondaires, et qu'on appelle l'un des deux moderne, quelle figure fera l'autre? Qui ne voit qu'il paraîtra aussitôt antique, démodé, suranné, vieille perruque, et vieille lune? C'est ici que les partisans exclusifs du grec et du latin me paraissent inconséquents. Ils ne veulent pas qu'on appelle « classique » un enseignement où les langues mortes ne figurent pas. Mais ils consentent qu'on l'appelle moderne, sans se rendre compte que cette expression est de nature à porter un préjudice plus grave à la cause dont ils sont les défenseurs. Pour nous, qui tenons en haut respect les études grecques et latines, et qui voudrions les voir restaurer et fortifier, à la condition qu'elles s'adressent à un public plus restreint, nous ne nous consolerions pas de voir le conseil supérieur consacrer une formule, à laquelle la malice humaine aurait vite fait de trouver une contre-partie.

D'ailleurs, un enseignement doit être dénommé d'après la nature des matières qu'il comporte, ou d'après la méthode qui le gouverne. On appelle « classique » l'enseignement actuel de nos lycées, parce que la méthode suivie a pour elle la tradition des classes. On dit encore l'enseignement gréco-latin, parce que le latin et le grec sont les matières principales de cet enseignement — au moins dans sa partie littéraire. L'expression « enseignement secondaire moderne » ne s'appliquant ni aux méthodes suivies, ni aux matières professées, n'offre un sens satisfaisant, que si l'on suppose qu'elle désigne les tendances générales qu'on souhaiterait voir régner dans l'enseignement nouveau. Mais ici encore, ici surtout, il faut s'entendre.

Veut-on dire que nos collèges et nos lycées doivent former des hommes qui soient de leur temps et de leur milieu social, qui aiment la civilisation moderne et qui la comprennent, qui aient confiance dans le présent et l'avenir, au lieu de juger l'un et l'autre avec je ne sais quelle nostalgie d'un passé qui ne renaîtra plus? Arrière, alors, les distinctions entre l'enseignement gréco-latin et l'enseignement français! Tous deux doivent être modernes au même degré, ou ne pas être. Et la prétention des maîtres qui enseignent le grec et le latin est bien, en effet, de former, à l'aide de ces vieilles disciplines, des esprits et des âmes en sympathie avec le progrès. S'ils avaient une autre idée de leur rôle, il ne faudrait pas chercher à créer un second type d'enseignement secondaire à côté du leur : il faudrait supprimer celui qu'ils représentent, et au plus vite. Tel n'est pas le cas, hâtons-nous de le répéter. Mais rien ne sera plus propre à accréditer ce préjugé, que le nom d'enseignement « moderne », donné à l'ancien enseignement spécial. L'intérêt bien entendu conseille aux amis des vieilles humanités de repousser ce nom, et la justice commande aux autres de ne pas s'en servir.

On dira peut-être que voilà bien du bruit pour un mot? En thèse générale, il faut préférer, selon la forte expression du philosophe, « le grain des choses à la paille des mots ». Mais comment méconnaître que le nom d'un enseignement peut avoir sur sa fortune l'influence la plus grande? Aujourd'hui encore, après vingt-cinq ans, on ne parvient pas à se dépêtrer de l'enseignement spécial. On propose de l'appeler autrement, mais on le voit toujours sous la forme que dénote son nom primitif. Le projet soumis au conseil organise, en réalité, pour la partie scientifique, une préparation *spéciale* aux écoles, et, pour la partie littéraire, une préparation *spéciale* aux carrières où le maniement des langues vivantes est la première de toutes les nécessités. Voilà ce que peut, sur de bons esprits, la tyrannie des mots.

Juin 1891.

Les sanctions.

L'égalité des sanctions entre les deux formes de l'enseignement secondaire n'a pas été mise en avant, un seul instant, par les auteurs de la réforme proposée au conseil supérieur : ce dont nous nous étions félicité tout de suite, étant donné le peu de goût et le peu de confiance que nous inspire celui de ces deux enseignements qui vient d'être, si judicieusement, qualifié de moderne.

Il entrait, d'ailleurs, dans le plan des auteurs de la réforme, ainsi que nous l'avons expliqué, de la présenter sous l'aspect le plus modeste. On voulait qu'elle obtînt la consécration du conseil supérieur, et on l'a faite à dessein toute petite. Nous dirions, si nous ne craignions de rappeler le langage de M. Purgon et de M. Fleurant, toute bénigne....

La tactique a réussi, puisque le conseil supérieur a voté le projet qui lui était soumis. Et il l'a voté, ou du moins ceux de ses membres qui sont de purs classiques l'ont voté, précisément parce qu'il était bénin, bénin.... « Ce mélange hétéroclite de langues vivantes à haute dose et de sciences, disaient-ils volontiers à qui voulait les entendre, n'attirera pas les parents. Le baccalauréat, avec ses compositions de langues vivantes sans dictionnaire, effrayera les élèves. Et comme les sanctions ne sont pas les mêmes que celles de l'enseignement gréco-latin, tout sera, tout est déjà pour le mieux. » Voilà le raisonnement qu'ont tenu un certain nombre de membres du conseil, et qui explique non seulement que le projet ait été voté, mais qu'il l'ait été, pour ainsi dire, sans débat, et sans opposition, dans la séance plénière. Les auteurs de la réforme ont voulu ruser avec les purs classiques. Et ceux-ci, à leur tour, ont cru faire preuve de beaucoup de finesse et de subtilité, en ne discutant point, pour l'améliorer, un enseignement qu'ils n'acceptaient que parce qu'ils le jugeaient mauvais, et hors d'état de nuire aux vieilles humanités.

Le malheur est que, de part et d'autre, en cette affaire, on pourrait avoir fait un faux calcul. Les auteurs de la réforme, et ceux d'entre les membres de la section permanente et du conseil supérieur qui y ont donné les mains, tout en avouant qu'elle ne répondait pas à la notion idéale d'un enseignement classique français, mais en réservant l'avenir, en exprimant l'espoir qu'on pourrait procéder à des retouches successives, et à des améliorations, ont compté, un peu témérairement, que la question resterait toujours d'ordre purement universitaire; que le conseil supérieur, le ministre de l'Instruction publique auraient seuls à se prononcer sur le développement ultérieur de l'enseignement moderne et de ses sanctions. De même, les purs classiques, qui ont si allègrement pris leur parti de la concurrence, parce qu'ils la jugeaient inoffensive, se flattaient d'être toujours à même d'intervenir, pour repousser l'égalité des sanctions. Mais qu'arrivera-t-il, si, dans quelques mois ou dans quelques années, la question, d'universitaire qu'elle est aujourd'hui, devient parlementaire?

Qu'arrivera-t-il, si un député monte à la tribune, et invite le Parlement à se prononcer en faveur de l'égalité des sanctions entre les deux formes d'enseignement secondaire? On devine sans peine les arguments qu'il emploiera, et l'on peut croire que la Chambre fera bon accueil à ces arguments. Les objections techniques contre la qualité et la valeur éducatrice de l'enseignement moderne lui échapperont. Elle ne saisira qu'une chose : la choquante disproportion des sanctions entre deux enseignements, donnés par les mêmes maîtres, animés du même esprit, et doués, au dire des patrons du plus récent, des mêmes vertus.

C'est alors que l'on entendra pousser de profonds soupirs, et exprimer d'amers regrets! Mais il sera trop tard. Les politiques habiles seront pris au piège qu'ils auront préparé, et partageront ainsi le triste sort des naïfs. L'enseignement moderne, sans véritable valeur éducatrice, sans caractère classique, sans épine dorsale et sans âme, sera à peu près le seul enseignement que l'Université offrira un jour à la démocratie. Il suivra de là un abaissement notable des intelligences, une diminution probablement irréparable dans les forces de la nation. Tout autre eût été le résultat, si l'on eût adopté la méthode que nous persistons à regarder comme la seule bonne, c'est-à-dire si l'on eût créé, dès à présent, avec une hardiesse révolutionnaire, un véritable enseignement classique français.

A supposer, en effet — ce que nous ne souhaitons pas, mais ce qui fût arrivé peut-être — qu'un jour il eût dû accaparer la majeure partie de la clientèle des vieilles humanités, du moins eût-il recélé en lui-même de quoi former encore des intelligences et des cœurs, et tout n'était pas perdu. Tandis qu'aujourd'hui, tout est gravement compromis.

Il nous en coûte d'avoir à nous séparer, sur ce point, de quelques-uns de nos amis universitaires, et d'ouvrir d'aussi inquiétantes perspectives devant les yeux d'hommes qui voudraient se sentir rassurés sur l'avenir, et qui s'imaginent avoir tout fait pour cela. Il nous en coûte également d'être obligés de distinguer entre les intentions, qui sont excellentes, qui sont tout à fait droites, et les effets probables, sinon certains, des mesures qui vont être prises. Mais c'est pour nous une question de conscience.

Après avoir si longtemps réclamé l'organisation d'un enseignement classique français, après avoir pris notre parti d'une rupture partielle, rupture nécessaire à nos yeux, avec la tradition des vieilles humanités, nous n'avons pu nous empêcher de crier : Prenez garde! ce que vous donnez là, ce n'est pas l'enseignement classique français, et il eût cent fois, mille fois mieux valu ne rien nous donner du tout. Car d'autres viendront qui n'y regarderont pas de si près, qui jugeront de la chose par le nom, et qui tireront de l'œuvre à laquelle vous venez de collaborer des conséquences dont vous serez, pour votre part, responsables.

Juin 1891.

L'enseignement moderne au Parlement.

La discussion du budget de l'Instruction publique a fourni à M. Joseph Reinach et à M. Bourgeois l'occasion d'une brillante passe d'armes, qui a vivement intéressé la Chambre. Les deux orateurs ont obtenu un succès complet, et pourtant, ils soutenaient des thèses entièrement opposées. La Chambre aurait-elle fait preuve d'inconséquence, en applaudissant tour à tour le pour et le contre? Ou bien a-t-elle simplement voulu donner au talent déployé par l'un et l'autre orateur sa juste récompense? On peut imaginer une autre explication, qui laisse subsister la seconde, mais qui remplace avantageusement la première. Au fond, comme nous le montrerons tout à l'heure, M. le ministre de l'Instruction publique et son contradicteur ne sont pas aussi éloignés l'un de l'autre qu'il peut sembler. Ils s'entendent sur des points essentiels, et c'est précisément ces points qui ont frappé la Chambre.

M. Joseph Reinach a fait le procès du nouvel enseignement secondaire, de l'enseignement moderne, au nom des langues anciennes, dont il a parlé en termes excellents. Il a célébré, après bien d'autres, la vertu éducatrice de ces deux langues, et la puissante action sur les âmes des écrivains qui s'en sont servis, écrivains particulièrement pénétrés de sentiments civiques, patriotiques et, à l'ordinaire, républicains. Il a protesté avec véhémence contre l'éducation purement utilitaire, et prouvé avec finesse qu'aucune étude, à l'exception des plus humbles et des plus élémentaires, ne saurait résister à un argument comme celui-ci : à quoi bon? A quoi bon, par exemple, apprendre l'allemand, puisqu'on a des traductions des principaux ouvrages, et puisqu'on rencontre en voyage des garçons d'hôtel, qui l'ont appris exprès pour nous dispenser de le savoir? On irait loin, en raisonnant ainsi. On irait à la ruine, non pas seulement de la culture classique, mais de toute instruction qui ne serait pas à la fois primaire et professionnelle. L'orateur a examiné ensuite, et en grand détail, les programmes du nouvel enseignement. Il a fait à leur sujet maintes critiques, pour la plupart judicieuses. L'attention de ses collègues l'a suivi, jusque dans cette partie plus technique de son discours. Mais il est évident que ce qui les a le plus touchés, c'est la protestation contre l'envahissement possible d'une éducation trop strictement utilitaire. Il est curieux qu'à l'heure actuelle cette thèse, qui eût été ou raillée, ou vivement réfutée, il y a quinze ou vingt ans, obtienne l'adhésion d'une assemblée politique. Les temps sont changés, et les esprits aussi.

Le ministre de l'Instruction publique a répliqué, avec cet accent de sincérité qui plaît chez lui, qu'il est lui-même grand admirateur des lettres anciennes, partisan résolu d'une éducation non utilitaire, et qu'en organisant un enseignement nouveau, il a simplement voulu mettre à la portée d'un plus grand nombre d'intelligences les fruits de la culture classique. Nos grands écrivains, a-t-il dit, si fortement pénétrés de l'antiquité, la feront pénétrer à leur tour dans l'esprit des enfants, sous une forme plus accessible. Les élèves du nouvel enseignement n'ignoreront pas les vertus républicaines de Rome, puisqu'ils les auront entendues s'exprimer par la bouche des héros de Corneille. La question était de savoir s'il fallait continuer à donner l'éducation par le grec et le latin à un nombre énorme de jeunes gens, dont la plupart n'en profitent guère, ou s'il ne valait pas mieux la réserver à une élite, en aménageant pour les autres un système d'enseignement qui en tînt lieu, autant que possible. M. Bourgeois se flatte que celui qui vient d'entrer en vigueur offre bien ce caractère. Il l'a dit, répété à la Chambre, qui l'a cru sur parole, car il est infiniment persuasif et très convaincu, l'un n'allant guère sans l'autre.

Ainsi, les deux champions sont entièrement d'accord pour repousser l'éducation utilitaire, et pour proclamer les bienfaits de l'éducation classique. Voilà ce que la Chambre a retenu de leurs discours. Et voilà pourquoi, partageant cette manière de voir, elle a pu, sans se mettre en contradiction avec elle-même, leur faire accueil à tous deux. La dissidence n'eût apparu que si l'on avait approfondi à la tribune deux points de grande importance, mais qui échappent quelque peu à la compétence du Parlement : 1° Est-il possible de donner, sans grec ni latin, une culture classique? 2° A supposer que ce soit possible, les programmes du nouvel enseignement atteignent-ils ce but?

M. Reinach et M. Bourgeois ont bien touché à ces points, mais ils n'y ont pas insisté. Ils ne pouvaient pas y insister, l'auditoire devant lequel ils parlaient n'étant pas un auditoire de spécialistes.

Le tort de l'enseignement moderne, à nos yeux, n'est pas d'exister, car nous croyons qu'on peut donner une culture libérale sans grec ni latin, mais d'être insuffisamment français, et insuffisamment classique. Délicate déjà à exposer aux professionnels, cette thèse l'eût été encore davantage à la tribune d'un Parlement. Et cela nous conduit à dire encore un mot d'une question effleurée dans cette séance.

Il a été proposé que les questions d'enseignement secondaire fussent exclusivement tranchées par des lois, c'est-à-dire soumises au Parlement. Ce ne serait pas sans regret que nous verrions, pour notre part, le ministre et les corps techniques destitués du droit de modifier l'enseignement public, et les Chambres invitées à se prononcer sur une pareille matière. Leur droit subsiste, et si un député dépose un projet de loi sur l'enseignement secondaire, si ce projet est voté, le dernier mot est dit. Mais il est à souhaiter que ces interventions se produisent rarement. La stabilité, fort nécessaire au succès des études, a plus de chances encore de régner, avec le régime actuel, qu'elle n'en aurait si le souffle parlementaire, essentiellement capricieux, et parfois un peu violent, se promenait à plaisir parmi les choses de l'Université.

Novembre 1891.

La composition du Conseil supérieur.

Un vœu, parmi ceux auxquels a donné lieu la discussion du budget de l'Instruction publique, mérite d'être recueilli : c'est que la constitution du conseil supérieur soit modifiée.

Il ne compte actuellement que des universitaires, et bien que ses membres viennent des régions les plus diverses de l'Université, ils ont du mal à réagir contre l'esprit même de l'institution à laquelle ils appartiennent. Tous, professeurs ou administrateurs de l'enseignement primaire, ou secondaire, ou supérieur, ils voient nécessairement les choses sous un angle déterminé. Excellente condition pour bien apprécier le détail ; condition souvent défavorable pour se prononcer sur l'ensemble. Et, de fait, si l'on juge le conseil supérieur d'après l'œuvre accomplie depuis 1880, en matière d'enseignement secondaire, il n'y a pas trop lieu de le féliciter. Il n'a fait preuve ni de beaucoup de suite dans les vues, ni d'une réelle largeur d'esprit. Peut-être la matière est-elle si difficile, que le résultat eût été le même avec une assemblée autrement composée? Mais peut-être aussi qu'il eût été différent, et l'épreuve, en tout cas, vaut d'être tentée.

L'ancien conseil supérieur de l'Instruction publique, celui d'avant 1880, avait l'inconvénient de ne pas représenter suffisamment l'Université, et surtout, de faire peser sur elle une sorte de tutelle quelque peu humiliante. Sans revenir à ce régime, qui n'a pas laissé de bons souvenirs, ne serait-il pas possible d'adjoindre au conseil actuel des représentants de tous les grands intérêts sociaux, jusques et y compris des industriels, des commerçants, qui pourraient, à l'occasion, faire entendre des vérités utiles, donner un bon avis, ouvrir une perspective intéressante? L'Université ne serait plus, comme au temps dont nous parlions tout à l'heure, une simple invitée dans la maison d'autrui. Elle resterait maîtresse de maison, et elle ferait les honneurs de sa maison. Pour quiconque la connaît, il est certain d'avance qu'elle s'acquitterait de ce soin avec bonne grâce. Et il est probable qu'une fois la première surprise dissipée, elle s'applaudirait d'avoir pu entrer ainsi en conversation, avec qui? avec les pères des enfants qu'elle élève, et qui ont bien, on l'avouera, quelque droit à émettre une opinion sur la manière dont ils voudraient les voir élever.

L'Université, qui n'est pas autrement éprise de son conseil supérieur, adresse plutôt d'autres reproches à la loi qui l'a constitué. Elle regrette que le nombre des délégués élus, surtout des délégués de l'enseignement secondaire, soit insuffisant. Elle regrette que toutes les affaires importantes soient réglées d'avance par la section permanente, composée uniquement de fonctionnaires nommés par le ministre, et qu'on apporte aux séances plénières des projets en plusieurs centaines d'articles, à voter dans les vingt-quatre heures. Elle réclame surtout la publicité des délibérations, et le droit d'initiative pour les membres du conseil. Mais, à supposer que le législateur recule devant quelques-unes de ces concessions, qui n'iraient à rien moins qu'à créer un Parlement au petit pied, il aurait atténué déjà une partie des inconvénients signalés, en introduisant dans le conseil l'élément non universitaire.

Le jour où siégeraient, rue de Grenelle, des magistrats, des ingénieurs, des négociants, l'administration de l'Instruction publique, qui tend volontiers, comme toutes ses pareilles, à l'absolutisme, se verrait dans l'obligation de prendre, pour ces nouveaux venus, les ménagements qu'elle ne prend pas toujours pour une réunion de fonctionnaires, dont la minorité seulement est inamovible. Ainsi, une réforme qu'elle ne souhaite pas en ce moment, mais qui est très réalisable, assurerait à l'Université le bénéfice de quelques-unes des réformes qu'elle désire, et qui ont l'inconvénient d'être d'une réalisation ou difficile ou impossible.

Ajoutons que c'est peut-être là le plus sûr moyen d'empêcher que le Parlement n'évoque à lui, comme on le demandait récemment, bien à tort, selon nous, toutes les questions universitaires.

Il est excellent que l'Université reste, dans une large mesure, maîtresse de ses destinées, et de celles de l'enseignement public. Car, si elle est à peu près inévitablement victime de certains préjugés, elle apporte du moins à sa tâche une compétence, une conscience, un dédain des intérêts mesquins, et un souci des intérêts supérieurs, que l'on ne rencontre pas au même degré dans les assemblées politiques. L'Université doit garder le droit de se diriger elle-même, droit qui ne va pas sans une obligation correspondante, celle de se réformer au besoin. Et peut-être la plus pressante des réformes, gage de beaucoup d'autres, est-elle d'ouvrir l'accès du conseil supérieur à des hommes qui, n'étant pas universitaires, n'étant pas non plus engagés, pour la plupart, dans la politique active, y introduiront un esprit deux fois libre, libre comme ne l'est pas toujours celui d'un Parlement, libre comme l'est rarement celui d'une Église, même laïque.

A notre avis, il faudrait prendre cette réforme à pied

d'œuvre, c'est-à-dire l'appliquer partout, dans les conseils académiques, et dans les assemblées de professeurs des lycées et des collèges. Ces assemblées n'ont pas donné grand'chose, chez nous, et c'est dommage, car elles recèlent un ferment de décentralisation et de self-government. Peut-être ce ferment agirait-il davantage si, dans chaque ville, on conviait des pères de famille, appartenant à des professions diverses, à venir causer avec les maîtres de leurs enfants, à venir examiner avec eux, non pas toutes les questions qui peuvent être à l'ordre du jour, mais celles d'entre ces questions qui ont un intérêt général, une portée sociale. On a cherché, avec d'excellentes intentions, mais en allant au devant d'un insuccès à peu près inévitable, à intéresser les familles à la vie du collège, par des fêtes où elles prendraient leur part. Ne vaut-il pas mieux essayer de les mêler à la partie sérieuse de cette vie?

L'idée effrayera, sûrement, un certain nombre d'administrateurs timides ou indolents. Elle mérite pourtant d'être étudiée, comme préface ou comme complément à une modification du conseil supérieur. Le lien qui rattache les deux réformes est visible. C'est cette idée, qu'en démocratie, l'enseignement public, qui s'adresse à tous, qui décide de l'avenir de tous, est et doit être, autant que possible, en réservant les cas où la compétence technique est de rigueur, la chose de tous.

Novembre 1891.

Les études médicales et l'enseignement moderne.

Faut-il assimiler, pour les études de médecine, le baccalauréat de l'enseignement moderne au baccalauréat classique?

La Faculté de médecine de Paris repousse l'assimilation, pour des raisons de valeur inégale, mais dont quelques-unes m'ont paru considérables. Je la repousse pour d'autres raisons, et qui ne sont pas celles des partisans exclusifs, intransigeants de la culture grécolatine. Il ne me semble pas impossible, en effet, et il me semble désirable qu'il surgisse, quelque jour, un enseignement moderne, vraiment digne du nom de classique, ayant une valeur éducatrice comparable, quoique non égale, à celle des vieilles humanités. J'ai souvent souhaité la constitution d'un enseignement de ce genre. Mais j'ai refusé de reconnaître mon idéal, ni rien qui en approche, dans l'ancien enseignement spécial, remanié une dernière fois en 1891, et débaptisé à cette occasion.

Mes griefs portaient, à la fois, sur les circonstances dans lesquelles l'enseignement dit moderne était né, et sur le caractère de cet enseignement. Au lieu de remonter aux principes, on avait procédé suivant une méthode purement empirique, prenant pour base des programmes tout faits — ceux de l'enseignement spécial

— les remaniant, les allongeant ici, les raccourcissant là. Il s'agissait de dégager une promesse ministérielle, de faire vite plutôt que de faire bien, et surtout d'avoir l'air de faire quelque chose. On exploitait, d'ailleurs, assez habilement ce vice originel, pour persuader aux purs classiques qu'ils n'avaient rien à craindre. Tranquillisez-vous, leur disait-on. Cet enseignement ne pourra jamais entrer en concurrence avec le vôtre. Il n'aspire qu'à tenir une petite, très petite place à côté, et un peu au-dessous. Les purs classiques, donnant en plein dans le piège, s'abstinrent de tout effort pour améliorer les programmes. On avait réservé la question des sanctions, le droit, la médecine. Quel danger pouvait-il y avoir à laisser se poursuivre une expérience vouée, pour cette seule raison, à l'insuccès?

Moins confiants, nous disions de notre côté : Prenez-y garde. Une fois organisé, l'enseignement moderne aura beau être défectueux. Poussé par une certaine partie de l'opinion et par ceux qui la flattent, il réclamera, il obtiendra bientôt l'égalité absolue des sanctions. Or, il est franchement mauvais, ajoutions-nous. Il n'a pas d'âme, il n'a pas de corps. C'est de la matière inorganique. Les langues vivantes prédominent au début; les sciences à la fin; on fait, tout le temps, un peu, mais trop peu de français. Pas d'étude principale, qui soit comme l'épine dorsale du système. Pas de professeur principal, qui exerce une forte action sur l'esprit des élèves. Peu ou pas d'exercices difficiles, sollicitant l'effort personnel. C'est le mot de Plutarque renversé. Le vieux moraliste disait : « L'esprit n'est pas un vase qu'il faille remplir, c'est un outil qu'il faut forger ». Au lieu de forger l'outil, on remplit le vase.

A ces critiques, et à d'autres encore — mais j'abrège — il ne me semble pas qu'on ait fait, en 1891 ni depuis, aucune réponse vraiment topique. On a simplement plaidé les circonstances atténuantes. Il ne fallait pas révolutionner, mais aider à une évolution. Les programmes rectifiés marquaient un progrès. Les grades de l'enseignement spécial étaient supprimés. Les professeurs de l'enseignement classique sauraient tirer un bon parti de programmes même imparfaits : tant vaut le maître, tant vaut le plan d'études. Il y a du vrai, je le reconnais, et l'ai tout de suite reconnu, dans cette dernière remarque. Mais on avouera qu'à elle seule, elle ne balance pas toutes les objections qui précèdent.

Les partisans de l'égalité des sanctions font valoir la nécessité d'avoir un plus grand nombre de médecins. Ils estiment que, pour trois raisons principales, on doit ouvrir les Facultés de médecine aux bacheliers de l'enseignement moderne : 1° il n'est pas démocratique de les en tenir écartés; 2° la meilleure manière d'améliorer l'enseignement moderne, c'est de l'obliger à mériter la sanction qu'on lui aura d'abord accordée; 3° le baccalauréat moderne donne des résultats qui sont loin d'être méprisables.

Je ne conteste pas la nécessité d'augmenter le nombre des médecins, mais seulement l'efficacité du moyen proposé. Si, pour diverses raisons, que ce n'est pas ici le lieu d'examiner, la profession médicale est devenue ingrate, le bachelier de l'enseignement moderne s'en apercevra bien vite, et il la fuira, comme le bachelier de l'enseignement classique. On aura compromis la valeur des études médicales, sans accroître le nombre des médecins.

Mais je viens aux arguments invoqués. Tout d'abord, l'argument démocratique. Il me touche infiniment. Encore faut-il s'entendre. J'admets qu'il soit difficile de dire : *Jamais*, dans une démocratie comme la nôtre, les Facultés de médecine n'accepteront des jeunes gens qui n'auront pas reçu la culture grecque et latine.

Est-ce une raison pour qu'il faille dire : *Dès aujourd'hui,* un enseignement de valeur médiocre et contestable ouvrira l'accès des Facultés de médecine? L'intérêt de la démocratie peut consister soit à attendre, soit à se prononcer tout de suite. Que risque-t-elle à attendre? Quelques vocations contrariées? Non pas même. Les vocations savent toujours s'y prendre; elles n'ont pas peur des obstacles. Le docteur Peter était typographe, à l'âge où l'on a d'ordinaire achevé ses études. Mais voilà : nous ne savons, ni ne voulons attendre. On pourrait philosopher à perte de vue sur cette disposition, à la fois inquiète et souverainement réaliste, des hommes d'aujourd'hui. Ceux d'autrefois laissaient quelque chose à faire à leurs successeurs. Ils ne paraissaient pas douter que le soleil se lèverait encore quand ils ne seraient plus là pour le voir.

On insiste : attendre, c'est laisser l'enseignement moderne à sa médiocrité présente. Ajouter des sanctions nouvelles à celles qu'il possède, c'est obliger cet enseignement à faire de grands efforts, pour s'en rendre digne. Oui, à la rigueur, si les Facultés de médecine se recrutaient au concours. Le concours de l'École normale, le concours de l'École polytechnique font la force des études dans les hautes classes de nos lycées, en y créant ce qu'on a nommé — on le supposait répandu partout, alors qu'il n'existe que dans ces classes — le surmenage. Mais là où il n'y a pas de concours, c'est le baccalauréat qui fixe le niveau. Il l'a mis très bas dans l'enseignement classique. Où le mettra-t-il dans l'enseignement moderne?

Le doute est d'autant plus permis, que le baccalauréat moderne — notez ce point capital — n'a pas encore fonctionné dans des conditions normales, régulières. Les parties les plus difficiles de cet examen ont été, jusqu'ici, supprimées par simple mesure administrative, sans que le conseil supérieur, qui avait réglementé la nature et la forme des épreuves, ait, que je sache, été consulté.

Aux termes du règlement, le baccalauréat moderne comporte deux compositions de langues vivantes : jusqu'à présent, il n'en a été exigé qu'une seule. Aux termes du règlement, ces compositions doivent être faites sans dictionnaire : jusqu'à présent, les dictionnaires ou les lexiques ont été autorisés. La connaissance de l'anglais et de l'allemand rendra, dit-on, des services considérables à l'étudiant en médecine. Le malheur est que le diplôme de bachelier moderne ne prouve pas, *quant à présent*, que son possesseur sache bien l'allemand et l'anglais, ni même qu'il manie familièrement l'une des deux langues ; puisque, d'une part, il compose dans une seule de ces langues, et que, de l'autre, il compose à coups de lexique. N'est-il pas raisonnable d'attendre que ce régime, présenté par l'administration comme transactionnel et provisoire, ait pris fin ? Nous savons tous qu'il y a, même en France, des provisoires qui durent longtemps, et qu'à l'heure actuelle, en administration comme en politique, les expédients commodes ont beaucoup de chance de monter en grade, et de passer solutions [1].

Ce n'est pas tout. On veut bien nous prodiguer les assurances les plus engageantes. Si l'enseignement moderne donne des élèves à la Faculté de médecine, ce sera, nous dit-on, les meilleurs, les têtes de classe. En est-on sûr ? Dans l'enseignement classique, sauf le cas de vocation bien arrêtée, il n'en va pas ainsi. Les étudiants en médecine se recrutent ordinairement parmi les élèves moyens. Rien ne prouve que les choses se

1. Les deux langues vivantes sont exigées, et le lexique est supprimé depuis 1895.

passeront autrement dans l'enseignement moderne; que ses élèves les plus brillants ne continueront pas à faire ce qu'ils ont fait jusqu'ici, à viser les grandes écoles scientifiques, École normale, École polytechnique, École centrale, et que ce ne sera pas la moyenne, la petite moyenne, qui se dirigera vers les Facultés de médecine. On s'embarque ainsi dans une aventure, sur la foi d'une hypothèse. Nous sommes quelques-uns qui aimons autant rester au port.

C'est oublier, répliquera-t-on, que la classe de Première lettres, si elle ne conduit pas à la Faculté de médecine (on dira plus tard : et au droit) ne conduit à rien. A la bonne heure : voilà la vraie raison! Il s'agit de peupler la classe de Première lettres! Cette classe existe — sur le papier — depuis 1891. En fait, dans la plupart des établissements, par exemple dans les lycées de Paris, elle n'est ouverte que depuis un an. Il n'y vient que fort peu d'élèves, et l'administration s'émeut. J'en suis fâché pour elle, mais il faut convenir qu'elle a d'étranges façons de raisonner. « Donnez-nous des sanctions nouvelles, pour que nous soyons dans l'obligation de les mériter! Consentez à compromettre les études médicales, pour que la classe de Première lettres se remplisse! » La destinée de cette classe est intéressante : celle des études médicales l'est davantage.

Venons aux précisions dernières. En quoi, pour comparer des facteurs de même ordre, l'élève moyen de l'enseignement classique, à peine frotté de grec et de latin, l'emporte-t-il sur l'élève moyen de l'enseignement moderne? Il y aurait à dire sur ce sujet. Pour faire court, j'écarte toutes les considérations, sauf deux.

L'élève moyen de l'enseignement classique ne sait, quand il sort du collège, ni grec ni latin : voilà qui est entendu. Mais il n'a pas étudié ces deux langues pour les savoir. Il les a étudiées pour fortifier, assouplir, affiner ses facultés, par une série d'exercices méthodiquement conduits, et qui exigent des efforts toujours plus grands. On ne mène pas un enfant à la gymnastique, pour qu'il passe ensuite sa vie à faire du trapèze et des haltères. On l'y mène pour que la vigueur, l'adresse acquises dans cet apprentissage subsistent. C'est le service que la culture classique rend à la moyenne des élèves. Quand ils ont reçu cette culture, ils sont prêts, grâce aux efforts accomplis, soit pour les études spéciales, les vraies études, soit pour les tâches diverses de la vie. La civilisation moderne en fait foi, puisqu'elle est le fruit de cette éducation. — Mais on peut faire autrement, et aussi bien? — D'accord : à la condition d'avoir fabriqué un instrument qui inspire confiance.

Tourné surtout vers l'utile, l'enseignement moderne préparera, je le veux, l'homme d'une profession : préparera-t-il aussi bien (tant qu'il demeurera ce qu'il est) l'homme même? Je sais que l'on s'élève aujourd'hui, de divers côtés, contre la culture générale, contre ce qu'on appelle le dilettantisme. La démocratie doit, dit-on, se préoccuper d'adapter l'organe à la fonction. J'ai grand peur que cette pédagogie, inoffensive en apparence, ne soit grosse de conséquences funestes. Elle m'apparaît comme une application rigoureusement conséquente du principe collectiviste. La société actuelle va-t-elle donc, ajoutant une contradiction de plus à toutes celles dont elle a déjà quelque peine à se dépêtrer, fonder l'éducation nationale sur ce principe, alors qu'elle ramasse ses forces pour lutter contre le collectivisme sur tous les autres terrains? Mais livrer l'éducation, c'est livrer le cœur de la place. L'excuse serait mal venue, qui consisterait à dire plus tard : Nous ne savions pas ce que nous faisions.

Il faut conclure. Mettons-nous à la tâche pour dégager,

des ombres qui l'enveloppent encore, le type pur et parfait de l'enseignement classique moderne. Cette tâche prendra du temps. Elle ne s'achèvera que le jour où nous verrons clair dans nos idées générales, où nous aurons retrouvé une doctrine de la vie. En attendant, défendons avec énergie, fortifions même, pour leur clientèle restreinte, ce qui subsiste des vieilles humanités. Ne constituent-elles pas la meilleure méthode historiquement connue d'éducation générale, et d'initiation à toutes les formes de la liberté?

Par là, les vieilles humanités tiennent encore de plus près qu'on ne paraît le croire à la conception générale des choses sur laquelle repose l'ordre social et politique, issu de la philosophie du xviii° siècle et de la Révolution française.

1894.

LE BACCALAURÉAT
ET LA CLASSE DE PHILOSOPHIE

Le 93 du baccalauréat.

La Faculté des lettres de Paris, dans sa réponse au questionnaire ministériel [1], demande que le baccalauréat soit ramené à un seul examen, subi au sortir de la philosophie. C'est là, disent quelques personnes, une proposition singulièrement rétrograde. Il ne m'appartient pas de défendre la Faculté des lettres de Paris. Mais l'on prend texte de sa proposition pour combattre le retour à l'épreuve unique : j'en prendrai texte pour le soutenir.

Quand on a scindé le baccalauréat ès lettres, on se flattait de l'espoir que les élèves, ayant moins de matières à étudier pour chacune des deux épreuves, travailleraient paisiblement dans les classes supérieures, et que l'enseignement n'y serait plus opprimé par le souci de l'examen. C'est le contraire qui est arrivé. La philosophie n'a pas gagné à ce changement; la rhétorique y a tout perdu. De l'aveu des témoins sincères, en dehors des grands lycées de Paris, où l'affluence des

1. Enquête de 1885.

candidats à l'École normale, et la présence de beaucoup d'élèves distingués maintiennent les études à un niveau relativement élevé, il n'existe plus de rhétorique. La classe qu'on continue d'appeler ainsi n'est qu'un cours préparatoire à la première épreuve du baccalauréat. Voilà quel a été jusqu'ici le plus clair profit de la réforme.

Le plus clair, et le seul. Nous n'en sommes plus à croire que les examens donnent des résultats plus brillants, parce que les programmes sont plus chargés, et qu'on s'y reprend à deux fois pour sacrer un bachelier? L'illusion serait vraiment trop naïve. Dès lors, l'opinion exprimée par la Faculté des lettres de Paris s'explique. Alléger les programmes, supprimer des compositions écrites et des épreuves orales, ne demander aux candidats « que ce que personne n'a le droit d'ignorer », et, pour diminuer l'importance de la chose, la faire prestement, d'un seul coup. Il semble que tous ceux qui ont voué au baccalauréat une haine vigoureuse, et qui voudraient le détruire, dussent applaudir à cette proposition si sage.

Je n'y vois, pour ma part, qu'un seul inconvénient. En affaiblissant l'examen du baccalauréat, elle laisse la même valeur au diplôme de bachelier. Or, c'est inadmissible. Si, comme il faut le souhaiter, le baccalauréat redevient ce qu'il était à l'origine, et ce qu'il n'aurait jamais dû cesser d'être, le dernier des examens de passage, constatant seulement que l'élève a séjourné tant d'années dans un établissement d'enseignement secondaire, et qu'il a suivi les cours avec plus ou moins de zèle et de profit, la conséquence logique est que le diplôme de bachelier cesse de conférer aucun droit. On pourrait retourner ici le mot fameux de Sieyès : « Qu'est-ce que le baccalauréat? Rien. Qu'a-t-il été jusqu'à présent? Tout. » Il faut le ramener de tout à rien.

Voilà la vraie réforme à tenter. Cette réforme, je ne me le dissimule pas, c'est une révolution.

Nombre de publicistes voudraient voir la collation du baccalauréat confiée aux professeurs de l'enseignement secondaire. Le jour où le diplôme de bachelier aura perdu ce qu'on pourrait appeler sa valeur sociale, et n'aura plus qu'une valeur scolaire, ce jour-là, il est bien évident que les professeurs des lycées et des collèges en seront les dispensateurs naturels. D'ici là, cette réforme, en apparence si simple, est grosse de difficultés et de périls. Jugez-en.

On se plaint que l'intrigue et les influences ont trop de part dans les examens actuels? On a grandement raison de se plaindre. On ne se plaindra jamais assez. Pourtant, ce sont des professeurs de faculté qui siègent au jury. En outre, le jury n'est pas permanent et fixe. Il varie selon les sessions, selon les jours, selon les séries. Un candidat ne connaît ses juges que quarante-huit heures avant de se présenter devant eux, quand il les connaît. Encore, se produit-il des échanges entre collègues, très propres à déconcerter la diplomatie des familles. Et c'est à ce jury indépendant par situation, planant au-dessus de la tête des élèves, inconnu d'eux le plus souvent, que l'on voudrait substituer le professeur de lycée, dont l'avenir est en grande partie livré à l'arbitraire administratif; qui se trouvera soumis, quelle que soit son indépendance de caractère, à mille influences locales, que les familles harcèleront, du premier au dernier jour de l'année? Supposez que, malgré ces conditions désastreuses, il ne se produise ni scandale ni abus. La calomnie n'en aura pas moins beau jeu. Toute admission, tout échec soulèvera les protestations, qui aujourd'hui n'en accueillent que quelques-uns, le plus souvent à tort.

Voilà pour les professeurs. Quant aux études elles-mêmes, qu'y pourraient-elles gagner? Aujourd'hui, on travaille un peu dans tous les lycées et dans tous les collèges. Pas beaucoup, et pas en dehors de la préparation au baccalauréat. Mais un peu, juste assez pour réussir à l'examen... avec de la chance. On travaille, parce qu'on passe cet examen devant des juges étrangers, et qu'on sera comparé à d'autres candidats qu'on ne connaît pas. Si le baccalauréat se confère dans chaque maison, il s'établira bien vite une petite moyenne domestique et familiale, au-dessus de laquelle nul ne songera à s'élever. Les rhétoriciens et les philosophes du collège de X..., qui ne seront comparés qu'à leurs camarades de X..., se trouveraient fort sots, s'ils faisaient plus d'efforts qu'il n'est strictement indispensable pour acquérir un parchemin, dont ils connaissent très exactement le prix coûtant.

On répondra que toutes les maisons ne seront pas autorisées à délivrer des diplômes, mais celles-là seulement qui auront fait leurs preuves. Sans doute, mais est-on sûr que, dans ce départ entre les établissements, il ne sera jamais tenu compte que de la qualité des études? Sans qu'il soit besoin d'insister, on aperçoit toute la gravité de la question. La présence d'un représentant de l'État, comme en Allemagne, ne serait pas même une garantie suffisante. Car ce président n'osera jamais refuser tous les élèves d'une classe, et tel candidat très faible, qui eût fait piteuse figure, mêlé à d'autres mieux préparés, paraîtra un aigle, en comparaison de certains de ses camarades, encore plus nuls que lui.

Enfin, dernière et décisive raison. Est-ce bien au moment où la société française est si cruellement divisée, qu'il convient d'attacher aux jeunes gens une étiquette qui, toute leur vie, pourra faire d'eux des suspects? Bachelier de la rue de Madrid : en faudrait-il davantage, aux yeux de certaines gens, pour éliminer un jeune homme des fonctions publiques?

Avec le système actuel, le jour où vous êtes reçu bachelier devant une faculté, personne ne songe plus à s'enquérir d'où vous venez. Avec l'autre système, de ce même jour vous vous trouverez classé, et pour long-temps, parmi les bons ou les mauvais, les élus ou les réprouvés. Est-ce la peine d'ajouter cet élément de discorde, et cette cause de suspicion à tant d'autres, dont l'État souffre plus qu'on n'ose d'ordinaire l'avouer? Ici encore, la réforme ne serait inoffensive, que si le bacca-lauréat redevenait un simple certificat de fin d'études, n'ouvrant la porte d'aucune carrière.

Aussi bien, est-ce là qu'il faut toujours en revenir. Les débats sur le programme, la forme de l'examen, le jury tomberont d'eux-mêmes, lorsqu'on aura rayé le baccalauréat du nombre des institutions sociales. Ils s'éterniseront, au contraire, sans jamais aboutir, aussi longtemps qu'une main saintement sacrilège n'aura pas porté ce coup. Après tout, nous avons déjà fait tant de révolutions, et nous les aimons tant, qu'il ne faut pas absolument désespérer. Il luira tôt ou tard, le 93 du baccalauréat !

Avril 1885.

M. Lavisse et le Baccalauréat.

Dans le remarquable discours qu'il vient de prononcer à la séance de rentrée de la Faculté des lettres, M. Lavisse a dirigé contre le baccalauréat, tel qu'il est actuellement pratiqué, une charge à fond.

C'est à propos du diplôme d'études, institué récem-ment par la Faculté des lettres, et délivré aux élèves sans examen, sur le simple témoignage des professeurs qui les ont vus aux cours, que M. Lavisse est parti en guerre contre le baccalauréat, institution qui repose sur un principe absolument opposé, puisqu'elle comporte un examen, et un examen dans lequel le candidat est un inconnu pour le juge.

« Le baccalauréat, a dit M. Lavisse, ne résistera plus longtemps aux critiques soulevées par les méfaits qu'il a commis. Il est sur la sellette. Si j'étais chargé de requérir contre lui, je lui ferais passer un quart d'heure pénible, à supposer qu'un quart d'heure me suffît. Je lui reprocherais la prétention qu'il a d'ouvrir tant de carrières, à l'entrée desquelles il a planté ses fourches caudines ; ces programmes encyclopédiques, par lesquels il exige tant d'études, que les écoliers n'ont plus le temps de rien étudier ; ce sentiment que j'éprouve pour ma part, et qui est très étrange, d'un examinateur qui ne voudrait pas être examiné sur le programme où il prend ses questions ; la perturbation qu'il jette dans notre travail et dans le vôtre, quand il nous encombre, au premier et au dernier mois de l'année, de cette cohue de candidats ahuris, de parents anxieux, de solliciteurs larmoyants. Mais ce sont là les critiques les plus légères ; l'impardonnable tort du baccalauréat, c'est qu'il veut se suffire à lui-même, ne rien savoir du candidat, si ce n'est un nom, qui pourrait être avantageusement remplacé par un numéro, et d'exposer ses justiciables aux chances inégales de compositions aujourd'hui faciles, demain difficiles, pour ne point parler de la diversité des humeurs des juges, qui sont aussi variables que les compositions. A chaque session, il faut avoir le courage de le dire, le baccalauréat, par sa faute et non par la nôtre, fait des victimes et des heureux qui ne méritent pas leur sort. Il trouble ainsi cette précieuse notion de la justice que donne aux écoliers la vie du collège, où chacun est payé selon ses mérites. Il introduit prématurément dans les jeunes esprits le culte immoral de la chance. Aussi, ne sera-t-il plus toléré longtemps dans un pays où les loteries sont presque défendues.... ».

Quoi qu'il en ait dit, l'auteur des lignes qui précèdent, a fait, en moins d'un quart d'heure, un réquisitoire complet contre le baccalauréat, un réquisitoire plein de sens et de raison, et, ce qui ne gâte rien, plein de verve et d'esprit. Nous ne voyons pas ce qu'on y pourrait ajouter. Et nous voyons moins encore ce qu'on pourrait y répliquer. Si l'assistance judiciaire donnait un avocat au baccalauréat, à ce prévenu infortuné, qui frapperait certainement en vain pour son propre compte à la porte des maîtres du barreau, la tâche du défenseur d'office serait malaisée. Quand une fois il aurait réclamé l'indulgence des juges, et plaidé, à titre de circonstances atténuantes, les droits de la sacro-sainte routine, non sans faire un effrayant tableau de tous les maux, désordres, bouleversements et cataclysmes qui fondraient sur ce malheureux pays, le lendemain du jour où un homme d'initiative énergique aurait osé supprimer l'examen avec le diplôme, quand il aurait fait cela, il ne lui resterait plus qu'à s'asseoir, et qu'à attendre le verdict inévitable.

Sans doute, il n'y a pas de révélation, à proprement parler, dans les arguments de M. Lavisse. On avait dit avant lui que le baccalauréat fausse les études, ou, pour parler franc, qu'il les tue. On avait dit avant lui que le baccalauréat est une loterie, fertile en scandales. Bersot écrivait déjà : « Quand je vois ce qu'est devenu cet examen et son programme, je me félicite tous les jours d'être bachelier. » Enfin, il y a déjà beau temps que les professeurs de Faculté gémissent d'avoir à consacrer le quart ou le tiers de leur année à la surveillance ou à la correction des compositions, ainsi qu'aux épreuves orales. Des étrangers, venus parmi nous pour étudier notre système d'enseignement supérieur, avaient même remarqué, avec une profonde surprise, qu'on chargeait d'une besogne singulièrement disproportionnée à leur mérite, des hommes qui pourraient faire un meilleur usage de leur temps. « En France, disait l'un d'eux avec esprit, on se sert de lames de rasoirs pour fendre des bûches. » Oui, tout cela était connu. Mais il n'y a pas moins quelque chose de nouveau dans le langage de M. Lavisse. La nouveauté, c'est l'accent qu'il y met; c'est l'esprit de résolution dont témoigne cet accent; c'est la confiance qu'éprouve l'orateur, et qu'il fait partager à ceux qui l'entendent, que les jours du baccalauréat sont comptés; et que, vienne l'heure propice, il se trouvera jusque dans les rangs de l'enseignement supérieur, jusque parmi les dispensateurs eux-mêmes de la précieuse peau d'âne — joie des enfants, tranquillité des parents! — de libres esprits, pour applaudir à une réforme décisive, et pour la faciliter.

Nous disons une réforme décisive, car, qu'on ne s'y trompe pas, les palliatifs seraient insuffisants. On a créé des maîtres de conférences dans les Facultés, pour décharger les professeurs titulaires d'une partie de leur besogne d'examens : soit! Mais ces jeunes maîtres plient à leur tour sous le fardeau. Ils ne trouvent plus le temps de travailler. Et c'est à la source même que le recrutement de l'enseignement supérieur est aujourd'hui menacé. On a essayé de remédier à l'iniquité que crée la diversité des sujets de composition, en donnant partout le même sujet, au même jour, et à la même heure. Des difficultés sans nombre ont surgi, qui rendent la précaution à peu près illusoire, quand elles n'en préviennent pas l'application. Enfin, il a été question d'un dossier des notes de l'élève, que le chef de l'établissement communiquerait aux juges. Des considérations de toutes sortes ont fait encore écarter ce système. Et c'est à présent, comme c'était hier, un candidat inconnu qui se présente devant un juge non éclairé. Enfin, quand tous ces petits moyens seraient appliqués, et bien d'autres encore, il n'en resterait pas moins que le baccalauréat, même amendé, est le pire ennemi des études. C'est entre elles et lui qu'il faut choisir.

La suppression absolue du baccalauréat est l'une des bases de la grande réforme organique, dont nous parlons si souvent, et sans laquelle il n'y aura bientôt plus en France d'études secondaires dignes de ce nom. Nous sommes heureux d'avoir un maître tel que M. Lavisse pour allié dans cette campagne.

Novembre 1887.

Un projet de réforme du Baccalauréat.

Le projet de modification du baccalauréat, que le ministre de l'Instruction publique a soumis hier au conseil supérieur, est depuis longtemps déjà en préparation, sinon tout préparé, dans les cartons de l'administration. On en a fait grand mystère, sous prétexte qu'il y avait avantage à ne pas susciter de polémiques avant que le conseil supérieur fût saisi. Et, de fait, le projet arrive tout flambant neuf devant cette assemblée. Il y rencontrera certainement de l'opposition. Si la discussion est courte, en raison du peu de durée des sessions du conseil, on peut prévoir qu'elle sera vive. En effet, sur certains points, le projet apporte de réelles améliorations. Mais, sur d'autres, il soulève des objections graves, même en admettant — ce qui est le postulat très discutable sur lequel il repose — que le baccalauréat doive conserver une valeur sociale. Je vais passer rapidement en revue les améliorations. Après quoi, j'indiquerai les objections : objections de détail, objections de principe.

Si l'on admet — nous ne l'admettons pas, pour notre part — si l'on admet que le baccalauréat demeure le passe-partout qui ouvre la porte des carrières les plus diverses, il faut reconnaître que le projet de décret soumis au conseil supérieur remédie à certains abus.

D'abord, il supprime la distinction entre un baccalauréat ès lettres, un baccalauréat ès sciences, et un baccalauréat ès sciences restreint. La suppression, ou la transformation totale de ces deux derniers examens, était depuis longtemps réclamée par les corps compétents. Désormais, tous les élèves des lycées et collèges devront passer ensemble la première partie du baccalauréat unique de l'enseignement classique, quitte à trifurquer après cette première partie, et à choisir, pour la seconde série d'épreuves, entre la philosophie, les mathématiques ou les sciences naturelles. Il y a des chances pour que les élèves qui choisiront les mathématiques, ou les sciences naturelles, soient munis d'une culture générale un peu plus étendue, et un peu plus sérieuse, que celle des candidats actuels au baccalauréat ès sciences, et surtout au baccalauréat restreint. C'est, à ce point de vue, un gain réel, et un progrès.

A la première, comme aux secondes séries d'épreuves, les candidats pourront arriver désormais munis d'un livret scolaire, c'est-à-dire d'un cahier où seront consignées leurs places et leurs notes, avec le nombre des élèves de la classe, pendant les trois dernières années des études. Le livret scolaire fera connaître le candidat à l'examinateur. Il diminuera certainement le rôle du hasard dans l'examen. On ne verra plus, comme on le voit quelquefois — pas très souvent, mais quelquefois — le meilleur élève d'une classe refusé, alors que les plus médiocres de ses camarades sont reçus. C'est là encore une amélioration. Mais que de difficultés dans la pratique! Les auteurs du projet l'ont si bien compris, qu'ils n'ont pas imposé la présentation du livret scolaire. Elle est autorisée simplement, et facultative.

Un des scandales du baccalauréat, c'est la liberté laissée aux candidats de choisir n'importe quelle Faculté pour s'y présenter. Vous avez fait vos études à Paris, et vous les avez mal faites. La Sorbonne vous épouvante, et vous avez, d'autre part, grâce à vos relations, à votre situation de famille, des attaches avec telle ou telle ville de Faculté, du Midi ou de l'Ouest. C'est là que vous vous faites inscrire, pour y postuler, dans des conditions qui vous paraissent plus favorables, le précieux diplôme.

Autrefois, il existait des Facultés réputées pour leur indulgence. On s'y précipitait, on faisait queue à leurs portes. — On, c'est-à-dire les mauvais élèves, les paresseux, le rebut. — C'est, d'ailleurs, du baccalauréat que vivaient ces Facultés, où la recherche scientifique n'était pas précisément très active. Les choses ont changé depuis quelques années. Toujours est-il qu'on rencontre encore, dans les lycées de Paris, des jeunes gens imbus de ce préjugé, et qui confessent ingénument à leurs professeurs qu'ils iront se présenter à X... ou Y... « parce que c'est plus sûr ». La loi du 15 mars 1850 consacre malheureusement, par son article 63, cette liberté. On ne pourrait la retirer aux candidats que par une loi nouvelle. L'administration a pensé qu'elle atténuerait le mal, dans une certaine proportion, et sans mettre en cause la loi de 1850, en décidant que le livret scolaire ne pourrait être produit que devant la Faculté dans le ressort de laquelle se trouve l'établissement où l'élève a fait ses études. Comme le livret scolaire est une garantie pour le candidat, il faut espérer que la plupart des candidats tiendront à se l'assurer, et cesseront de voyager. Voilà encore une bonne mesure, ou, pour mieux dire, car c'est là le caractère dominant du projet, une bonne demi-mesure.

Le projet stipule, en outre, que le bénéfice de l'admissibilité demeurera acquis aux candidats, pour trois sessions. Les Facultés se trouveront ainsi déchargées d'une grande partie de leur tâche. Elles auront moins de copies à corriger, ce qui n'est pas un mal, et l'on ne verra pas des candidats, admissibles une fois ou deux, ne plus pouvoir franchir, à la troisième, les portes de l'admissibilité. Ce sera plus logique et plus juste. Toutefois, ici encore, il y a fort à dire, et je le montrerai.

Enfin, aux épreuves de la seconde série — philosophie, mathématiques, ou sciences naturelles — les candidats auront le choix, à l'écrit, entre trois sujets différents. Qu'il y ait là une excellente intention, il faut le reconnaître. C'est encore autant d'enlevé au hasard, car enfin, on peut savoir beaucoup de parties du cours de philosophie, et se trouver pris au dépourvu sur une question donnée; on peut manquer tel problème de géométrie, alors qu'on serait parfaitement en état d'en résoudre un autre. Mais il faut voir le revers de la médaille, et on ne la présente ici que du bon côté. Je prendrai la liberté de la retourner.

En résumé, on n'ose pas, dans la question du baccalauréat, plus que dans la question des programmes, procéder hardiment. On propose une réforme qui, en dépit des intentions dont elle est née, et même des améliorations qu'elle réalise, n'est pas une vraie réforme. Outre qu'elle laisse subsister toutes les objections de principe que le maintien du baccalauréat soulève, elle ne pare à quelques-uns des inconvénients du système actuel qu'en en suscitant d'autres, dont il reste à faire ressortir la gravité.

Discussion du projet.

Ouvrons le chapitre des objections. Il y a d'abord celles qui naissent des détails du projet, et qui ne sont souvent que la contre-partie des améliorations réalisées. Il y a ensuite les objections d'ensemble et de principe.

Que penser, d'abord, de l'unification du baccalauréat pour la première partie, de cette obligation, imposée aux élèves de tous les lycées et de tous les collèges, de passer par la rhétorique? A première vue, l'innovation paraît heureuse : c'est un moyen de procurer aux jeunes gens qui se destinent aux carrières scientifiques un fond d'instruction littéraire plus solide. Oui, mais n'est-il pas à craindre que la mesure ne tourne au détriment des études littéraires?

La classe de rhétorique, encombrée désormais non seulement des élèves médiocres ou nuls qui la fréquentaient déjà en vue de conquérir le baccalauréat ès lettres, mais encore de cette population d'élèves, bien connus et peu goûtés des professeurs, qui abandonnent jusqu'à présent les lettres, après la troisième, pour passer dans ce qu'on appelle les mathématiques préparatoires ; la classe de rhétorique, ainsi alourdie, ne risque-t-elle pas d'être abaissée? Et les jeunes gens qui y entrent pour achever de fortes études littéraires ne seront-ils pas, en fin de compte, les victimes de la situation? Que pourra-t-on demander, en fait de grec et de latin, à des élèves qui, après la première série d'épreuves, sont résolus à faire des mathématiques, ou des sciences naturelles? Et si l'on abaisse à leur profit le niveau de la rhétorique, saura-t-on, voudra-t-on le maintenir élevé pour les meilleurs?

Le livret scolaire constitue peut-être l'amélioration la plus réelle, parmi celles que nous avons signalées. Il rendra de grands services aux élèves qui reçoivent l'enseignement de l'État. Mais pour ceux qui viennent de l'enseignement libre? Sans doute, il existe quelques maisons importantes et respectables qui donneront des livrets scrupuleusement établis, et où les études sont assez sérieuses pour qu'une série de bonnes places, obtenues par le candidat au cours de ses classes, signifie quelque chose. Mais n'est-il pas, en revanche, des établissements absolument inconnus dont les livrets ne prouveront rien? Il restera toujours l'examen lui-même pour contrôler le livret... Sans doute, il restera l'examen. Mais le livret est surtout nécessaire dans les cas douteux, alors que l'examen est faible, sans être absolument nul, et que le jury hésite. Qu'arrivera-t-il dans ces cas-là?

Autre remarque : le candidat admissible garde le bénéfice de l'admissibilité. Fort bien, et dans beaucoup de cas, rien de plus juste. Mais tenez pour certain que, désormais, tout admissible sera sûr d'être reçu. Question de temps : les uns y mettront deux sessions, et les autres trois. Tous finiront par passer. Quel sera le jury assez cruel pour éliminer indéfiniment, à l'oral, un garçon qui aura été admissible, et dont l'admissibilité, de si vieille date qu'elle soit, criera aux oreilles des examinateurs : *Dignus est intrare?* Aussi la préparation, pour les plus faibles, changera-t-elle de caractère. Aujourd'hui, il faut tout préparer en même temps, oral et écrit. Désormais, des industriels habiles vont sérier les difficultés. Ils prépareront d'abord à l'admissibilité, conquise pour longtemps. Puis, ils prépareront à l'admission, pour la ou les sessions suivantes.

N'en ira-t-il pas de même d'une autre mesure, juste aussi à première vue, celle qui autorise le candidat à choisir, à la deuxième série d'épreuves, entre trois sujets de dissertation, trois problèmes? L'élève très faible fera son choix. Il étudiera une partie du cours ou deux, la psychologie, ou l'optique, résolu à ne traiter qu'un sujet emprunté aux questions de cet ordre. N'est-il pas fort à craindre qu'on ne rende ainsi la préparation plus artificielle encore qu'elle ne l'est déjà, et qu'on ne mette le diplôme à plus vil prix?

Voici maintenant une objection grave, quoique plus

délicate à saisir. Un certain nombre de jeunes gens qui se destinent aux carrières scientifiques, par exemple à l'École polytechnique ou à la médecine, font aujourd'hui, quand l'âge le leur permet, quand ils sont intelligents et laborieux, des études littéraires complètes avant d'aborder les sciences. Ils vont de rhétorique en philosophie, conquièrent même parfois, à la fin de leur année de philosophie, avec la seconde partie du baccalauréat ès lettres, le baccalauréat ès sciences, et entrent en mathématiques élémentaires. Les examinateurs de l'École polytechnique vous diront, qu'en général, ce sont les meilleurs candidats. Il paraît bien vraisemblable qu'avec le nouveau système, ces jeunes gens passeront directement de la rhétorique dans les classes de sciences. Ils perdront ainsi le bénéfice très réel de l'année de philosophie. Tout les y poussera, et par-dessus tout, la loi militaire qui oblige à se hâter, et donne du prix au gain d'une année.

Or la classe de philosophie est une classe très originale, et, en dépit du caractère théorique de l'enseignement, souverainement utile. Non pas, si l'on veut, par les connaissances positives dont elle munit les élèves. Il est évident que l'on peut être un excellent ingénieur en ignorant les penseurs de la Grèce antique, et que, du reste, bien peu de jeunes philosophes emportent du lycée, ou gardent, après qu'ils en sont sortis, des notions vraiment nettes et précises sur ces questions. Mais, même pour les jeunes gens qui n'ont pas, à proprement parler, besoin de savoir la philosophie, même pour ceux qui n'y comprennent pas grand'chose, il règne dans cette classe une atmosphère salubre à respirer.

On y parle de toutes choses. On y exerce le raisonnement, le sens critique, l'esprit de finesse. On montre aux jeunes gens la complexité des questions en apparence les plus simples. On les initie plus complètement qu'ailleurs aux choses morales. Entre les études purement formelles des classes de grammaire et des classes de lettres, et les études spéciales que comporte la préparation aux écoles scientifiques — études qui se continuent ensuite, en devenant de plus en plus spéciales, dans ces écoles mêmes — l'élite de la jeunesse ne fera plus en philosophie cette halte où l'on respire, où l'on regarde le pays autour de soi, où l'on prend si souvent, et pour la vie, possession de soi-même. Ce sera pour elle une déchéance. Combien sont-ils, dira-t-on, ceux que frappera cette déchéance? Qu'importe? Si peu nombreux qu'ils soient, ils sont les meilleurs, ils sont les premiers. Et tant vaut l'élite, tant vaut la masse.

Enfin, à supposer que ce qui précède soit sans valeur et sans force, il resterait à objecter au projet que, même amendé heureusement sur certains points, le baccalauréat n'en continuera pas moins de peser sur les études, et de les fausser. Quelles que soient les conditions dans lesquelles on le délivrera, ce diplôme, *s'il garde sa valeur sociale*, demeurera le point de mire de la vanité ou de l'ambition des familles. La jeunesse continuera de travailler, non pour s'instruire, mais pour conquérir le bouton de cristal du mandarin. L'examen sera, tout comme aujourd'hui, le régulateur, parlons mieux, le perturbateur des classes. L'Université comptera une réforme de plus, et pas beaucoup d'abus en moins. L'enseignement secondaire, ce malade, n'aura pas été guéri. Il aura échangé de vieilles et coutumières infirmités contre des infirmités nouvelles.

Et maintenant, est-il facile de faire mieux? Nous n'aurons pas la légèreté de le soutenir. La suppression absolue de tout baccalauréat, qui est l'idéal, rencontre, nous l'avouons, de sérieuses objections dans les milieux universitaires, et même dans l'opinion publique. La loi de 1850, à elle seule, constitue un obstacle aussi malaisé

à tourner qu'à franchir. Quel régime imposer aux établissements libres? Ce sont probablement des considérations de cet ordre, et aussi des scrupules de prudence,
qui ont guidé le ministère de l'Instruction publique en
toute cette affaire. Nous ne lui reprochons pas ces
scrupules, et encore moins son esprit de modération.
Mais il nous est impossible de ne pas voir les côtés
faibles ou vains du projet, et, les voyant, de ne pas les
signaler.

Le projet devant le Conseil supérieur.

Le projet de réforme du baccalauréat sort des travaux de la commission spéciale, et des délibérations
du conseil supérieur, sensiblement modifié. Sans nous
arrêter aux détails, rappelons rapidement les changements principaux.

Ils sont au nombre de quatre : 1º le livret scolaire
fournira simplement des indications dont le jury tiendra
compte : il n'aura pas un coefficient; 2º une composition
française est ajoutée à la partie commune du baccalauréat; 3º le baccalauréat ès sciences actuel fonctionnera jusqu'en 1894; 4º enfin les candidats au baccalauréat de l'enseignement spécial pourront aussi produire
le livret scolaire, et ils bénéficieront de l'admissibilité
pendant une année entière, comme les candidats au
baccalauréat de l'enseignement classique. Il n'est pas
bien difficile de comprendre les motifs auxquels ont obéi
la commission et le conseil, en apportant ces modifications au projet qui leur était soumis.

L'idée d'attribuer un coefficient au livret scolaire ne
soutenait pas l'examen. Les établissements libres n'auraient pas manqué de crier à la persécution, et ils n'au-

raient pas eu tout à fait tort. Supposons, en effet, que le candidat croie avoir intérêt à ne pas faire connaître au jury la maison dans laquelle il a fait ses études, et par conséquent, qu'il ne présente pas de livret scolaire. Il perd aussitôt de 0 à 30 points, par rapport aux élèves des lycées et collèges. C'eût été, avec la franchise en moins, un régime rappelant celui du certificat d'études. La commission et le conseil ont bien fait de prévenir toute équivoque. Maintenant, quelle sera la valeur du livret scolaire? Il est certain qu'on ne peut rien dire d'absolu à ce sujet. En soi, le livret est une bonne chose. Mais les jurys auront à apprécier des notes et des places qui, quoique indiquées par les mêmes chiffres, n'auront évidemment pas la même signification dans tous les établissements. Les jurys auront même — tâche plus ingrate encore — à tenir compte des notes d'un professeur particulier, d'un précepteur. S'ils se tirent de ce pas à leur gloire, tant mieux! Mais on peut prévoir que les difficultés ne manqueront pas.

Après une discussion très vive, le conseil a rétabli une composition écrite de français, à la première partie. Il s'est dit, sans doute, que s'il y avait seulement une épreuve de version latine, tous les autres exercices, et notamment les exercices français, languiraient en rhétorique, sinon dès la seconde et la troisième. L'art de faire une version latine, c'est-à-dire, pour les élèves médiocres, de deviner à peu près un rébus en latin, voilà tout ce qui serait resté des vieilles humanités. C'eût été maigre. On peut espérer que le maintien de la composition française préviendra, en partie, cet effondrement des études littéraires. Encore, est-ce sûr?

Ouvrons ici une parenthèse, à propos de la composition de langues vivantes. Il s'en est fallu d'une voix que cette épreuve écrite ne fût maintenue. Maintenue, elle continuait de charger l'examen, que le ministre voulait à tout prix alléger. Mais, en la supprimant ne porte-t-on pas un coup à l'enseignement des langues vivantes, qui commençait justement à donner de bons résultats? Longtemps, il a manqué de maîtres. Au prix de réels sacrifices, on en a façonné d'excellents. Qu'obtiendront-ils de leurs élèves, si ceux-ci n'ont plus qu'à préparer une épreuve orale, dont on peut toujours se tirer avec un peu d'audace et de savoir-faire? Autre difficulté : Y a-t-il beaucoup de professeurs de Faculté capables de bien diriger l'exercice, difficile entre tous, du thème oral? Y en a-t-il beaucoup qui soient en état de soutenir avec le candidat une conversation en anglais ou en alle- mand, surtout une conversation qui ne se réduise pas à quelques phrases de manuel, toujours les mêmes, bientôt remarquées, notées, et que les intéressés appren- dront par cœur? Ce sont là des doutes que partageront sans doute les professeurs de langues vivantes, et même les familles, auxquelles on a dit et redit, depuis vingt ans, que cette partie de l'enseignement était la plus importante de toutes.

Si nous signalons comme une modification intéressante la prorogation, jusqu'en novembre 1894, des délais pen- dant lesquels on pourra continuer de passer le bacca- lauréat ès sciences actuel, et pendant lesquels, par conséquent, la classe de préparatoires subsistera, c'est que nous ne saurions voir, sans les plus grandes inquié- tudes, la rhétorique envahie par une multitude d'élèves dépourvus d'aptitudes pour les lettres, de goût et de respect pour les études littéraires. En pareil cas, les bons y perdent plus que les mauvais ou les médiocres n'y gagnent. Avec l'intention très louable de donner une culture plus complète aux jeunes gens qui feront ensuite des sciences, on s'expose à faire baisser beau- coup le niveau d'une classe utile surtout aux élèves qui travaillent sérieusement les lettres. Si le projet eût été adopté dans ses termes primitifs, c'est sur-le-champ que la fusion eût commencé. En retardant, jusqu'à la rentrée de 1894, l'application intégrale de la mesure, on se réserve le temps de voir, d'examiner encore, d'étudier l'effet produit, là où le système aura commencé à fonctionner.

Enfin, la commission a touché du doigt le point le plus faible du projet, le jour où elle a décidé que les candidats au baccalauréat de l'enseignement spécial bénéficieraient de quelques-unes des dispositions nouvelles. Ce point particulièrement faible, c'est l'omission systématique de l'enseignement spécial. Comme si tout ne se tenait pas en pareille matière! comme s'il était possible de faire un traitement à part au baccalauréat gréco-latin, et à cet autre baccalauréat, qui ouvre des carrières comme l'École centrale, l'École polytechnique, l'École normale des sciences!

Telle qu'elle est, la nouvelle organisation du baccalauréat vaut-elle mieux que l'ancienne? C'est la première question que se poseront les familles et les maîtres. Nous y avons répondu déjà, en montrant que le projet réalise de réelles améliorations, mais qu'elles ont leur contre-partie, et que certains dangers nouveaux peuvent surgir. Écartons ce grand mot de « réforme du baccalauréat ». Il paraît hors de proportion avec les mesures prises. Disons simplement qu'on a apporté des palliatifs heureux aux vices de l'institution. Disons aussi, d'autre part, qu'on va tenter certains essais intéressants, dont il y a lieu d'attendre les résultats, pour se prononcer en toute sécurité de conscience.

Juillet-Août 1890.

La classe de philosophie menacée.

En parlant du projet de décret relatif au baccalauréat, j'indiquais un point qui me paraissait de singulière importance. La classe de philosophie, disais-je, si utile comme couronnement des études, et moins encore pour les connaissances positives qu'on en emporte, que pour l'air qu'on y respire, va se trouver atteinte et frappée. Beaucoup de jeunes gens qui se destinent aux carrières scientifiques, et qui traversent aujourd'hui cette classe avant d'entrer en mathématiques élémentaires, se dispenseront d'autant plus volontiers d'y entrer désormais, que la loi militaire fait, du gain d'une année de lycée, un avantage appréciable. Ainsi s'affaiblira la culture générale des meilleurs candidats aux écoles scientifiques, en même temps que périclitera une classe qui est, depuis une quinzaine d'années, au su de toutes les personnes compétentes, le grand succès de l'enseignement secondaire.

Ce danger n'a pas échappé aux représentants élus des professeurs de philosophie dans le conseil supérieur, MM. Charpentier, délégué des professeurs de lycée, et Fournier, délégué des professeurs de collège. Aussi ont-ils remis au ministre, avant la fin de la session, un vœu signé par plusieurs de leurs collègues, parmi lesquels se trouve un représentant des études médicales. Ce vœu est double. D'une part, les signataires demandent qu'on exige le diplôme portant la mention : Lettres et Philosophie (qui suppose le passage par la classe de philosophie), partout où était exigé l'ancien baccalauréat ès lettres ; et qu'il soit reçu partout en concurrence avec le diplôme portant la mention : Lettres et Mathématiques. Ce serait, en définitive, le maintien de l'état de choses actuel, au point de vue de la catégorie de jeunes gens dont nous parlions tout à l'heure, et au point de vue de la classe de philosophie elle-même.

D'autre part, les signataires demandent qu'en aucun cas, et quelles que soient les intentions du ministre, ces questions si délicates ne soient tranchées « sans que les corps intéressés aient été consultés ».

La première partie du vœu est très intéressante. Mais la seconde l'est encore plus, peut-être, puisqu'elle tend à empêcher qu'on ne diminue notablement, sans le dire, et par voie de conséquence, l'enseignement de la philosophie dans les lycées. En effet, si nous sommes bien informé, il résulterait des statistiques fournies par l'administration elle-même, que cet enseignement perdrait la moitié de ses élèves, au cas où il ne serait pas donné suite à la première partie du vœu. N'est-il pas indispensable que ce résultat, s'il doit se produire, ait été au moins examiné à l'avance, et discuté?

Descartes — qu'on nous pardonnera de citer ici, puisqu'il s'agit des choses de la philosophie — dit quelque part que les philosophes de l'École, ceux dont il est l'adversaire, médiocrement amis de la lumière, ont coutume d'entraîner les gens dans une cave pour se battre avec eux, et surtout pour les battre. Les philosophes de la rue de Grenelle ne voudront évidemment pas encourir ce reproche. Ils imiteront Descartes. Ils ouvriront les fenêtres, pour faire pénétrer le jour dans la cave.

En termes propres, le ministre accueillera certainement la seconde partie du vœu qui lui a été adressé, quand ce ne serait que pour s'entourer de tous les renseignements nécessaires, avant de décider si la première partie doit être admise aussi ou rejetée. On peut apporter, contre l'idée émise dans cette première partie, des arguments dont nous sommes, pour notre part, loin de méconnaître la valeur. Encore est-il souhaitable que l'Université — et en particulier les professeurs de philosophie — sachent ce qui les menace, et qu'on leur fournisse l'occasion d'émettre un avis, dont on pourra ensuite, pour des raisons de principe, ne pas tenir compte, mais dont il serait tout à fait étrange qu'on se passât de propos délibéré.

Août 1890.

Les étudiants en droit et la philosophie.

La nouvelle réglementation du baccalauréat, ou, pour mieux dire, des baccalauréats (car jamais l'hydre n'a eu plus de têtes) établit une situation dont un certain nombre d'universitaires éclairés ne prennent pas facilement leur parti. Aux termes des récents décrets et arrêtés approuvés par le conseil supérieur, un jeune homme peut s'inscrire à la Faculté de droit, en justifiant du diplôme intitulé « Lettres et Mathématiques ». Cela veut dire, en bon français, qu'on peut désormais faire son droit sans avoir passé par la classe de philosophie.

Les auteurs de la mesure dont il s'agit ont, quand on leur en a fait remarquer la gravité, protesté de leurs excellentes intentions. Il ne s'agit pas du tout, ont-ils dit, d'innover, mais simplement de consacrer un état de choses existant. La Faculté de droit a toujours ouvert ses portes à un certain nombre de jeunes gens qui n'avaient passé que le baccalauréat ès sciences, qui s'étaient présentés à l'École polytechnique, à l'École centrale, ou à toute autre école scientifique, et qui y avaient échoué. Fallait-il demander à ces jeunes gens, âgés de vingt ans, ou davantage, de prendre leur baccalauréat ès lettres? La Faculté ne l'a jamais pensé. Aujourd'hui que le baccalauréat ès sciences est supprimé, on se borne à reconnaître, au diplôme qui le remplace, l'avantage dont l'autre jouissait jusqu'ici. Il s'agit, au surplus, d'un très petit nombre de jeunes gens. L'immense majorité de ceux qui voudront aller à la Faculté de droit prendront le diplôme « Lettres et Philosophie ». Il n'y aura rien de changé dans la préparation aux carrières juridiques.

Mais si, j'en demande bien pardon à mon interlocuteur supposé, il y aura quelque chose de changé! Au lieu que, jusqu'à présent, la Faculté de droit statuait par dispenses individuelles, pour chaque cas qui venait à se présenter, il existera désormais une catégorie parfaitement régulière et normale d'étudiants en droit, qui n'auront pas traversé la classe de philosophie. Ni les arrêtés, ni les décrets en vigueur ne permettront soit au ministre, soit à la Faculté, de réagir, si tout à coup le nombre des étudiants de cette catégorie se met à croître, pour des raisons qu'il n'est pas malaisé d'imaginer. On a donc fait plus que de régulariser une situation ancienne. On a transformé l'exception en règle, et l'on se fie au petit bonheur, pour éviter les effets les plus fâcheux de la transformation.

Mais, dira-t-on encore, où est le mal? — Le mal est précisément celui que dénoncent avec tristesse un certain nombre de professeurs. On a tranché sans recherche approfondie, sans enquête sérieuse, sans discussion contradictoire, la question de savoir s'il faut, ou non, avoir suivi un cours de philosophie pour faire du droit.

On a fourni un argument *a fortiori* à ceux d'entre les médecins qui soutiennent que la classe de philosophie est entièrement inutile aux futurs élèves de l'École de médecine. Si les étudiants en droit peuvent s'en passer, que dire, en effet, des futurs médecins? On voit d'ici le développement.

Or, s'il est une vérité certaine pour tous les esprits non prévenus, et pour toutes les personnes au courant de la question, c'est que les études philosophiques représentent aujourd'hui, dans l'enseignement secondaire, avec l'initiation aux idées générales, la propagande en faveur des idées libérales. Que des profanes l'ignorent, soit; mais les chefs de l'Université doivent le savoir. Que des réactionnaires ou des cléricaux méditent d'amoindrir l'enseignement philosophique, soit encore. Cela s'est vu de tout temps. Mais que des républicains fassent ainsi le jeu de leurs adversaires, voilà qui ne s'est pas encore vu. Et, si nous en sommes médiocrement surpris, nous n'en sommes pas médiocrement affligé.

Il ne saurait être question de revenir sur les mesures votées par le conseil supérieur, et qui ont désormais force de loi. Mais il reste au ministre de l'Instruction publique, qui a si bien compris le rôle et l'importance des études philosophiques dans une démocratie, à veiller, autant qu'il dépend de lui, à ce que l'exception demeure une exception, en ce qui concerne le droit. Il lui reste aussi à imposer, comme il s'est engagé à le faire, le passage par la classe de philosophie aux futurs élèves de la Faculté de médecine. Il y va d'un intérêt non pas scolaire, mais social.

oût 1890.

Les étudiants en médecine et la philosophie.

On connaît la nouvelle organisation du baccalauréat
de l'enseignement classique, telle qu'elle résulte des
projets sanctionnés par le conseil supérieur de l'Instruction publique. Une épreuve commune à tous les jeunes
gens, au sortir de la classe de rhétorique; puis trois
voies ouvertes devant eux : la philosophie, les mathématiques, les sciences physiques et naturelles, chacune
de ces voies conduisant à une nouvelle et dernière série
d'épreuves qui complètent l'examen. On sait aussi les
objections que j'ai présentées, dès le premier moment.
La principale de ces objections est que la classe de
philosophie va se trouver désorganisée et surtout dépeu-
plée; n'y ayant nul doute qu'à cette classe, où les
études sont libres et désintéressées, les familles et les
jeunes gens ne préfèrent les deux autres voies, qui
mènent, par le chemin le plus court, à la plupart des
écoles spéciales. Or la classe de philosophie est, depuis
quinze ans, le grand succès de l'enseignement secondaire. Elle habitue les jeunes gens aux idées générales.
Elle leur apprend à penser librement. Si elle doit être
désertée, c'est grand dommage pour l'enseignement
secondaire, grand dommage pour la culture générale
des esprits, c'est un coup sensible, enfin, pour les idées
libérales dans notre pays.

Lorsque j'exprimais ces craintes, il y avait encore
un espoir : c'est que l'administration différât longtemps
et peut-être toujours — ces choses arrivent — l'organisation de la section des sciences physiques et naturelles
dans nos lycées. On n'avait pas réussi à se mettre d'accord
à la dernière session du conseil supérieur. Il n'était pas
impossible qu'on n'y parvînt pas davantage par la suite.
S'il ne restait en présence que la philosophie et les

mathématiques, un bon nombre de jeunes gens choisi-
raient les mathématiques, et le mal serait conjuré. Par
malheur, on s'est mis d'accord. Et le conseil supérieur
va être saisi dans sa prochaine session d'un projet qui,
s'il est adopté, parachèvera la réforme, et réalisera
toutes les craintes que les amis de la philosophie et
de la liberté concevaient, il y a quelques mois.

On a cherché, et on se flatte d'avoir trouvé des palliatifs. Parmi ceux dont il est question jusqu'ici, aucun ne
paraît suffisant. Quelques-uns sont des remèdes pires
que le mal, notamment celui qui consisterait à verser,
deux ou trois fois par semaine, les élèves de la section
des sciences physiques et naturelles dans la classe de
philosophie, pour qu'ils y entendent le cours. Sans profit
appréciable pour ces auditeurs nomades, on ruinerait
ce qui pourra rester de la classe de philosophie, car
cette classe a un caractère très particulier. Elle suppose, elle exige une intimité de pensée, une confiance
cordiale, qui ne s'établissent entre le maître et les
élèves qu'à la condition que ceux-ci se sentent chez
eux, et sentent leur maître bien à eux, rien qu'à eux.

On en veut beaucoup, hors de l'Université, à l'enseignement philosophique. Ceux-là surtout lui en veulent,
qui savent que cet enseignement est un ferment de
liberté. Ils ont raison de lui en vouloir, et je ne le
défendrai pas contre des préventions justifiées. Dans
l'Université même, la philosophie a des ennemis, paraît-
il, qui passent une partie de leur temps à cataloguer
les erreurs où il lui arrive de tomber. Ce sont, dit-on,
des philologues qui s'adonnent à cette occupation. Ils
éprouveraient peut-être quelque plaisir à voir réaliser
la menace qui plane sur la philosophie. Faut-il leur
faire ce plaisir? Et ne seraient-ils pas les premiers à
trouver qu'ils l'auraient payé bien cher, le jour où, la
cause ayant produit ses effets naturels, l'élite de la jeu-

nesse française se trouverait livrée sans défense à la merci des forces antilibérales?

La principale raison qu'on allègue pour justifier les mesures prises, c'est la nécessité de faire gagner une année — en supprimant pour eux la classe de philosophie — à toute une catégorie de jeunes gens, par exemple, aux futurs élèves de l'École de médecine. La loi militaire est là, dit-on, qui les presse. S'ils ne sont pas docteurs à vingt-six ans, il leur faudra faire deux années de service militaire. — Il est bien vrai que la loi militaire a, ici comme ailleurs, des conséquences regrettables. Mais, sans revenir, pour le moment, sur la question des dispenses, n'est-il pas d'autres moyens de concilier les exigences de la carrière médicale avec celles de la loi militaire? Est-il indifférent à la valeur du médecin, qu'il ait reçu cette éducation par les idées générales, qui est le bienfait de la philosophie? A un tout autre point de vue, enfin, est-il séant de trancher la question sans que les principaux intéressés, c'est-à-dire les professeurs de la Faculté de médecine, en aient été expressément saisis? Les questions se pressent, on le voit, et je ne fais que les énumérer. Mais il en est une qui me touche par-dessus toutes les autres, et celle-là, j'y insiste : c'est l'avenir des idées libérales en France.

On m'entend bien : je n'incrimine ici les intentions de personne. Ni celles des collaborateurs du ministre de l'Instruction publique, qui doivent trop à la philosophie, qui l'aiment trop, pour en trahir la cause ; ni celles du ministre lui-même, qui a, au plus haut point, le souci des intérêts politiques et moraux dont il est responsable, et qui aimerait, nous le savons, à développer l'enseignement d'une morale rationnelle, et à introduire celui des questions sociales dans nos collèges et nos lycées. Mais les intentions ne comptent pas. Les résultats seuls comptent, les résultats réels, et aussi les résultats apparents. Or, on aura beau faire : si l'on diminue dans l'enseignement secondaire la part de la philosophie, on paraîtra, aux yeux de tous, diminuer la part de la pensée libre. Et on la diminuera en effet.

Décembre 1890.

La classe de philosophie sauvée.

On a pu s'étonner de ne pas voir figurer à l'ordre du our du conseil supérieur un projet très important, qui devait y être inscrit, le projet portant organisation de la classe de sciences naturelles dans les lycées. Il y a là un retard, l'intention du ministre étant de saisir le conseil supérieur de cette question dans une session extraordinaire, qui suivra de près la session actuelle. Quant à la cause de ce retard, le ministre n'en fait pas mystère. Il a voulu procéder à un supplément d'enquête, sur une difficulté qui avait failli être tranchée un peu légèrement.

Cette difficulté est celle qui se pose à propos de la classe de philosophie. Il s'en est fallu de peu que cette classe ne reçût une atteinte irréparable. L'enseignement de la philosophie au lycée a des adversaires de tout genre, quelques-uns même bien intentionnés, quoique aveugles. Une occasion précieuse s'offrait à eux : les médecins, gênés par la loi militaire, réclament une année de plus pour la préparation du doctorat. On dispenserait les futurs élèves de l'École de médecine de passer par la classe de philosophie, et voilà une année de gagnée. Double gain, puisqu'on anémie ainsi la classe de philosophie, et qu'on se ménage le droit de dire, dans un an, dans deux ans : à quoi bon maintenir un enseignement qui ne vit plus? — Le plus sûr moyen d'empêcher les gens de vivre est, en effet, de les tuer.

Quoique justement préoccupé du sort des études médicales, M. Bourgeois s'est refusé à signer une mesure de réaction, plus grave que celles qu'avait adoptée l'empire, et à faire le jeu des ennemis naturels de l'Université[1]. Il a réuni un certain nombre de professeurs de philosophie dans son cabinet, et il leur a donné l'assurance qu'il chercherait le moyen de satisfaire à la demande des Facultés de médecine, sans toucher à l'enseignement de la philosophie, qu'il considère comme aussi utile à la culture générale des esprits, qu'étroitement lié à la cause des idées libérales. Il était bien naturel qu'un ministre républicain tînt ce langage. Mais, si l'on songe que la solution contraire a été sur le point de prévaloir, on ne saurait trop féliciter M. Bourgeois de cet acte d'initiative personnelle.

Ce serait, d'ailleurs, comprendre fort mal la question, que d'y voir la rivalité de deux intérêts particuliers, celui des études médicales, celui de l'enseignement philosophique, et de croire que le ministre de l'Instruction publique ait pris parti pour le second, contre le premier. Rien de pareil, en réalité. Il s'agit ici d'intérêts généraux, communs aux médecins et aux philosophes. Les philosophes ont intérêt, comme les médecins, à ce que nos Facultés de médecine continuent de jeter un vif éclat, à ce qu'elles ne se laissent pas dépasser, au point de vue scientifique, par les Universités étrangères, à ce que l'instruction des futurs docteurs soit aussi forte

1. Par une démarche qui n'avait rien de très hiérarchique, mais dont les effets ne laissèrent pas d'être utiles, l'attention du ministre fut appelée sur le péril auquel était exposée la classe de philosophie. M. Bourgeois convoqua dans son cabinet ses principaux collaborateurs, et plusieurs professeurs de philosophie des lycées de Paris. Une discussion contradictoire s'engagea. Et le ministre, touché par les arguments d'ordre moral et politique que l'on trouvera reproduits ici, se rangea, comme il le dit lui-même, du côté des philosophes.

et complète que possible. Les médecins ont intérêt, comme les philosophes, à ce que les jeunes gens qui sortent de nos lycées abordent les études spéciales avec un esprit cultivé et aiguisé, avec un fonds d'idées générales, ou avec la capacité d'en acquérir.

En outre, la société elle-même a un intérêt essentiel à ce que le médecin ne soit pas seulement un guérisseur, mais un homme ouvert à tout ce qui est humain. Que l'on songe au rôle du médecin dans la famille, aux circonstances si fréquentes où la divination psychologique, et ce qu'on pourrait appeler le tact moral, lui sont pour le moins aussi nécessaires que l'art du diagnostic, et la connaissance de toutes les ressources thérapeutiques.

La société n'a pas un moindre intérêt à ce qu'il existe quelque part une initiation des âmes à ces grandes notions morales sur lesquelles repose l'ordre démocratique : les notions de liberté, de responsabilité, de justice, de droit, de devoir. Elle n'a pas un moindre intérêt à ce que la jeunesse ne passe pas de l'ombre des collèges dans le tumulte de la rue, sans avoir pris le temps de réfléchir aux questions éternelles, qui sont, par excellence, les questions vivantes et actuelles ; sans s'être habituée à quelque exigence en matière de raisonnement et de preuve, seul moyen pour elle de ne pas être dupe des plus misérables sophismes.

C'est à ce point de vue très élevé que le ministre de l'Instruction publique s'est placé, parfaitement sûr, d'ailleurs, que la grande majorité des médecins s'y placerait avec lui. On essayera de trouver l'année dont les Facultés de médecine ont besoin, en remaniant leur système d'examens. On essayera aussi de resserrer en un semestre ces études préparatoires de physique, de chimie, d'histoire naturelle médicale, auxquelles était consacrée jusqu'ici, du moins en théorie et sur le papier, la première année de médecine. D'ailleurs, il est de toute évidence que, si ces mesures ou d'autres analogues ne suffisent pas, si l'on s'aperçoit, d'ici à quelque temps, que les études médicales étouffent dans les limites posées par la loi militaire, aucune Chambre française ne refusera de porter de vingt-six à vingt-sept ans l'âge auquel l'étudiant en médecine devra être reçu docteur, pour ne pas avoir à faire deux années complémentaires de caserne. Ce serait là, non une atteinte au principe de la loi, mais une de ces améliorations de détail dont l'expérience révèle la nécessité, et qu'un pays ne saurait s'interdire d'apporter à ses lois, sans se mettre en dehors de la civilisation.

Décembre 1890.

La classe de philosophie et la démocratie.

I

M. de Lanessan vient de publier, dans le *XIXe siècle*, un article où il soutient une thèse absolument opposée à celle que je défends, quand je demande qu'on ne porte aucune atteinte à l'enseignement philosophique dans les lycées et collèges. Cet enseignement, selon moi, a une valeur sociale éminente. Il initie les jeunes gens aux grandes idées morales dont vit une démocratie. Il émancipe et libère les esprits. Selon M. de Lanessan, l'enseignement philosophique est l'allié naturel de l'Église. Il prépare des générations crédules de dévots, et l'État se doit à lui-même « d'écarter de ses leçons tout ce qui n'est pas l'exposé de faits, d'observations et d'expériences; en un mot tout ce qui n'a pas un caractère rigoureusement scientifique ».

On a coutume de dire, un peu légèrement, que la

science positive et la démocratie vont ensemble, que le développement de la science positive est l'agent le plus actif du progrès de la démocratie. Il y a, dans cette proposition très générale, à la fois du vrai et du faux. Entre les mains des hommes du xviiie siècle, la science ou ce que l'on appelait alors de ce nom, a été, en effet, un instrument de propagande libérale, et a eu une vertu émancipatrice. Aujourd'hui, pour la plupart des savants qui abordent les généralités, la science positive, c'est le transformisme, c'est la réduction des forces à l'unité, c'est la lutte pour la vie. Où voit-on que de pareilles formules soient des formules démocratiques?

La Révolution française a légué à la démocratie une devise, dont chaque terme voit précisément se dresser contre lui quelques-unes des données les plus saisissantes de ce qu'on appelle la science moderne. La liberté, qu'en fait-on dans une conception des choses d'où les différences qualitatives sont exclues, dans une conception des choses, où tout, jusqu'à la pensée même et la volonté de l'homme, se trouve ramené à des combinaisons de mouvements? — La fraternité, qu'en fait-on dans un système où, comme Herbert Spencer a osé le dire, la philanthropie, la pitié sont les pires duperies; où le devoir social consiste non pas à assister les pauvres, les malades, les infirmes, mais au contraire à fermer les hôpitaux et les asiles, pour qu'ils ne perpétuent pas dans l'espèce les dégénérescences physiques, mentales et morales dont leurs hôtes sont frappés? — L'égalité, enfin, qu'en fait-on dans un monde d'où disparaissent inévitablement les moins robustes, les moins adroits; où la vie, et la durée, et le succès sont la consécration d'un avantage qu'a ménagé à cet être, tandis qu'elle le refusait à un autre, l'aveugle nécessité, immanente à la nature? Voilà ce que « la science positive » ferait de la devise révolutionnaire, si elle était seule en possession des intelligences, si la morale lui cédait la place, désavouée et reniée par une démocratie imprévoyante.

L'enseignement philosophique, qui ne va pas, comme le disent parfois ceux qui regardent superficiellement aux choses, à l'encontre de la science, mais qui superpose au monde de la science un autre monde, celui de la conscience; qui fait voir que le monde de la science est un monde d'apparences bien liées, tandis que le monde de la conscience est par excellence le monde de la réalité; qui fait voir que l'esprit, c'est-à-dire la volonté et la liberté sont le vrai fond de l'être; cet enseignement philosophique devrait apparaître de plus en plus à la démocratie comme la garantie supérieure de ses droits et de ses libertés. Les mots de liberté et de droit gardent-ils un sens, si on les sépare de cet ensemble d'idées et de convictions où les hommes du xviiie siècle ont cherché et trouvé la force d'accomplir de si grandes choses?

On le voit : ce n'est pas une question négligeable qui nous soucie, ni un intérêt médiocre qui nous émeut. Il y va de l'avenir même de la démocratie, et de toutes les doctrines que la Révolution a professées, dans ses meilleurs jours. On apporterait à la contre-Révolution le plus précieux des appoints, si l'on cessait de mettre, dans l'éducation publique, les choses morales au rang qui leur appartient, au premier rang.

II

M. de Lanessan répond aux observations que son récent article sur l'enseignement de la philosophie nous a suggérées. Et il ne sera sans doute pas surpris que nous prenions acte de sa réponse, puisque aussi bien il nous accorde ce que nous demandions, à savoir : que les choses morales tiennent le premier rang dans l'éducation. Pour lui comme pour nous, la démocratie serait en péril, si elle renonçait aux principes fondamentaux posés par la Révolution française. Et il admet avec nous que l'enseignement public doit être le dépositaire et le gardien de ces principes. Reste à savoir quelles sont les disciplines les plus propres à y façonner les esprits; ou plus exactement encore, si la culture scientifique suffit à cette tâche, comme le croit M. de Lanessan, ou s'il est indispensable, comme je le crois, d'ajouter aux notions de science un enseignement philosophique, principalement tourné vers la morale?

Il est très vrai que la science investigatrice et créatrice, la science d'un Claude Bernard, d'un Darwin, d'un Pasteur, contribue puissamment à affranchir l'esprit humain, et que le travail du laboratoire, par le don d'invention qu'il suppose, par la précision et la réserve qu'il commande, est particulièrement fait pour donner aux intelligences, avec le sentiment de leur force, la notion de la limite. Aussi voit-on que la plupart des grands savants sont de libres esprits, assez libres pour se refuser aux conséquences extrêmes et précipitées que le vulgaire tire volontiers de leurs découvertes, et pour déterminer, avec une circonspection scrupuleuse, le domaine qu'ils considèrent comme conquis par la science. Mais la question n'est pas de savoir si le grand naturaliste, le grand physicien, le grand chimiste sont en état de se faire à eux-mêmes une philosophie. Elle est de savoir si la poussière, la cendre de science qui dort dans les livres du collège, dans les manuels du baccalauréat, possède la même vertu que la science vivante?

Or, songez-y bien, le plus grand nombre d'entre les élèves de nos lycées ne savent et ne sauront jamais, en fait de science positive, que ce qu'ils auront jugé nécessaire d'en apprendre pour conquérir le plus modeste des diplômes. Est-ce assez de quelques formules sèches, de quelques faits confus, de quelques lois mal comprises, pour ouvrir leur esprit aux idées, à toutes les idées, mais plus particulièrement à celles qui servent de support à l'ordre démocratique? Et persistez-vous à trouver inutile qu'un autre enseignement, dont c'est là l'objet propre, les initie à des questions qui ne sont même pas mentionnées dans les cours de physique ou de chimie?

N'est-il pas vrai, d'autre part, que ce qu'on appelle aujourd'hui, dans le parler courant, la science, la science positive, se résume en quelques formules empruntées à la terminologie évolutionniste, mais qui changent de sens, et surtout de portée, lorsqu'elles passent des livres de Darwin dans la prose du premier politicien venu, lequel se les approprie sans les comprendre, et les dénature en les exploitant?

Il s'opère ainsi une infiltration continue d'idées pseudo-scientifiques, que nous ne pouvons pas ne pas regarder comme contraires aux intérêts essentiels de la démocratie, précisément parce que ces idées sont présentées sous une forme grossière, sans aucune des explications, sans aucun des commentaires, sans aucune des restrictions que de vrais savants y apporteraient. Est-ce trop de l'enseignement de la morale, pour réagir contre ces tendances? Est-ce trop d'une éducation critique des esprits, pour les défendre contre la séduction du sophisme, et pour les rendre exigeants en fait de preuve? Si l'on veut aller au fond des choses, et se tenir en garde contre d'apparentes oppositions, un enseignement comme celui-là sert les intérêts de la science. L'étudiant qui l'a reçu n'est pas seulement mieux préparé aux exigences de la vie civile. Il entre au laboratoire, si telle est sa vocation, avec de réels avantages sur celui qui en a été privé.

On peut, il est vrai, pénétrer plus avant encore au cœur de la difficulté. On peut se demander, comme nous le faisions l'autre jour, s'il n'y a pas une réelle et foncière antinomie entre quelques-unes des données de la « science positive » et les principes de la Révolution ou même, s'il ne faut pas choisir, en dernière analyse, entre la science et la morale ? C'est là, je me hâte de le reconnaître, une matière difficile, et qui exige, si l'on veut se faire entendre, de plus amples développements et de plus ardus que ceux qui sont ici possibles. M. de Lanessan, lui non plus, ne s'est pas engagé à fond dans cette partie du sujet. Il en a dit un mot, cependant, pour rappeler que, dans d'autres travaux, il avait eu l'occasion de montrer comment la formule de la Révolution française peut se concilier même avec les données du transformisme. Qu'il me permette de lui répondre que ses explications me paraissent plus ingénieuses et subtiles que solides. Dans l'association qu'il préconise, on ne saurait voir, si elle a lieu entre les forts, qu'une menace de plus pour les faibles; si elle englobe les faibles, qu'un acte de condescendance des forts à leur égard, qu'une forme de la charité. Or, la charité peut bien trouver place dans toutes les philosophies — et même ailleurs — mais non pas le droit, qui suppose la liberté.

Il est permis à un esprit éminent et à une âme élevée de commettre de nobles inconséquences. C'est ainsi que Stuart Mill mêle à son utilitarisme des éléments qu'il appelle lui-même stoïciens et chrétiens. Mais lorsque M. de Lanessan prétend, tout en demeurant à son point de vue, s'approprier, pour les préconiser à son tour, les idées de liberté, d'égalité, de fraternité, nous pouvons bien rendre hommage à ses dispositions, qui sont excellentes; mais nous craignons fort que d'autres, parmi les sectateurs de la même doctrine, plus épris de logique, ou moins soucieux de morale, ne lui reprochent cette concession comme une faiblesse. De ceux-là, qu'attendre de bon pour l'avenir de la liberté et du droit dans la démocratie?

Janvier 1891.

FIN

TABLE DES MATIÈRES

UNE PÉRIODE DE STAGNATION

LES RÉFORMES DE 1890

VERS L'ENSEIGNEMENT CLASSIQUE FRANÇAIS

LA CRÉATION
DE L'ENSEIGNEMENT MODERNE

LE BACCALAURÉAT
ET LA CLASSE DE PHILOSOPHIE

Coulommiers. — Imp. PAUL BRODARD. — 827-1901.

LIBRAIRIE HACHETTE ET Cie

BOULEVARD SAINT-GERMAIN, 79, A PARIS

LES
GRANDS ÉCRIVAINS FRANÇAIS

ÉTUDES SUR LA VIE
LES ŒUVRES ET L'INFLUENCE DES PRINCIPAUX AUTEURS
DE NOTRE LITTÉRATURE

Notre siècle a eu, dès son début, et léguera au siècle prochain un goût profond pour les recherches historiques. Il s'y est livré avec une ardeur, une méthode et un succès que les âges antérieurs n'avaient pas connus. L'histoire du globe et de ses habitants a été refaite en entier; la pioche de l'archéologue a rendu à la lumière les os des guerriers de Mycènes et le propre visage de Sésostris. Les ruines expliquées, les hiéroglyphes traduits ont permis de reconstituer l'existence des illustres morts, parfois de pénétrer jusque dans leur âme.

Avec une passion plus intense encore, parce qu'elle était mêlée de tendresse, notre siècle s'est appliqué à faire revivre les grands écrivains de toutes les littératures, dépositaires du génie des nations, interprètes de la pensée des peuples. Il n'a pas manqué en France d'érudits pour s'occuper de cette tâche; on a publié les œuvres et débrouillé la biographie de ces hommes fameux que nous chérissons comme des ancêtres et qui ont contribué, plus même que les princes et les capitaines, à la formation de la France moderne, pour ne pas dire du monde moderne.

Car c'est là une de nos gloires, l'œuvre de la France a été accomplie moins par les armes que par la pensée, et l'action de notre pays sur le monde a toujours été indépendante de ses triomphes militaires : on l'a vue prépondérante aux heures les plus douloureuses de l'histoire nationale. C'est pourquoi les maîtres esprits de notre littérature intéressent non seulement leurs descendants directs, mais encore une nombreuse postérité européenne éparse au delà des frontières.

Beaucoup d'ouvrages, dont toutes ces raisons justifient du reste la publication, ont donc été consacrés aux grands écrivains français. Et cependant ces génies puissants et charmants ont-ils, dans le monde la place qui leur est due? Nullement, et pas même en France.

Nous sommes habitués maintenant à ce que toute chose soit aisée; on a clarifié les grammaires et les sciences comme on a simplifié les voyages; l'impossible d'hier est devenu l'usuel d'aujourd'hui. C'est pourquoi, souvent, les anciens traités de littérature nous rebutent et les éditions complètes ne nous attirent point : ils conviennent pour les heures d'étude qui sont rares en dehors des occupations obligatoires, mais non pour les heures de repos qui sont plus fréquentes. Aussi, les œuvres des grands hommes complètes et intactes, immobiles comme des portraits de famille, vénérées, mais rarement contemplées, restent dans leur bel alignement sur les hauts rayons des bibliothèques.

On les aime et on les néglige. Ces grands hommes

semblent trop lointains, trop différents, trop savants, trop inaccessibles. L'idée de l'édition en beaucoup de volumes, des notes qui détourneront le regard, l'appareil scientifique qui les entoure, peut-être le vague souvenir du collège, de l'étude classique, du devoir juvénile, oppriment l'esprit ; et l'heure qui s'ouvrait vide s'est déjà enfuie ; et l'on s'habitue ainsi à laisser à part nos vieux auteurs, majestés muettes, sans rechercher leur conversation familière.

L'objet de la présente collection est de ramener près du foyer ces grands hommes logés dans des temples qu'on ne visite pas assez, et de rétablir entre les descendants et les ancêtres l'union d'idées et de propos qui, seule, peut assurer, malgré les changements que le temps impose, l'intègre conservation du génie national. On trouvera dans les volumes en cours de publication des renseignements précis sur la vie, l'œuvre et l'influence de chacun des écrivains qui ont marqué dans la littérature universelle ou qui représentent un côté original de l'esprit français. Les livres sont courts, le prix en est faible ; ils sont ainsi à la portée de tous. Ils sont conformes, pour le format, le papier et l'impression, au spécimen que le lecteur a sous les yeux. Ils donnent, sur les points douteux, le dernier état de la science, et par là ils peuvent être utiles même aux spécialistes. Enfin une reproduction exacte d'un portrait authentique permet aux lecteurs de faire, en quelque manière, la connaissance physique de nos grands écrivains.

En somme, rappeler leur rôle, aujourd'hui mieux

connu grâce aux recherches de l'érudition, fortifier leur action sur le temps présent, resserrer les liens et ranimer la tendresse qui nous unissent à notre passé littéraire; par la contemplation de ce passé, donner foi dans l'avenir et faire taire, s'il est possible, les dolentes voix des découragés : tel est notre objet principal. Nous croyons aussi que cette collection aura plusieurs autres avantages. Il est bon que chaque génération établisse le bilan des richesses qu'elle a trouvées dans l'héritage des ancêtres, elle apprend ainsi à en faire meilleur usage; de plus, elle se résume, se dévoile, se fait connaître elle-même par ses jugements. Utile pour la reconstitution du passé, cette collection le sera donc peut-être encore pour la connaissance du présent.

J. J. JUSSERAND.

LES
GRANDS ÉCRIVAINS FRANÇAIS

ÉTUDES

SUR LA VIE, LES ŒUVRES ET L'INFLUENCE
DES PRINCIPAUX AUTEURS DE NOTRE LITTÉRATURE

Chaque volume in-16, orné d'un portrait en héliogravure, broché. 2 fr.

LISTE DANS L'ORDRE DE LA PUBLICATION

DES 46 VOLUMES PARUS

(Novembre 1901)

VICTOR COUSIN, *par M. JULES SIMON*
de l'Académie française.

MADAME DE SÉVIGNÉ, *par M. GASTON BOISSIER*
secrétaire perpétuel de l'Académie française.

MONTESQUIEU, *par M. ALBERT SOREL*
de l'Académie française.

GEORGE SAND, *par M. E. CARO*
de l'Académie française.

TURGOT, *par M. LÉON SAY*
de l'Académie française.

MALHERBE, *par M. le duc DE BROGLIE*
de l'Académie française.

BEAUMARCHAIS, *par M. ANDRÉ HALLAYS.*

MARIVAUX, *par M. GASTON DESCHAMPS.*

RACINE, *par M. GUSTAVE LARROUMET*
membre de l'Institut.

MÉRIMÉE, *par M. AUGUSTIN FILON*

CORNEILLE, *par M. G. LANSON.*
professeur de Faculté.

FLAUBERT, *par M. ÉMILE FAGUET*
de l'Académie française.

BOSSUET, *par M. ALFRED RÉBELLIAU.*

PASCAL, *par M. ÉMILE BOUTROUX*
membre de l'Institut.

FRANÇOIS VILLON, *par M. GASTON PARIS*
de l'Académie française.

ALEXANDRE DUMAS, *par M. PARIGOT.*

(Divers autres volumes sont en préparation.)

Coulommiers. — Imp. PAUL BRODARD. — 11-1901.

Documents manquants (pages, cahiers...)
NF Z 43-120-13